21世纪经济管理新形态教材·管理科学与工程系列

数字化供应链管理

王桂花　白　帆◎主　编

张爱玲　李国彦　杨　虹◎副主编

清华大学出版社

北京

内 容 简 介

本书是高等职业教育财经商贸大类专业新专业教学标准的配套规划教材、职业本科系列新形态一体化规划教材，立足数字中国和强国建设，紧跟供应链创新发展和企业数字化转型，将课程思政、数字素养提升融入了知识和技能的全过程，全面培养学生供应链思维、数字意识以及经世济民的社会责任感。本书包括数字化供应链及转型分析、数字化供应链战略规划与设计、数字化供应链合作伙伴选择、数字化供应链平台构建与应用、数字化供应链采购管理、数字化供应链生产管理、数字化供应链物流管理、数字化供应链绩效检测与优化、数字化供应链风险管理九个项目。

本书理论联系实践，深入浅出，通俗易懂，可作为高职和应用型院校财经商贸类专业师生的教材和参考用书，也可作为供应链相关从业人员的培训教材或参考书。

图书在版编目（CIP）数据

数字化供应链管理/王桂花，白帆主编. —北京：清华大学出版社，2024.4
21 世纪经济管理新形态教材. 管理科学与工程系列
ISBN 978-7-302-66155-9

Ⅰ. ①数… Ⅱ. ①王… ②白… Ⅲ. ①供应链管理–数字化–高等学校–教材 Ⅳ. ①F252.1-39

中国国家版本馆 CIP 数据核字(2024)第 086278 号

责任编辑：付潭娇
封面设计：汉风唐韵
责任校对：王荣静
责任印制：沈 露

出版发行：清华大学出版社
　　　网　　址：https://www.tup.com.cn，https://www.wqxuetang.com
　　　地　　址：北京清华大学学研大厦 A 座　　　　　邮　　编：100084
　　　社 总 机：010-83470000　　　　　　　　　　　邮　　购：010-62786544
　　　投稿与读者服务：010-62776969，c-service@tup.tsinghua.edu.cn
　　　质 量 反 馈：010-62772015，zhiliang@tup.tsinghua.edu.cn
　　　课 件 下 载：https://www.tup.com.cn，010-83470332
印 装 者：三河市龙大印装有限公司
经　　销：全国新华书店
开　　本：185mm×260mm　　　印　张：14.25　　　字　数：335 千字
版　　次：2024 年 5 月第 1 版　　　　　　　　　印　次：2024 年 5 月第 1 次印刷
定　　价：55.00 元

产品编号：102275-01

前　言

数字化供应链是一种基于互联网、物联网、大数据、人工智能等新一代信息技术，构建以价值创造为导向、以客户为中心、以数据为驱动的，对供应链全业务流程进行计划、执行、控制和优化，对物流、信息流、资金流进行整体规划的数据融通、资源共享、业务协同的网状供应链体系。数字化供应链的目标是优化供应链的运作，从采购原材料到生产、分销和交付产品，以满足客户需求，并在整个过程中通过协同、透明、高效和智能化的管理来降低成本和控制风险。

党的二十大报告提出，加快发展数字经济，促进数字经济和实体经济深度融合，加快发展物联网，建设高效顺畅的流通体系。随着人工智能、区块链、物联网、大数据和云计算等技术的不断发展，数字化供应链将会变得更加智能化、高效化，为企业带来更多商业机会和竞争优势。特别在数字化经济时代，供应链是提升产品质量、降低库存成本、保障高效交付的重要基础设施，可以助力企业打造差异化、成本领先、快速响应的竞争优势。

当前，供应链数字化转型已是大势所趋：一方面，传统供应链存在信息缺失与滞后、多主体协同困难、内外部复杂性上升等问题，常常导致供应链中的企业运营成本高、需求响应速度慢、交付水平低等后果，供应链数字化转型需求迫切；另一方面，新一轮科技革命深入推进，以物联网、大数据、云计算、人工智能等为代表的新兴技术与供应链深度融合，数字化新模式、新场景层出不穷，使供应链数字化转型成为大势所趋。

随着企业发展的需要，传统供应链模式已难以满足其多样化的需求，因此数字化转型已成为供应链管理的必然趋势。我国是制造业大国，具备全世界品类最全、链条最完整的供应链。强大的供应链既是支撑我国经济发展的重要推动力，也是提升我国全球治理话语权的关键发力点。当前，无论是数字中国还是供应链强国建设，都迫切需要数字化供应链支撑，同时也对数字化供应链人才提出了更高要求。

基于以上背景，结合企业数字化转型趋势和《职业教育专业简介（2022 年修订）》《职业教育专业目录（2021 年修订）》，立足供应链和数字化高层次技术技能人才培养定位，编写团队在教材开发过程中，使本书形成了如下鲜明特色：一是组建"校企"双元、"校校"联合的编写团队，切实提高教材编写质量。为贴近企业供应链数字化转型和跨界融合趋势，特邀请了来自企业管理和供应链等领域的企业专家和职业本科高校教师组成"校企"双元、"校校"联合、跨专业开发的团队，既突出了本书的职业教育类型特色和实用性，又拓展了教材的宽度和广度。二是落实二十大精神，将数字中国建设的驱动引领贯穿于全过程，全面提升数字素养。在每个项目都设置了"素养目标""数字中国"和"实践探索",引导学生在日常学习和生活中全面提升数字素养,服务企业数字化转型。三是注重时效性和实效性,系统梳理应用方法和实施步骤。本书聚焦于近年来数字化供应链的真实应用场景,系统阐述实施步骤,便于读者学中用和用中学。四是配套开发了数字化教学资源,支持个性化自主学习。为满足当前日益增长的线上线下混合式教学需要,本书配套开发了教学大纲、PPT、习题、实训、案例、微课、视频等丰富的数字化教学资源,以激发学生对供应链管理的学习兴趣和学习动力,全面提升教学效果和学习成效。

本书由南京工业职业技术大学王桂花教授和广东工商职业技术大学白帆教授担任主编,山东外国语职业技术大学张爱玲老师、南京工业职业技术大学李国彦老师和山西工程科技职业大学杨虹老师担任副主编,并组织团队共同编写。编写分工如下:王桂花、李国彦和京东集团许闪光编写项目一至项目四,张爱玲编写项目五和项目六,白帆编写项目七和项目九、杨虹、李国彦共同编写项目八,京东集团和厦门易木科技有限公司提供了部分实训素材,并给予了大力支持。

本书在编写的过程中参阅了大量学者的相关著作、国家有关职能部门和行业协会公布的标准和资料,可以说,本书编写工作的顺利完成凝结了众多学者和供应链管理界人士的智慧和心血。本书案例来自华为、京东等几十家国内外企业,感谢这些标杆企业的示范作用。在此,向所有相关学者、供应链相关标准和政策制订者和数字化供应链管理业务实践者表示由衷的敬意和感谢!本书的编写还得到了很多企业专家和清华大学出版社编辑们的帮助,在此一并致以诚挚的感谢。

数字化供应链方兴未艾,理论方法和应用实践都在不断推陈出新,竭诚希望广大读者对本书提出宝贵意见,以促使我们不断改进与丰富本书内容。同时,由于时间和编者水平有限,书中的疏漏和不足之处在所难免,敬请广大读者批评指正。

编者
2024 年 1 月

目 录

项目一

数字化供应链及转型分析

学习目标

素养目标	知识目标	能力目标
• 树立供应链合作意识和双赢思维 • 树立数字意识和正确的数据价值观 • 提升数字化学习和创新能力 • 提升数字道德规范意识和社会责任感	• 了解供应链管理原理及数字化转型趋势 • 掌握数字化供应链概念及内涵 • 体会数字化供应链转型的困难和路径	• 能结合现实情况进行供应链数字化转型研判 • 能在协同学习和工作中分享真实、科学、有效的数据 • 能应用所学知识提升数字工作能力

思维导图

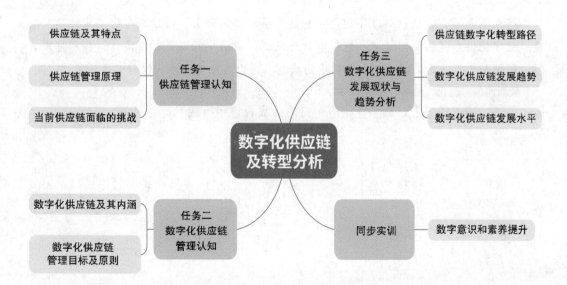

数字化：供应链发展的必然趋势

数字经济是继农业经济、工业经济之后的主要经济形态，是以数据资源为关键要素，以现代信息网络为主要载体，以信息通信技术融合应用、全要素数字化转型为重要推动力，促进公平与效率更加统一的新经济形态。数字经济发展速度之快、辐射范围之广、影响程度之深前所未有，正推动着生产方式、生活方式和治理方式的深刻变革，成为重组全球要素资源、重塑全球经济结构、改变全球竞争格局的关键力量。

当前，新一轮科技革命和产业变革深入发展，数字化转型已经成为大势所趋，受多重因素影响，我国数字经济发展面临的形势正在发生深刻变化。发展数字经济是把握新一轮科技革命和产业变革新机遇的战略选择。数字经济是数字时代国家综合实力的重要体现，是构建现代化经济体系的重要引擎。世界主要国家均高度重视发展数字经济，纷纷出台战略规划，采取各种举措打造竞争新优势，重塑数字时代的国际新格局。

"十三五"时期，我国深入实施数字经济发展战略，不断完善数字基础设施，加快培育新业态新模式，推进数字产业化和产业数字化，取得了积极成效。2020年，我国数字经济核心产业增加值占国内生产总值（GDP）比重达到7.8%，数字经济为经济社会持续健康发展提供了强大动力。

《"十四五"数字经济发展规划》提出，到2025年，数字经济迈向全面扩展期，数字经济核心产业增加值占GDP比重将达到10%，数字化创新引领发展能力大幅提升，智能化水平明显增强，数字技术与实体经济融合取得显著成效，数字经济治理体系更加完善，我国数字经济竞争力和影响力稳步提升。

越来越多的企业认识到数字化是供应链发展的必然趋势，打造数字化供应链迫在眉睫。数字化供应链的协同效应，能够有效地促进供应链中的成员相互协作、共享特定资源，帮助企业获得更高的盈利和更稳定的状态，助力企业有效地应对外部风险挑战。

资料来源：现代物流报，2022-11-3

思考：当前形势下，数字化供应链打造面临着哪些挑战？

任务一　供应链管理认知

供应链（supply chain，SC）的概念在 20 世纪 80 年代末提出，近年来，随着经济全球化发展，供应链管理在制造业中得到普遍应用，成为一种新的管理模式。受目前国际市场竞争激烈、经济及用户需求等不确定性因素的增加、技术的迅速革新等因素的影响，供应链管理（supply chain management，SCM）已引起人们的广泛关注。一些著名企业，如海尔、沃尔玛、IBM 等公司在供应链实践中取得了优异的成绩，因而吸引了学术界和企业界对供应链管理的实践和深入研究。

一、供应链及其特点

（一）供应链及其内涵

2021 年最新修订的国家标准《物流术语》（GB/T 18354—2021）把供应链（supply chain）定义为：生产及流通过程中，围绕核心企业的核心产品或服务，由所涉及的原材料供应商、制造商、分销商、零售商直到最终用户等形成的网链结构（见图 1-1）。

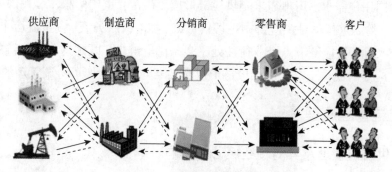

图 1-1　供应链结构示意图

供应链分为内部供应链和外部供应链：内部供应链是指企业内部产品生产和流通过程中所涉及的采购部门、生产部门、销售部门、客户服务部门等组成的供需网络；外部供应链是指企业外部与企业相关的产品生产和流通过程中涉及的原材料供应商、生产商、分销商、零售商以及最终消费者组成的供需网络。两种供应链的区别在于外部供应链范围大，涉及的企业更多，企业间的协调更困难。

（二）供应链结构及特点

1. 供应链结构

供应链是一个网链结构，由围绕核心企业的供应商、供应商的供应商和用户、用户的用户组成（见图 1-2）。每个企业都是一个节点，节点企业和节点企业之间是一种需求与供应的关系。供应链节点企业在需求信息的驱动下，通过供应链的职能分工与合作（生产、分销、零售等），以资金流、物流或服务流为媒介实现整个供应链的不断增值。

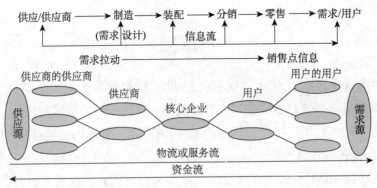

图 1-2　供应链结构模型

2. 供应链特点

供应链主要具有以下特点：

（1）复杂性。由于供应链是由多个、多类型甚至多国的企业构成，供应链节点企业组成的跨度、层次各不相同，所以其结构模式一般比单个企业的结构模式更为复杂。

（2）动态性。因企业战略和适应市场需求变化的需要，供应链各节点企业需要动态地更新，这就使得供应链具有明显的动态性。

（3）面向用户需求。用户需求是供应链形成、存在和重构的根本，在供应链的运作过程中，用户的需求拉动是供应链中一切信息流、物流或服务流、资金流运作的驱动源。

（4）交叉性。供应链节点企业往往处于多条供应链中，既是这条供应链的成员，又是另一条供应链的成员。众多的供应链形成交叉结构，也增加了协调管理的难度。

二、供应链管理原理

（一）供应链管理及其对传统经营的影响

1. 供应链管理的概念

2021 年修订的中华人民共和国国家标准《物流术语》（GB/T 18354—2021）把供应链管理定义为：从供应链整体目标出发，对供应链中采购、生产、销售各环节的商流、物流、信息流及资金流进行统一计划、组织、协调、控制的活动和过程。供应链管理是一种集成的管理思想和方法，它具有从供应商到最终用户的物流的计划和控制等职能，通过企业间合作，把不同的节点企业集成起来以提高整个供应链的效率。

作为一种新型的管理模式，供应链管理与传统管理模式的区别在于：一是供应链管理把供应链中所有节点视为一个整体，涵盖整个物流，从供应商到最终用户的采购、制造、分销、零售等职能领域过程；二是供应链管理强调并依赖战略管理，关键是需要采用集成的思想和方法；三是供应链管理具有更高的目标，它通过管理库存和合作关系实现高水平的服务。

2. 供应链管理对传统经营的影响

供应链管理从根本上改变了传统的企业经营观念和模式，主要表现在以下几个方面：

（1）供应链管理改变了传统的经营意识，建立起新型的客户关系。供应链管理通过与各供应链参与方建立利益共享的合作伙伴关系，消除企业间的隔阂，进行跨部门、跨职能和跨企业的合作，追求双方的共同利益，发展企业同供应商与客户之间的稳定、良好、共存共荣的互助合作关系，实现双赢。

（2）供应链管理改变了传统的经营方式。供应链管理使企业的生产经营真正建立在消费者的实际需求的基础之上，即企业的生产经营方式从过去的投机型经营转向实需型经营。

（3）供应链管理改变了传统的库存观，提出了全新的库存观。库存管理是供应链管理的平衡机制。供应链管理使各参与方结成战略同盟，相互之间进行信息交换与共享，改革传统库存管理模式，使供应链的库存总量大幅降低，减少资金占用和库存维持成本，还避免了缺货现象的发生。

（4）供应链管理改变了传统的事务作业方式，实现了事务作业的无纸化和自动化。供应链管理摒弃了传统的作业方式，通过应用现代信息技术，如商品条码技术、物流条码技术等，提高了事务处理的准确性和速度，减少了人员浪费，简化了作业过程，提高了效率。

（二）供应链管理内容

供应链管理是以同步化、集成化生产计划为指导，以各种技术为支持，尤其以互联网（internet）为依托，围绕供应（supply）、生产计划（schedule plan）、物流（logistics）、需求（demand）来实施的（见图 1-3）。供应链管理的目标在于提高客户服务水平和降低总的交易成本，并且寻求两个目标之间的平衡。

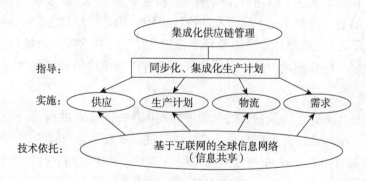

图 1-3　供应链管理的主要领域

在四个领域的基础上，可以将供应链管理细分为职能领域和辅助领域。职能领域主要包括产品工程、产品技术保证、采购、生产控制、库存控制、仓储管理和分销管理，而辅助领域主要包括客户服务、制造、设计工程、会计核算、人力资源和市场营销。

供应链管理的目的在于追求整个供应链的整体效率和整个系统费用的有效性。因此，供应链管理的重点不在于简单地使某个供应链节点企业的成本达到最低，而在于通过采用系统方法来协调供应链成员企业、职能部门，以及物流成本与客户服务水平之间的关系，使整个供应链总成本达到最低。

（三）供应链管理机制

供应链的成长过程实际上包含两方面的含义：一是通过产品（技术、服务）的扩散机制来满足社会的需求，二是通过市场的竞争机制来发展和壮大企业的实力。供应链企业在市场竞争中，通过供应链管理的合作机制（cooperation mechanism）、决策机制（decision mechanism）、激励机制（encourage mechanism）和自律机制（benchmarking mechanism）等来实现满足客户需求、使客户满意以及留住客户等功能目标，进而实现供应链管理的战略目标——社会目标（满足社会就业需求）、经济目标（创造最佳利益）和环境目标（保持生态与环境平衡）的统一（见图 1-4）。

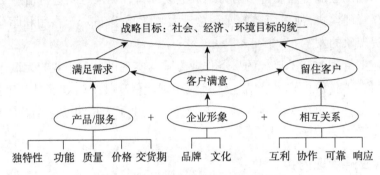

图 1-4　供应链管理最终目标的实现

供应链的运行通过如下机制进行。

1. 合作机制

供应链合作机制体现了战略合作伙伴关系和企业内外资源的集成与优化利用。基于这种机制的产品制造过程，从产品研发到投放市场，其周期大大地缩短，而且客户导向化程度更高。模块化、简单化产品以及标准化组件使企业在多变的市场环境中的柔性和敏捷性显著增强，虚拟制造与动态联盟提高了业务外包策略的利用程度。

2. 决策机制

由于供应链成员企业决策信息的来源不再局限于一个企业的内部，而是在开放的信息网络环境下，不断进行信息交换和共享，达到供应链成员企业同步化、集成化计划与控制的目的，而且随着互联网/内联网的发展及其对企业决策的支持作用的增强，企业的决策机制将会发生很大的变化，因此处于供应链中的任何企业都应采用基于开放性信息环境下的群体决策机制。

3. 激励机制

供应链管理和任何其他的管理思想一样，都是要使企业在"TQCSF"上取得竞争优势。TQCSF 中："T"为时间，要求企业的反应要快，如提前期短、交货迅速等；"Q"为质量，要求企业控制好产品、工作及服务的质量；"C"为成本，要求企业以更少的成本获取更大的收益；"S"为服务，要求企业不断地提高客户服务水平，提高用户满意度；"F"为柔性，要求企业有较好的应变能力。要实现这个目标，就必须建立、健全业绩评价和激励机制，使企业能清楚认知供应链管理思想可以在哪些方面、多大程度上给予企业改进和提高，以推动企业管理工作不断完善，也使得供应链管理能够沿着正确的轨道向前发展，真正成为企业管理者乐于接受和实践的新管理模式。

4. 自律机制

自律机制要求供应链成员企业向行业的领头企业或最具竞争力的竞争对手看齐，不断地对产品、服务和供应链业绩进行评价，并不断地改进，使企业能保持自己的竞争力和持续发展。自律机制主要包括实行企业内部的自律、对比竞争对手的自律、对比同行企业的自律和对比领头企业的自律。企业通过推行自律机制，可以降低成本、增加利润和销售量、更好地了解竞争对手、提高客户满意度、增加信誉度，企业内各部门之间的业绩差距也可以逐步缩小，从而提高企业的整体竞争力。

（四）供应链市场原理

根据对市场需求把握方式的不同，供应链市场系统可以划分为推式供应链、拉式供应链和推拉组合式供应链。

1. 推式供应链

推式供应链是以制造商为核心企业，根据产品的生产和库存情况，有计划地把商品推销给客户的供应链模式，其驱动力源于供应链上游制造商的生产（图 1-5）。在这种运作方式下，供应链上各节点比较松散，追求降低物理功能成本，属卖方市场下供应链的一种表现。由于不了解客户需求变化，这种运作方式的库存成本高，对市场变化反应迟钝。

图 1-5 推式供应链战略

推式供应链运作的依据是市场预测，由于供应链节点企业考虑到缺货、数量折扣或者其他原因，因而总是从自身利益最大化的角度进行采购，使得从零售商到分销商、从分销商到制造商之间的需求变动会越来越大，最终导致制造商接到的订单严重偏离实际客户需求，这就是所谓的长鞭效应（图 1-6）。长鞭效应是指沿着供应链向上游移动，需求变动幅度不断增大的现象。导致长鞭效应的主要原因是需求信息失真，这是供应链在资讯不完全透明的情况下的常见现象。

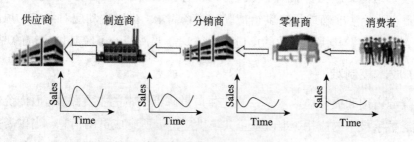

图 1-6 长鞭效应示意图

2. 拉式供应链

拉式供应链是以客户为中心，根据客户需求组织生产（图1-7）的供应链模式。在这种运作方式下，供应链各节点企业集成度较高，有时为了满足客户差异化需求，不惜追加供应链成本，这属于买方市场下供应链的一种表现。这种运作方式对供应链整体素质要求较高，从发展趋势来看，拉式是供应链运作方式发展的主流，因为它：①通过更好地预测零售商订单的到达情况，缩短了提前期；②由于提前期缩短，一方面零售商的库存可以相应减少，另一方面系统的变动性减小，尤其是制造商面临的变动性变小了；③由于变动性减小，制造商的库存水平将会降低。

供应商　制造商　分销商　零售商　客户

图 1-7　拉式供应链战略

3. 推拉组合供应链

推拉组合供应链是一种推式和拉式相结合的供应链模式。这两种模式会相互补充，以确保效率和灵活性。

一般来说，在这种模式下，下游企业根据实际客户需求进行生产和销售，而上游企业则根据预测进行生产和供应。这种方式的优势在于，下游企业可以快速响应客户需求，而上游企业可以通过预测来优化生产和库存成本。

三、当前供应链面临的挑战

当前经济全球化趋势显著，技术发展日新月异，市场需求模式不断变化，外界不确定因素不断增加，企业供应链迫切需要关注运营效率、质量、柔性及风险防范。由于缺乏系统链接，信息沟通不畅，一旦出现问题，有些环节可能就会延迟、滞后，以致整个供应链体系运行不畅。虽然企业对供应链越来越重视，但因其错综复杂、包罗万象，受技术和管理制约，当前形势下供应链仍面临着诸多挑战。

（一）可视性低

对于许多企业而言，数据的难以访问导致供应链可视性几乎无法实现，而供应和制造的多层复杂结构又进一步加剧了供应链可视性挑战。由于缺乏对供应链上下游数据的了解，导致企业无法准确地了解供给情况和市场需求，难以主动应对潜在的风险。中断发生时，企业需依靠其快速有效的反应能力，这需要清楚地了解其供应链的现状。

（二）成本控制难

减少资源占用和提升作业效率一直是供应链降低成本的主要路径。但传统供应链由于普遍缺乏数字技术的应用，难以真正共享供应链上所有成员的信息。当供需关系发生突变时，供应链上下游企业之间的业务活动难以协调甚至造成脱节，使业务活动由互相链接变成了各自为政，不仅导致可控性差也造成了高额的成本。

（三）风险管理弱

一方面，由于传统供应链管理过程烦冗和信息编码标准化程度低，导致企业缺乏市场敏感度。另一方面，由于企业性质与生产过程相异，传统供应链的数字化缺失，导致可视化程度低，进而致使成员间相互排挤，这种排挤表现为价格、成本和风险排挤，这不仅是对弱势企业的打击，也将对供应链造成潜在的风险冲击。

（四）响应速度慢

供应链响应能力不仅体现在从开始接到订单到最终完成交付的时间长短，同时也体现在异常情况下的"系统响应速度"。传统供应链往往缺乏良好的智能反应和流程处理能力，以至于在环境高度动荡或市场不确定时，难以快速适应并做出调整。

数字经济将为中国经济的高质量发展提供有力支撑

近年来，数字经济发展速度之快、辐射范围之广、影响程度之深前所未有，正在成为重组全球要素资源、重塑全球经济结构、改变全球竞争格局的关键力量。根据 2022 年全球数字经济大会的数据，我国数字经济规模已经连续多年位居世界第二。数字经济发展赋能传统产业转型升级，催生了新技术新产业新业态新模式，开辟了经济社会发展新领域新赛道。《中共中央关于制定国民经济和社会发展第十四个五年规划和二〇三五年远景目标的建议》也提出，要"发展数字经济，推进数字产业化和产业数字化，推动数字技术和实体经济深度融合，打造具有国际竞争力的数字产业集群"。在中国经济由高速增长转向高质量发展的过程中，数字经济要发挥重要作用。

一是创新驱动作用。通过发挥数据要素的催化作用，传统经济动能转为创新驱动。数字经济发展能够充分释放数据要素的价值，促进数据生产、分配、流通、消费各环节实现创新发展。鼓励市场力量挖掘数据价值，必将有力推动符合国情的新数字商业模式、协同创新机制、产业生态等。创新驱动将成为经济增长的核心动力，数字经济"蛋糕"也会越做越大。

二是降本增效作用。产业数字化能够加快推动数字技术在传统产业中的广泛应用，对传统产业进行全链条的改造升级。数据要素在融合劳动、资本、土地、资源和环境等传统生产要素之后能够释放巨大价值，将不断提高全要素生产率，推动传统产业迈向高端化、智能化、绿色化，持续增强传统产业的竞争力，实现降本增效目标。

三是有助于绿色低碳发展。对于生产领域，尤其是能源、电力、化工、制造、交通等行业，通过释放行业大数据的价值潜力，可以减少市场资源错配，同时结合产业数字化和数字产业化，能够有效降本增效，有效降低能耗，进而减少碳排放。在消费领域，数字经济的高效率能够大大缩减中间环节及消费周期，也可以促进实现能源节约。因此，数字经济的发展，可以从供给侧及消费侧两方面为完成双碳目标提供有力支撑。

四是有利于实现共同富裕。影响共同富裕的一个重要因素是区域间发展不平衡，以往偏远及落后地区难以及时获得市场信息并做出反应。随着数字经济的发展，落后地区不再受制于交通、气候和地理等因素，能够更及时和精准地获得有助于当地发展的各类市场信息、数据和技术。当地特色农产品和依托绿水青山提供的旅游服务，也会在数字技术的助力下走向全国乃至全球市场，从而加快实现共同富裕的步伐。

资料来源：兴隆台区政府网，《数字经济将成为国家发展新征程的助推器》

思考：进入数字经济时代，我国企业数字化转型面临的挑战有哪些？

任务二　数字化供应链管理认知

近年来，受疫情冲击、国际贸易摩擦、技术过度保护等客观原因的影响，全球产业链、供应链紊乱，供应链的布局开始由全球化转向区域化、本土化，断链风险不断加大，运行不畅、断链等问题频频出现，给全球经济造成了不可估量的损失。传统、脆弱、滞后的供应链已不能满足当代社会和经济发展的需要，打造敏捷灵活、安全稳定的数字化供应链已是大势所趋。

一、数字化供应链及其内涵

相较于传统供应链而言，数字化供应链可以实现数据获取和利用的最大化，为企业智慧决策提供依据，增强了企业应对不确定性及风险的能力。企业通过数字化供应链管理，可以找到适合自己的发展趋势，然后制定配套的转型战略及方案，并在日常工作中进行贯穿融合。据统计分析，数字化供应链可推动企业实现增收10%、采购成本下降20%及供应链成本下降50%的目标。

（一）数字化供应链及其特点

数字化供应链（digital supply chain，DSC）是指基于互联网、大数据、人工智能等信息技术，围绕企业核心产品或服务所构建的动态、协同、可视化的新型供应链。在云计算、大数据等现代科技推动的数字化经济时代，数字化供应链是各行业供应商的转型趋势，成为众多行业的共识，其主要特点如下：

1. 用户体验至上

在数字化供应链中，企业可以通过电商平台、移动终端等数字化技术，省去商家与客户复杂的交易环节，简化交易形式，节省双方的时间成本和精力，保障了用户的体验。数字化供应链平台也可以超越时间、地域的界限，实时进行沟通、协商等互动，在提升体验的同时为交易提供便利。

2. 智能连接

智能连接是实现供应链数字化的基础。借助各种数字化技术，企业享有更高能见度，更出色的掌控力及更为充分的互动互联。企业通过互联获得更多供应链数据，如何让这些数据有价值，其关键就是要充分利用认知及人工智能等技术进行数据分析，为企业决策提供支持。

3. 主动感知

数字化供应链中认知技术和人工智能可以辅助企业感知市场需求并调整经营策略，提升在同行业中的竞争力。数字化平台中蕴含大量的信息储备，可为供应商决策提供科学客观的指导性建议。此外，在企业内部建立跨部门的数字化集成供应链机制与平台，对提升供应链的整体运作效能有重要意义。

4. 快速响应

在新型的数字化模型中，供应链合作伙伴的加入可以实现"即插即用"，这样可以更快速地参与到供应链的协同之中。数字技术使供应链具备了更高的互联与智能水平，企业可以通过优化配置，更灵活地满足市场环境的变化。

5. 卓越可靠

数字化供应链企业通过数字化技术可以实时了解采购、销售、库存、配送进度等信息，便于企业对产品进行管理并对职工进行明确合理的分工。供应商还可以通过数字化技术对动态生产、物流流程、产品质量进行实时监控，对员工行为进行规范，减少产品损耗浪费，打造可靠、高效、低成本、高收入的运营管理体制。

（二）数字化供应链和传统供应链的区别

1. 呈现的结构不同

传统的供应链在很大程度上是静态的，结构呈线状，是"链式"运作，若上游供应商供应出现问题，下游厂商的出货必定受到影响，进而导致市场上商品的短缺。数字化供应链是实时、动态运行的，结构呈网络状，运营从"链式"变成"网状"，极大地加强了企业与供应商、客户等商业伙伴间的互联互通，革命性地提升整体供应链的执行效率，且能适应不断变化的环境。

2. 依赖的系统不同

传统的供应链通常依赖于独立的系统，根据机器输入做出决策，而在数字化供应链中，来自 IT 系统和 OT（运营技术）系统的信息是集成的，包括对采购、转换和物流管理中涉及的所有活动的规划和管理，且机器在人为监督下推动决策，本质上还是以人为主。

3. 处理问题的方式不同

在传统的供应链中，发现可能出现的问题并预测可能产生的影响需要大量的计划工作。例如，大多数公司需要根据库存量单位（stock keeping unit，SKU）对其最关键的供应商进行定期的供应链弹性评估，并手动列出如果这些链接中的任何一个环节中断，应采取哪些步骤来保持生产活力。而在数字供应链中，则可以通过供应商的共享质量和控制数据使公司能够预测问题并主动响应，无须费力地预先计划，节省人力物力的同时，也可以降低运营成本。

（三）数字化供应链架构

数字化供应链依靠云端数字化大数据达到智能机器人处理和应用效果，通过数字化达到全球智能化生产的目的。数字化供应链是全球化、智能化、柔性化生产的基础，通过平台实现用户直连制造（customer to manufacturer，C2M）或企业对企业的营销关系（business to business，B2B）的单件定制或批量生产。数字化供应链参考架构如图1-8所示。

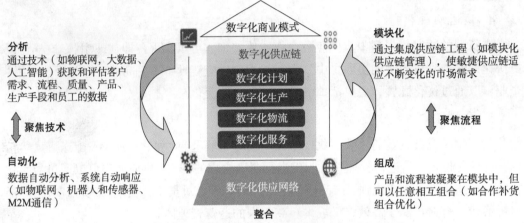

图 1-8   数字化供应链架构

数字化供应链架构是一种通过数字化工具和方法来实现业务流程、管理流程和内部资源协作的体系架构。它将计划、采购、生产、物流、服务等多个供应链环节的数据集成到一个统一的系统中，其中还包括客户、供应商、合作伙伴、厂商等所有参与者的信息，以便使用数字化技术监控供应链的实时状态。

数字化供应链体系架构的组成部分主要包括以下几方面。

（1）供应链数据与分析：通过技术（如物联网、大数据、人工智能、区块链）获取和评估客户需求、流程、质量、产品、生产手段和员工的数据。

（2）供应链自动化：数据自动分析、系统自动响应（如物联网、机器人和传感器、M2M）通信。

（3）供应链模块化：通过集成供应链工程（如模块化供应链管理），使敏捷供应链适应不断变化的市场需求。

（4）供应链组合优化：产品和流程被凝聚在模块中，但可以任意相互组合（如合作补货组合优化）。

（5）供应链整合集成：部门、业务单位、供应链网络、合作伙伴之间建立数字化链接，目标是改善合作、协同，提升可视化（如供应链控制塔）。

二、数字化供应链管理目标及原则

数字化供应链管理（digital supply chain management，DSCM）是指基于互联网、大

数据、人工智能等信息技术和数字化管理理念方法，以价值创造为导向、以数据为驱动，围绕供应链整体规划设计和运作优化，对供应链中采购、生产、销售各环节的商流、物流、信息流及资金流进行数字化集成的活动和过程。

（一）数字化供应链管理目标

1.改善协作，实现供应链全局可视化

传统供应链的数据分散，各部门之间协作存在障碍，而数字供应链支持多个内部和外部系统以及人员之间的协作，减少甚至消除了"数据孤岛"效应，实现供应链数据统一存储、统一展示、统一分析，加快与供应商、分销商和物流服务商建立紧密合作关系，加强信息共享和沟通，通过供应链全局可视化，实现供应链的协同和协作，在市场竞争中获得更大的敏捷性和响应能力。

2.优化流程，提高供应链整体运作效率

通过数字技术、数据分析等手段和供应链协同平台、自适应流程设计等工具，对供应链整体业务流程进行优化和升级，减少无效和重复性工作，提高流程效率和准确性，通过自动化决策和自适应优化，实现供应链全程的智能化、灵活化和自动化，全面提升供应链运作效率，降低成本和风险、提高客户满意度。

3.关联数据，实现供应链动态优化

全球供应链会产生大量数据，人工分析难免会出现错误或延迟，数字化供应链通过对数据进行实时分析，可以更好地了解供应链的瓶颈和弱点，以及供应商、客户和物流等方面的绩效表现，帮助企业层层优化供应链管理；同时，通过数据分析，实时监测当前和未来风险，支持实时事务报告和绩效评估，并主动推荐解决方案，从而实现整个供应链的持续改进。

（二）数字化供应链管理原则

1.提升韧性

数字化供应链中利益相关方应充分考虑低碳环保、业务连续以及安全生产等约束问题，利用信息技术降低供应链面临的不确定性及风险，提升供应链整体韧性。

2.需求导向

数字化供应链内外部计划、采购、生产、物流、销售服务等业务活动均需要围绕市场、客户需求开展，利用信息技术及时感知、分析预测、满足需求，有效支持企业价值增长和模式创新。

3.以人为本

数字化供应链业务管理过程必须遵循以人为本的原则，充分考虑与人相关的技能水平、创新能力、操作习惯、文化氛围以及利益分配等要素，保障数字化供应链业务成功落地实施。

4.数据驱动

数字化供应链管理必须以数据的采集、处理、传输、建模分析与可视化应用为抓手，

利用云计算、物联网、人工智能等信息技术驱动供应链计划、采购、生产、物流、销售服务等业务发展和模式创新。

5. 协同共赢

数字化供应链上各利益相关方必须以供应链整体绩效优化为目标，利用信息技术开展合作与协同，互惠互利、合作共赢，实现供应链的动态平衡和价值最优。

华为供应链数字化转型的历程

华为于 2015 年启动了供应链数字化转型的集成供应链（integrated supply chain，ISC+）变革，聚焦于提升客户体验和创造价值，并以"ISC+愿景"为牵引，打造数字化主动型供应链。从"ISC+变革"启动到现在，华为供应链的数字化转型主要经历了数字化和数智化两个阶段。数字化，即构建数字化能力基础，包括数据底座和流程/IT 服务化。数智化，即在数字化的基础上，通过算法和场景建设，让业务变得更加智能。

一是构建实时可信、一致完整的数据底座。第一是业务对象数字化，即建立对象本体在数字世界的映射，如合同、产品等；第二是业务过程数字化，即实现业务流程上线、作业过程的自记录，如对货物运输过程进行自记录；第三是业务规则数字化，即使用数字化的手段管理复杂场景下的规则，实现业务规则与应用解耦，使规则可配置，如存货成本核算规则、订单拆分规则等。通过以上三个方面的业务数字化，华为供应链已经初步完成了数据底座的建设，未来面向新的业务场景，还将不断丰富和完善数据服务。

二是通过流程/IT 服务化，灵活编排业务能力。传统的供应链 IT 系统是烟囱式的，随着业务增长、需求变化加快，会出现用户体验差、重复建设、响应周期长等问题，不能适应业务发展的需要。通过对复杂的单体大系统进行服务化改造，让服务化子系统融合业务要素、应用要素和数据要素，可以实现业务、数据与系统功能的衔接。

三是场景和算法赋能供应链智能化。华为供应链利用组合优化、统计预测、模拟仿真等技术，构建供应链核心算法模型，并应用到资源准备、供应履行、供应网络和智能运营四大核心场景中，大幅提升了供应链运作的智能化水平。

资料来源：华为技术，2022 年第 3 期

思考：华为供应链数字化转型实现了哪些方面的改变？

任务三　数字化供应链发展现状与趋势分析

随着经济全球化进程的加快，企业的供应商可能遍及世界各地，供应链的管理难度也变得越来越大。只有紧跟市场脚步和数字化供应链发展趋势，逐步提升数字化供应链成熟度，才能全面、科学地探索数字化供应链建设路径，引导企业逐级提升面向数字化

转型的供应链管理能力，以实现企业供应链管理效率和价值效益的最大化。

一、供应链数字化转型路径

（一）供应链业务数字化

供应链业务数字化可帮助企业实现内外部互联互通，业务数字化需将企业原来的所有线下业务流程管理搬到线上，可以对中间的过程产物或结果进行数字化的记录，并形成数据。

（二）供应链流程一体化

供应链流程一体化在符合监管的条件下采用数字化技术进行组织与流程的重构，并从企业风险管理的维度把企业的各个业务流程"实时"地运行到系统中，实现了内部控制的信息化，把业务、岗位、人员和绩效的全部运作都集中到一个平台上加以管理。

（三）供应链数据可视化

供应链数据可视化对企业的业务进行场景化处理，然后对场景进行数字化处理，对人物和权限进行精细分配，这一过程涵盖了企业管理的前、中、后期各环节，全面规范业务操作，形成全新的工作方式，管理企业经营的全流程、做到统一期限、统一交易、统一风控和绩效考核及业务溯源等，使企业业务可视、可控、可溯源。

（四）供应链管理精细化

供应链管理日趋精细化。在人工线下管理阶段，因其效率瓶颈与能力边界明显，海量数据依靠人工无法实现准确量化，传统的 ERP 和 Excel 很难满足大宗商品领域内的特定功能需求，无法做到对衍生品的交易进行严格把控，易造成衍生品亏损事件。借助更先进的系统工具可实现企业精细化决策。

（五）供应链决策智能化

如果未实现数字化转型，企业就会因为管理者缺少所需要的数据信息而只能通过经验来进行决策。一般企业在前几个环节进行改造迭代后，就拥有海量的数据积累，因而可以借助数字化系统进行赋能。

二、数字化供应链发展趋势

（一）人工智能和机器学习

对于供应链管理而言，人工智能和机器学习目前处于新兴解决方案的前沿，这些技术可能会在需求预测、计划生产和预测维护领域大展拳脚。机器学习获取历史货运数据并将其转换为预测。这些预测可以衡量需求的季节性波动，并提供产品、商店或设施级别的预测，涵盖每天、每月甚至更长的时间范围。仓储和运输将特别受益于人工智能和机器学习，因为它们通过自动化提高了订单交付和服务的能力。例如，企业可以使用人工智能技术迅速确定履行订单的最佳方式，了解未来的需求，比以前更可靠地计划生产和预测性维护，可以大大缩短交货时间，以便客户迅速收货。使用预测分析，企业可以提前知道何时以及是否需要维修系统中的组件，并创建替代生产计划以进行补偿。

（二）物联网

设备之间相互通信的次数越多，它们之间的"交流沟通"就越多，整个网络的运行效率就会越高。先进的机器人技术与大数据的结合可以使公司全面准确地查看其供应链网络、合作伙伴和货物的实时状态。由于物联网连接引入了数据，因此可以高度优化整个供应链中的流程。许多公司已经使用传感器来跟踪他们的集装箱或货物，来帮助他们更加快速响应，并能预测甚至防止将来可能出现的任何问题。

（三）区块链

当网络中的各个角色都能被相互信任，供应链才能算是健康的。但是，现实情况可能大不相同——整个供应链系统中的角色水平参差不齐，他们的接受标准也会有许多差别，将这些繁杂的信息放在一起去集中管理，几乎是不可能的。供应链管理采用区块链技术可以应对这些挑战。从记录原材料的来源到支付给卖方的款项再到资产的版权，区块链网络中的所有实体都可以知道任何交易的来源。由于不可能擦除区块链中的交易，更改交易的方法只能是添加新记录，从而增加了每笔交易的透明度并确保了整个操作的安全性。

（四）深度数据分析

先进的分析使公司能够实时或接近实时地处理流程。这与动态定价和补货等领域直接相关。深度分析可以帮助业务人员从现有数据条件中推断并想象未来的情况，从而使他们能够设计更科学合理的流程并创建高效的供应链。使用深度数据分析的优势在于，它在计划和执行之间形成了紧密的联系，使供应链既敏捷又响应迅速。它使管理人员可以设置标准化流程和基准，将资产利用到最佳水平，并消除浪费。对于供应链领导者而言，这意味着释放了锁定的资本，增加了现金流，并提高了利润率。

（五）定制应用

标准化的应用可以满足企业的通用需求，但是企业业务和内部部门的特定需求往往需要独特的解决方案来满足。定制化应用是满足企业独特需求的解决方案。它们使决策者和执行者同时获得更多的权力，如货物实时可见性，可以通过定制的应用程序随时查明货运地点；动态跟踪货物状态，提前发现问题并快速制订应对计划；电子化的系统也让实时协作成为可能，打破了时间和空间限制，实现了顺畅的沟通，消除了不同运营商之间先前存在的脱节，并改善了组织内部团队的交叉职能。

三、数字化供应链发展水平

根据数字化供应链发展成熟程度，可以将数字化供应链发展水平划分为基础起步级（L1）、单元优化级（L2）、集成互联级（L3）、全链贯通级（L4）、生态智能级（L5）。

（一）基础起步级（L1）

处于基础起步级（L1）的企业通过尝试供应链业务系统建设，初步实现了供应链业务流程的规范化和标准化，具有以下特征：制定了基本的供应链战略，在供应链的部分环节应用数字化技术保证了生产销售的协调统一；设立了能够履行数字化供应链的管理职责的部门或岗位，建立了相应的经营绩效考核机制，实现了对数字化供应链流程的有效管理；根据业务运营需求选择供应链合作伙伴，将物料和供应资源、供应商动态运营纳入了运营管理体系；根据业务需要进行供应、产能、运力等能力投入，形成了较稳定的链状供应链网络结构布局，依据物料需求能力构建供应链资源等级管理体系，能够识别基本的运营风险。但这类企业也普遍面临着数字化技术应用程度低、数字化应用范围窄等问题。

（二）单元优化级（L2）

处于单元优化级（L2）的企业以信息技术局部单项应用为基础，具备了供应链单一业务模块和管理环节的流程在线执行和数据规范录入能力，初步实现供应链业务活动的自动化，具有以下特征：进一步明确了供应链战略，应用数字化技术实现了与供应链上下游企业协作执行和联动调整；设立了数字化供应链管理的专职部门，统一、规范供应链管理流程，与业务部门协同开展数字化供应链各环节和流程的有效管理；选择合适的供应链合作伙伴，建立了供应链资源、采购供应、供应商周期性评价与淘汰等数字化运营管理体系；优化了内部运营效率，能够有效识别相关运营风险，并采取适宜的预防措施；注重提升供应链韧性、柔性等方面的能力，能够动态调整资源配置以应对需求波动或供应风险。

（三）集成互联级（L3）

处于集成互联级（L3）的企业以供应链业务管理系统互联互通为基础，实现了企业内部供应链关键业务活动有效协作和数据贯通集成。具有以下特征：制定了清晰且充分匹配的供应链战略和数字化转型战略，形成了系统的企业数字化供应链架构蓝图和绩效指标，具备对多个数字化转型项目进行关联关系管理、优先级管理和预算分配的管理机制，应用数字化技术实现企业供应链各项计划的统一制定、执行和优化；设立了数字化供应链管理的专职部门，拥有数字化供应链管理的专职部门，就能够与供应链的各业务活动以及信息化、网络运维等部门协同开展覆盖数字化供应链各个关键活动的全生命周期有效管理，形成供应链管理系统性解决方案；选择合适的供应链合作伙伴，建立了供应链资源、采购供应、供应商周期性评价与淘汰等数字化运营治理体系，对物料和供应资源、供应商动态运营策划了系统性运营绩效管理与实时评价机制；考虑业务连续、物流成本等要素设计形成网状的供应链网络结构，并根据经营管理过程对供应、生产、物流、分销等关键供应链网络节点进行能力配置；能够合理利用资源，有效提升供应链的柔性、韧性、抗风险性等方面的能力。

（四）全链贯通级（L4）

处于全链贯通级（L4）的企业以企业和外部客户、供应商业务系统集成互联为基础，实现供应链上下游端到端的数据贯通、资源共享和业务一体化管控，具有以下特征：综合利用 PEST 分析、价值链分析等科学方法，制定了明确的数字化供应链战略，覆盖供应链网络规划、流程优化、生态建设、信息技术应用、风险防控等方面，并能够实时跟踪企业内外部环境变化，动态调整企业供应链战略，实现上下游企业供应链计划协同制订、执行和优化；设立数字化供应链的协同管理组织，覆盖数字化供应链各业务活动与管理、信息化、网络运维和数据管理等领域，能够协同开展数字化供应链上下游各个关键活动的全生命周期的有效管理；能够采集并跟踪合作伙伴的合作意愿、商业价值、数字化水平等方面信息，选择并调整供应链上下游合作伙伴，建立战略级、重要级等多层级合作伙伴管控机制，实现与合作伙伴的双赢发展；综合考虑信息网络设计、业务活动设计、物流网络设计等要素，应用数字化手段设计网状的供应链网络结构，并根据供应链柔性和韧性需求，动态调整供应链网络结构和节点能力配置；能够基于市场需求合理进行供应链能力布局，注重合理调配各种资源，实现供应链韧性、柔性、抗风险性、可预测性等方面能力的有效提升。

（五）生态智能级（L5）

处于生态智能级（L5）的企业，实现供应链生态合作伙伴之间的数据自由流转、资源按需配置和业务智能协同，形成开放、共享的数字化供应网络生态体系，具有以下特征：综合利用 PEST 分析、价值链分析等科学方法，合理利用人员和资金配置，实时跟踪企业内外部环境变化，科学制定并动态调整企业覆盖供应链网络规划、流程优化、生态建设、信息技术应用、风险防控等方面的数字化供应链战略，并与供应链上下游客户和供应商达成共识，形成协同的转型规划和举措，基于平台实现供应链跨企业协同联动；基于经营绩效、准时化配送服务、全过程质量追溯、产品实时服务与全生命期保障等协同集成的生态供应链管理系统性解决方案，实现供应链运营生态平台化管控；能够实时采集并动态跟踪合作伙伴合作意愿、商业价值、数字化水平等方面的信息，精准识别并动态调整供应链上下游合作伙伴，实现与合作伙伴协同发展，共同推进技术创新、管理变革，策划并实施生态体系动态运营系统性解决方案与实施能力；综合考虑信息网络设计、业务活动设计、物流网络设计、关系网络设计，作为核心企业应用数字化手段设计形成核心企业网状结构，根据供应链柔性和韧性需求，利用建模仿真、数据分析等技术模拟、预测并优化供应链网络结构和节点能力配置；能够基于市场需求合理进行供应链能力布局，注重通过数字化手段合理调配企业内部、供应链参与方以及合作伙伴的各种资源，实现供应链韧性、柔性、抗风险性、可预测性等方面能力的有效提升。

如何建立科学的数据价值观体系

2020年4月9日，《中共中央国务院关于构建更加完善的要素市场化配置体制机制的意见》（以下简称《意见》）印发。《意见》明确了要素市场制度建设的方向和重点改革任务，对于推动经济发展质量变革、效率变革、动力变革具有重要意义。其中，《意见》将数据作为与土地、劳动、资本、技术并列的生产要素，并进一步提出：加快培育数据要素市场，充分挖掘数据要素价值，引发了广泛关注。可见，数据可以像土地一样进行定价、确权和买卖了，数据作为国民经济中基础性战略资源的地位日益凸显。

数据的价值是能帮助人们建立对事物的洞察和形成正确的决策，数据的价值体现在4个方面：帮助人们获得知识和洞察力、帮助人们形成正确的决策、帮助人们做出快速决策、帮助人们少犯错误。但是，随着数字时代的到来，大数据及人工智能对经济和社会发展产生了重大影响。人们在享受技术红利的同时，也存在数据认知不清、数据治理不当、法律法规不全、缺乏人文和道德约束等现象，出现了一些负面事件。要防止大数据和人工智能的滥用和失控，应该从意识形态开始建立科学的数据价值观体系。

数据价值观是商业价值和个人隐私、长期利益和短期利益、现实与理想等的认知和选择基础。建立数据价值观的前提是要对数据有正确的认知，需要理解数据的时间性、成本性、知识性、社会性等关键属性。建立数据价值观是一个长期的过程，需要从数据认知、数据法律法规、数据商业价值、数据社会价值、数据国家价值、数据人文和道德价值等方面综合考虑。

资料来源：中国政府网，《中共中央国务院关于构建更加完善的要素市场化配置体制机制的意见》

思考：觉察自己的数据价值观，说一说自己对数据价值的认知。

同步实训　数字意识和素养提升

实训背景

数字素养已成为数字化社会公民的核心素养，是公民生存的基本能力。为促进公民数字素养的提升，欧盟发布了《数字技能宣言》，将数字素养列为 21 世纪劳动者和消费者的首要技能，并推出了数字素养教育框架。美国教育部发布了《21 世纪技能框架》，对学习者面对社会信息化和经济全球化应具备的基本技能进行了系统梳理，数字素养被列为重要技能。我国发布了《关于发展数字经济稳定并扩大就业的指导意见》和《提升全民数字素养与技能行动纲要》，对于数字化人才培养给出了明确指导意见：到2025年，使得我国国民的数字素养不低于发达国家国民数字素养的平均水平。

实训目的

引导学生了解数字化及供应链管理相关人才的需求现状及相关要求，提升学生数据收集、处理的能力，提升学生数字化意识和素养。

实训组织

（1）自由选择数字化供应链相关的一个岗位，搜索不同岗位层次的招聘需求（每个层次不少于 3 个）。

（2）借助一定的方法对相关岗位信息进行汇总和梳理，总结提炼此岗位的通识和个性化要求，明确此岗位不同层次的任职要求和晋升路径。

（3）展示成果，交流评价。

实训评价

教师对各组做出综合评价，参见表 1-1。

表 1-1　数字意识和素养提升评分表

考评人		被考评人		
考评地点		考评时间		
考评内容	数字意识和素养提升			
考评标准	具体内容		分值	实际得分
	所选岗位每个层次不少于 3 个		10	
	数字化供应链岗位层次分明，数据翔实		30	
	数据处理方法得当，提炼到位		30	
	结论明确，且具有启发性		20	
	体现数字意识和数字素养		10	
	合　计		100	

同 步 测 试

1. 简述推式供应链与拉式供应链的区别。
2. 总结数字化供应链与传统供应链的不同。
3. 分析当前数字化供应链发展面临的问题。
4. 数字化供应链协同的资源包含哪些？
5. 结合自己的理解，预测数字化供应链的发展趋势。

自学自测　扫描此码

数字化供应链战略规划与设计

▶ 学习目标

素养目标	知识目标	能力目标
• 塑造全球价值观，培养高瞻远瞩，统揽全局的战略思维能力 • 树立大数据治理意识，强化数字科技赋能，提升科学决策水平 • 强化协同发展全局理念，培养可持续发展能力	• 了解数字化供应链战略及顶层设计 • 熟悉数字化供应链战略规划步骤及支撑要素 • 掌握数字化供应链设计及相关内容 • 掌握数字化供应链协同及策略	• 能结合所学知识分析企业数字化供应链战略实施现状 • 能根据行业和产品类型进行数字化供应链设计和匹配 • 能应用协同理念指导企业进行供应链运营

▶ 思维导图

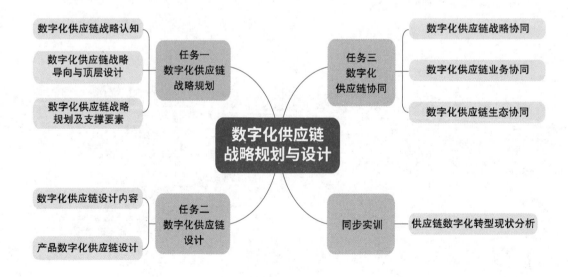

中共中央、国务院印发《数字中国建设整体布局规划》

2023 年 2 月，中共中央、国务院印发了《数字中国建设整体布局规划》(以下简称《规划》)，《规划》指出，建设数字中国是数字时代推进中国式现代化的重要引擎，是构筑国家竞争新优势的有力支撑。加快数字中国建设，对全面建设社会主义现代化国家、全面推进中华民族伟大复兴具有重要意义和深远影响。这是在党的二十大后中央在数字化发展领域作出的最新战略规划，明确了一系列新的目标任务和战略部署，为加快提升数字中国建设的整体性、系统性、协同性规划了战略路径，必将推动数字化发展迈向更高质量、更高水平的阶段。

《规划》提出，到 2025 年，我国基本形成横向打通、纵向贯通、协调有力的一体化推进格局，数字中国建设取得重要进展。到 2035 年，数字化发展水平进入世界前列，数字中国建设取得重大成就。数字中国建设体系化布局更加科学完备，经济、政治、文化、社会、生态文明建设各领域数字化发展更加协调充分，有力支撑全面建设社会主义现代化国家。

《规划》明确，数字中国建设按照"2522"的整体框架进行布局，即夯实数字基础设施和数据资源体系"两大基础"，推进数字技术与经济、政治、文化、社会、生态文明建设"五位一体"深度融合，强化数字技术创新体系和数字安全屏障"两大能力"，优化数字化发展国内和国际"两个环境"。

《规划》强调，要加强整体谋划、统筹推进，把各项任务落到实处。数字化转型，必将全面提升供应链效能，加快数字化供应链构建，促进新发展格局加快形成。

资料来源：中国政府网，《数字中国建设整体布局规划》

思考：数字化如何助力供应链提质、降本、增效？

任务一　数字化供应链战略规划

当今世界已全面进入数字化时代，数字化加速融入经济社会发展各领域全过程。数字化战略是企业未来发展的重要方向，如何适应数字化转型的趋势，已成为企业及其供应链发展的关键因素。

一、数字化供应链战略认知

供应链战略就是从企业战略的高度对供应链进行全局性规划，包括确定原材料获取和运输、产品制造或服务提供、产品配送和售后服务方式。

数字化战略是指企业或组织利用数字技术和数字化手段来改变其业务模式、流程、产品、服务、文化和价值创造方式，以实现战略目标的一种计划和方法。企业数字化转型旨在通过先进的数字化技术和工具，提高企业的运营效率、改善客户体验，创新和升级业务模式、加强数据安全和风险管理。

数字化供应链战略是指依托物联网、云计算、人工智能、区块链等数字化技术和手段，以价值创造为导向、以数据为驱动，对从最初原材料到最终产品和服务的供应链全过程进行整体规划设计与运作管理的活动和过程。

数字化供应链战略需要从企业供应链整体战略出发，将数字化技术和应用融入供应链战略规划和决策中，确保数字化技术与业务需求的一致性和衔接性。数字化供应链战略需要考虑企业的内部和外部环境，以确定最佳的数字化方案和实施计划。

二、数字化供应链战略导向与顶层设计

数字化供应链战略旨在明确企业供应链数字化的发展定位与价值导向，在顶层设计的基础上，建立从上而下的共识、目标与升级路径。

（一）战略导向

1. 业务连续

数字化供应链以新一代信息技术链接供应链上下游节点企业，实现计划、采购、生产、交付、服务等业务活动全流程对接和端到端集成。数字化供应链企业应充分考虑低碳环保、业务连续及安全生产等因素，利用信息技术评估以应对供应链潜在波动、风险以及不确定性，提升供应链安全性和韧性，保障供应链整体业务连续性和稳定性。

2. 供需平衡

计划、采购、生产、物流、销售服务等数字化供应链业务必须围绕市场、客户需求开展。一是基于多元化、个性化客户需求的及时获取和精准预测，有效调整并改善供应链计划、采购、生产、交付、服务等业务活动；二是利用信息技术及时感知、分析、预测和满足需求，有效支持企业价值增长和模式创新；三是通过业务流、资金流、物流、数据流的高效协同，实现在复杂多变的外部市场环境下的供给端和需求端的精准对接，

以及供应链系统整体的动态平衡。

3.数据驱动

数字化供应链以数据的采集、处理、传输、建模分析与可视化应用为抓手，利用云计算、物联网、人工智能等信息技术驱动供应链计划、采购、生产、物流、销售服务等业务发展和模式创新，通过建模分析，最大限度地挖掘数据价值，为供应链业务决策提供科学依据，实现供应链可全程追溯、可实时响应、可精准预测，全面提升供应链管理透明化和智能化水平。

4.生态协同

数字化供应链节点企业以供应链整体绩效优化为目标，利用信息技术深化供应商、制造商、服务商、经销商以及客户（消费者）等供应链主体之间资源、能力和业务的协同，实现多方共赢、机会共生和价值共创，促进供应链的动态平衡，实现供应链生态体系整体价值的最大化。

（二）顶层设计

数字化改革要遵循顶层设计和基层探索双向发力的规律，它是一项系统性、标准化工程，必须从一开始就放弃"零敲碎打""各自为战"的模式，加强顶层设计，在建设业务、数据、技术等各个维度形成一系列统一标准规范，打破各级各类各系统数据壁垒，促进互融互通。为确保数字化供应链战略得到全面支持和落实，企业通常会借助供应链数字化管理顶层设计视图（如图 2-1 所示），通过密切关联的战略视图、角色视图、业

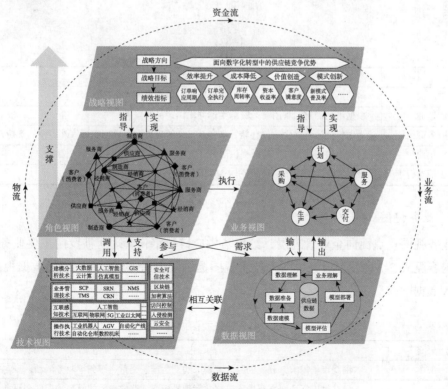

图 2-1 供应链数字化管理顶层设计视图

务视图、数据视图和技术视图等五个视图相互配套，指导供应链上下游企业协同开展合作，实现业务流、资金流、物流与数据流的整体规划和协调运作，共同助力数字化供应链战略目标的达成。

1. 战略视图

企业开展数字化管理，必须聚焦供应链整体战略方向，明确供应链战略目标及其具体绩效的量化指标。战略视图重点面向企业决策层，给出开展供应链数字化管理的战略意图，具体内容见表 2-1。同时，战略视图为角色视图中的相关主体执行业务活动提供指导（如图 2-1 所示）。

表 2-1　战略视图内容

内　容	指　标	作　用
战略方向	面向数字化转型的供应链竞争优势	最终诉求和价值体现
战略目标	效率提升、成本降低、价值创造、模式创新等	出发点与落脚点
绩效指标	订单交付周期、运营成本、库存周转率、资本收益率、客户满意度、新模式普及率等	数字化管理水平与成效的具体体现和衡量指标

2. 角色视图

角色视图重点面向企业决策层和管理层，给出了开展供应链数字化管理所涉及的关键主体，具体内容见表 2-2 所示，相关主体在业务视图中的业务活动是战略视图的具体反映与实现。

表 2-2　角色视图内容

主　体	分　工
供应商	向制造商供应原材料、设备、能源等各种制造资源
制造商	根据市场需求，利用制造资源生产并输出产品和服务
服务商	为供应链运营提供物流仓储、平台开发、管理咨询、数据挖掘等外协性、支持性服务
经销商	向客户销售并交付产品及提供服务
客户（消费者）	最终接受并使用产品及服务

3. 业务视图

业务视图重点面向企业管理层，给出了供应链数字化管理所涉及的主要业务活动，具体内容见表 2-3 所示。业务视图为技术视图提供了应用需求，并生成了数据视图所需的输入数据。

表 2-3　业务视图内容

业　务	内　容
计划	围绕市场需求，分配资源，规划采购、生产、交付、服务等业务活动
采购	设计供应资源网络布局，寻找并管理供应商，获取必要的原料、配件和服务

业　务	内　容
生产	调用人、机、料、法、环等资源执行生产任务计划，生成产品及服务
交付	调用仓储和运输等物流资源开展产品发运与配送、面向客户组织订单交付
服务	响应客户需求，为客户提供产品运维、回收和升级等售后服务与支持

4. 数据视图

数据视图重点面向企业及其供应链数字化管理平台开发服务商，给出供应链数字化管理相关数据资源的开发利用过程，具体内容见表 2-4 所示。数据视图中的数据开发过程由角色视图中相关主体共同参与，并应用于业务视图中的业务活动。

表 2-4　数据视图内容

过　程	内　容
业务理解	分析数字化管理所涉及的业务活动，根据业务场景明确数据开发应用需求
数据理解	采集、识别、汇聚数字化管理相关原始数据，检验数据完整性和质量
数据准备	开展数字化管理的数据清洗、格式化处理、形成可计算、可分析的数据
数据建模	基于运行规则、运筹算法和机理知识等，开发数字化供应链的数据模型
模型评估	从业务适宜性和算法科学性角度审视数字化供应链的数据模型，将适宜的模型分类集成至供应链数据模型库
模型部署	基于业务场景按需部署调用数据模型，基于模型开展数字化供应链的业务分析，进行描述、优化和预测

5. 技术视图

技术视图重点面向企业及其供应链数字化管理平台开发服务商，给出了供应链数字化管理所需的关键技术，具体内容见表 2-5 所示。技术视图的关键技术用于支持角色视图中相关主体在业务视图中的业务活动，技术视图与数据视图相互关联，共同支撑角色视图中相关主体在业务视图中的业务活动，以实现战略视图中的战略意图。

表 2-5　技术视图内容

技　术	内　容	作　用
操作执行技术	工业机器人、数控机床、自动化产线、AGV、自动化仓库等	实现采购、生产、交付、服务等业务活动的执行和操控
互联感知技术	标识解析、互联网、移动互联网、物联网、5G、工业以太网等	联通相关业务环节，感知相关资产与产品状态
业务管理技术	SCP、SRM、WMS、TMS、CRM 等	实现计划、采购、生产、交付，服务等业务活动的调度、管控和监测
建模分析技术	大数据、人工智能、GIS、云计算、仿真建模技术等	实现供应链动态仿真、柔性计划和预测性分析
安全可信技术	区块链技术、加密算法技术、访问控制技术、入侵检测技术、云安全技术等	提升供应链的信息安全防护与可信度

三、数字化供应链战略规划及支撑要素

（一）数字化供应链战略规划步骤

1. 数字化供应链战略环境分析

战略环境分析是企业实施数字化供应链战略管理的基础阶段。在这一阶段，企业要考虑以下主要因素，从而归纳出外部环境变化给企业带来的机遇和威胁，以及企业的竞争优势与劣势。

（1）宏观政治经济环境，如产业、外贸、关税等相关政策导向，商务流通、产品质量、税收融资等相关法律法规，宏观经济态势等。

（2）技术发展趋势，如物联网、大数据、云计算、区块链、工业互联网等新一代信息技术发展现状及其对供应链运行的赋能作用。

（3）行业竞争态势，如行业总体需求、合作伙伴的供给和购买能力、现有和潜在竞争对手现状、相关替代产品的威胁、行业标杆水平等。

（4）企业供应链管理现状，如企业供应链管理的组织架构、人员分工、业务流程等。

（5）企业供应链能力现状，如企业生产能力、品质管控能力、成本管控能力、仓储物流能力等。

2. 数字化供应链战略选择

分析完内外环境后，企业要选择合适的供应链战略，既要满足客户的需求，又要使企业保持盈利和持续发展。企业在开展供应链管理时，需要从系统的观点出发，通过全面规划，以实现供应链战略、企业基本竞争战略以及其他职能战略之间的协调一致。首先，企业的供应链战略必须和企业竞争战略相互匹配。为实现战略匹配，供应链企业必须确保其供应链能力能够支持其满足目标顾客群的需求。基于市场的供应链战略选择可以分为成本领先战略、差异化战略和目标集聚战略。

（1）成本领先战略。成本领先战略就是最大程度地降低供应链总成本和商品价格，维持竞争优势。要做到成本领先，就必须在管理方面对成本严格控制，尽可能将降低费用的指标落实在全员上，处于低成本地位的公司可以获得高于产业平均水平的利润。

（2）差异化战略。差异化战略的根本核心是提供的产品在功能和服务品质上超越同行业水平，通过特色品牌打造获得溢价报酬，这同样是提升供应链竞争力的一个手段，选择差异化战略，市场竞争者少，经营压力小，容易获得竞争优势。

（3）目标集聚战略。供应链企业选择特定市场实施差异化战略或成本领先战略即为目标集聚战略，以求获取差异化或低成本带来的竞争优势。与上述两个战略不同的是，目标集聚战略是集中供应链资源，有针对性地为特定的目标市场和客户服务。目标集聚战略可细分为：差异领先目标集聚战略、成本领先目标集聚战略，在目标市场寻求差异优势是前者的目标，在目标市场寻求成本优势则是后者的重心。

此外企业的供应链战略必须与企业产品类型和市场需求相互匹配。供应链战略是由其所提供的产品或服务能够满足的目标顾客群需求的类型来决定的。企业需根据自身产

品的需求特点来选择供应链战略,使之能最大程度地满足企业目标顾客群体特定类型的需求,并根据对市场需求把握方式的不同,合理选择推式供应链、拉式供应链或推拉组合式供应链。

3. 数字化供应链战略实施

供应链战略的实施是战略管理过程的行动阶段,它比战略制定更加重要。这一过程主要涉及以下问题:如何在供应链节点企业内部进行资源配置;为了实现企业目标,还需要获得哪些外部资源以及如何使用;为了实现既定的战略目标,需要对组织结构做哪些调整;如何处理可能出现的利益再分配与企业文化的适应问题,如何进行企业文化管理,以保证供应链战略的成功实施等。在这一过程中,企业通过分解战略目标,设立年度目标,据此配置资源并建立有效的组织结构。

战略实施是一个自上而下的动态管理过程。所谓"自上而下"主要是指战略目标在公司高层达成一致后,再向中下层传达,并在各项工作中得以分解、落实。所谓"动态"主要是指战略实施的过程中,常常需要在"分析—决策—执行—反馈—再分析—再决策—再执行"的不断循环中达成战略目标。

4. 数字化供应链战略评估与控制

战略评估与控制主要是指在企业经营战略的实施过程中,检查企业为达到战略目标所进行的各项活动的进展情况,评价实施企业战略后的企业绩效,把它与既定的战略目标与绩效标准相比较,发现战略差距,分析产生偏差的原因,纠正偏差,使企业战略的实施更好地与企业当前所处的内外环境、企业目标协调一致,使企业战略得以实现。

(二)数字化供应链战略支撑要素

数字化供应链应满足企业中长期发展战略需求,企业也应从战略层面统筹数字化供应链业务管理所需资源和支持,包括数字化供应链技术支撑、数字化供应链数据使能、数字化供应链业务管理、数字化供应链生态协同以及数字化供应链风险管控等内容,具体见图 2-2 所示。

1. 技术支撑层

数字化供应链技术支撑层包括开展数字化供应链业务管理所需具备的智能设备、网络与连接、云基础设施、业务应用系统、新一代信息技术等技术支撑条件。

2. 数据使能层

数字化供应链数据使能层包括企业开展数字化供应链业务管理所需具备的数据核心使能,包括供应链大数据有效治理、实时可视、智能与分析、执行与决策等能力要素及方法。

3. 业务管理层

数字化供应链业务管理层包括数字化供应链的数字化产品研发、数字化计划、数字化采购、数字化订单、数字化制造、数字化物流、数字化销售服务以及与供应商和客户数字化协同等要素和方法。

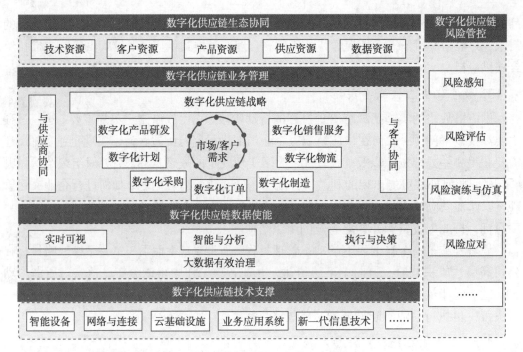

图 2-2 数字化供应链业务管理参考框架

4. 生态协同层

数字化供应链生态协同层包括数字化供应链利益相关方构建数字化供应链生态所需的技术资源、客户资源、产品资源、供应资源及数据资源等要素。

5. 风险管控层

数字化供应链风险管控层包括企业开展数字化供应链业务管理所需具备的数字化风险管控能力要素和方法，包括风险感知、风险评估、风险演练与仿真、风险应对等内容。

数字技术赋能国家治理现代化是大国战略竞争的新制高点

随着数字化不断融入经济社会发展各领域全过程，国家治理的理念、规则、制度与方式正在被重塑，不断改变社会经济运行体系并与科技治理、经济治理、社会治理等深度融合。相应地，数字技术能够改进或提供新的治理技术、治理手段和治理模式，助力打造智能科研范式、保障产业创新活动稳定高效、增强对社会运行的态势感知和处置能力。

也正因如此，主要发达国家及国际组织均在加速运用数字技术。比如，欧盟通过发布《2030 数字罗盘：欧盟数字十年战略》《人工智能法》等，不断强化新兴数字技术治理并引领全球规则；G20、G7、OECD、APEC 等国际组织均已常设数字议题，涉及发展、监管、治理、贸易投资、金融、知识共识等 6 大类 22 个方向，数字议题覆盖面显著扩展；德国通过发布《数字化实施战略》以推进社会、经济和科学所有领域的数字化进程等。因此，如何运用数字技术赋能国家治理现代化，是我国抓住历史机遇并在未来世界格局中保持战略定力和把握战略主动的重要抓手。

近年来我国为此做出系统布局，集中出台《数字安全法》《"十四五"数字经济发展规划》《数字中国建设整体布局规划》等数字治理法律法规，加快参与数字领域国际规则制定步伐，提出了推动数字技术赋能国家治理体系和治理能力现代化的中国方案。

资料来源：光明网，《加快推进数字技术赋能国家治理现代化建设》

思考： 面对数字化战略，当前供应链企业面临的最大挑战是什么？

任务二　数字化供应链设计

供应链设计要有长远性和预见性，并与企业的总体战略相一致，使供应链设计与企业规划相匹配。

一、数字化供应链设计内容

数字化供应链设计内容主要包含三个方面：合作伙伴选择、网络结构设计和运行规则制定。

（一）合作伙伴选择

数字化供应链合作伙伴包括为满足客户需求、原产地到消费地、供应商或客户有直接或间接相互作用的所有企业。合作伙伴选择是构建数字化供应链的前提，企业需要依据数字化供应链战略目标和导向，选择适宜的供应商、制造商、服务商、经销商、客户等合作伙伴，并与之建立数字化连接。合作伙伴的选择一般会考虑合作伙伴的战略价值、商业价值、合作意愿、基础能力和数字化水平等主要因素，但在实际应用中，企业会根据数字化供应链设计的具体要求和实际情况酌情考虑（此部分将在项目三详细论述）。

（二）网络结构设计

结构决定功能，数字化供应链的首要因素是结构设置。不同于传统供应链简单的链状模型（如图 2-3 所示）和网状模型（如图 2-4 所示），数字化供应链一般在网状模型的基础上，结合自身在供应链体系中的定位，依托数字化管理平台，与合作伙伴共同进行供应链网络结构规划和调整，具体包括以下方面。

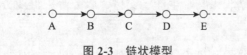

图 2-3　链状模型

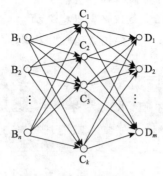

图 2-4　网状模型

1. 供应链网络结构选择

结合自身需求和行业特点，构建数字化供应链网络规划模型，基于模型选择适宜的数字化供应链网络结构。

2. 供应链网络节点布局

综合分析客户需求，整合现有合作伙伴布局和能力、物流资源和成本等数据，结合供应链的网络结构，构建选址模型，基于模型进行供应链网络节点的规划、模拟和决策，确定原材料供应基地、生产制造工厂，仓储转运点和销售点等供应链基础设施地址。

3. 供应链网络能力配置和部署

综合分析客户需求、供应能力等数据，结合供应链的网络节点布局，构建供应链能力分配模型，在不同供应链节点之间分配各类产品和服务的生产能力、仓储能力、运输能力、服务能力等。

4. 供应链网络优化调整

根据内外部环境波动和供应链战略调整情况，基于供应链网络优化模型进行供应链网络韧性评估、运行周期和成本评估，寻求优化方案，据此调整优化供应链网络结构。

（三）运行规则制定

供应链合作关系的建立和维系，除了各个节点企业的真诚和信任之外，必须有一个共同的平台，那就是供应链运行的基本规则，企业根据供应链战略和供应链网络结构，与供应链合作伙伴共同约定适宜的供应链运行的基本规则，主要包括协同运作机制、信息交互方式、交易认证方式、异常处理和风险应对机制等。

1. 协同运作机制

数字化供应链需要建立跨部门、跨企业的供应链上下游关键业务活动端到端协同运作机制，明确供应链计划、采购、生产、交付、服务等关键业务流程和运行规则。

2. 信息交互方式

数字化供应链需要确定与供应链合作伙伴交互的供应链信息，建立供应链上下游数据的对接渠道和传输标准，提高供应链数据交换的完整性、准确性、及时性。

3. 交易认证方式

数字化供应链需要基于移动 App、电子合同、视频远程验收、区块链记账等方式，建立供应链上下游交易认证和资金结算机制。

4. 异常处理和风险应对机制

数字化供应链需要建立供应链业务异常和风险的自动识别规则、预警机制和处理预案，规避和减轻供应链系统性风险损失。

问题探究：分析供应链设计对供应链运作成本的影响。

二、产品数字化供应链设计

（一）供应链差异化设计

数字化供应链设计应与市场需求趋势、企业品牌战略以及企业供应能力等相匹配，面向不同客户群体、不同产品线、不同区域，必须开展供应链差异化设计。例如，按照支撑不同行业企业战略和所经营的产品可以分为汽车（行业）供应链、家电（行业）供应链、食品（行业）供应链、服装（行业）供应链、石化（行业）供应链以及电商（行业）供应链等；按照订单响应模式可以分为推式供应链、拉式供应链以及推拉组合式供应链；按照支持不同产品组合运营可以分为单一产品供应链和多产品组合供应链。

（二）产品供应链设计

1. 产品类型及特征

不同的产品类型对供应链设计有不同的要求，功能性产品一般用于满足用户的基本需求，变化很少，具有稳定的、可预测的需求和较长的生命周期，但它们的边际利润较低。为了避免低边际利润，许多企业在式样或技术上革新以促进消费者购买，从而获得高边际利润，这种创新性产品的需求一般不可预测，生命周期也较短。正因为这两种产品不同，才需要有不同类型的供应链去满足不同的管理需要。两种不同类型产品的比较见表 2-6 所示。

表 2-6　不同类型产品比较

需 求 特 征	功能性产品	创新性产品
产品生命周期	>2 年	3 个月~1 年
边际贡献（%）	5~20	20~60
产品多样性	低（每一目录 10~20 种）	高（每一目录上千种）
预测的平均边际错误率（%）	10	40~100
平均缺货率（%）	1~2	10~40
季末降价率（%）	0	10~50
按订单生产的提前期	6 个月~1 年	1 天~2 周

2. 供应链类型及特征

根据功能可以把供应链划分为两类：有效性供应链和反应性供应链。有效性供应链也称效率型供应链，主要体现供应链的物理功能，是以最低的成本将原材料转化成零部件、半成品、产品，并以尽可能低的价格有效地实现以供应为基本目标的供应链管理系统，适用于需求和供应都比较稳定的功能性产品。反应性供应链也称响应型供应链，主要体现供应链的市场中介功能，是把产品分配到满足用户需求的市场，对未预知的需求做出快速反应为基本目标的供应链管理系统，适用于需求和供应都不确定的创新性和变革性产品。

有效性供应链和反应性供应链两者存在很大区别，具体见表 2-7。

表 2-7 有效性供应链和反应性供应链的区别

类　　型	有效性供应链	反应性供应链
基本目标	以最低的成本应对可预测的需求	尽可能对不可预测的需求做出快速反应
管理核心	成本	时间
制造核心	大批量生产，保持高效率和高利用率	小批量生产或大批量定制，保持生产柔性
库存策略	保持最佳经济库存	部署好原料、中间件和半成品的缓冲库存
提前期	不增加成本前提下，尽可能缩短提前期	大量投资以缩短提前期
供应商选择因素	质量、成本、效率	质量、速度、柔性
产品设计	标准化设计，以尽可能减小产品差别	平台化策略，将共同要素与独特要素结合

3. 产品供应链战略匹配矩阵

供应链失败的一个很重要的原因是缺乏对需求特征的了解，通常会导致供应链运作模式与产品特性不一致，产品和供应链战略不匹配会直接导致供应链的失败和断裂。产品供应链战略匹配矩阵见图 2-5。

	功能性产品	创新性产品
有效性供应链	匹配	不匹配
反应性供应链	不匹配	匹配

图 2-5 产品供应链战略匹配

（1）功能性产品匹配有效性供应链。功能性产品由于其需求可以准确地预测，从而达到供需平衡，企业能够集中精力降低供应链上的成本，因此可以与低成本运作的有效性供应链相匹配。使用有效性供应链提供功能性产品，可以通过削减企业内部成本、加强供应链节点企业间合作、降低销售价格等措施进行优化，如丰田汽车就采用了功能性供应链，遵循精益原则，尽量消除不能增加价值的行为来降低成本。

（2）创新性产品匹配反应性供应链。创新性产品由于其需求很难准确地预测，需要灵活快速地应对不确定性需求，需要供应链企业大量投资以缩短提前期，因此能与快速地响应市场的反应性供应链相匹配。使用反应性供应链提供创新性产品，可通过不同产品的通用件生产、缩短提前期与增加供应链柔性、用安全库存或充足的生产能力来规避不确定性等措施进行优化，如惠普、思科等公司都选择了反应性供应链战略，快速和灵活地满足多样且多变的顾客需求。

<h2 style="text-align:center">汽车供应链数字化转型迫在眉睫</h2>

2020 年以来，让汽车行业最头疼的不是市场需求，而是剧烈波动的供应链。"缺芯潮"所带来的成本飙升，国际物流中断导致关键零部件断供，都直接影响了生产。组装一辆汽车需要数万个零部件，缺少任何一个零部件都会导致产线停工。汽车供应链是一个复杂的系统，汽车行业规模技术门槛高、配合协同复杂的特性，决定了其供应链缺口无法在短时间内填补。面对全球汽车产业转型和市场持续下行的危机，汽车行业痛点日益凸显（如图 2-6 所示），加快汽车供应链数字化转型已成为国有汽车企业落实汽车强国战略、推动产业创新、打造企业核心竞争力的迫切需求。

汽车科技需求多	IT系统敏捷性差	运营成本高利润低
汽车科技是汽车行业的重要发展方向，产品更新换代快，对创新要求提出挑战	拓展性、开放性、敏捷性差，集成难，业务响应慢，阻碍了数字化转型发展进程	竞争带来行业利润率低，用户体验需求不断增加，数字化生产和运营势在必行
无法实现全链路管理	业务和数据融合难	数字化人才稀缺
研发端、生产端、营销端、运营端缺乏一体化平台支撑，无法有效驱动商业决策	销售和服务渠道更多元化，分布在各业务系统，数据规模庞大，无法发挥数据价值	面对越来越多的数字化应用场景，开发人员少、响应慢，影响业务敏捷和创新能力

图 2-6 汽车行业痛点

供应链数字化转型建设提供了一种新的供应链管理方式，它能帮助企业降低市场风险、提高经济效益，优化供应链结构。2021 年，上汽集团成立上汽领飞，以 SaaS 的方式向上游供应商提供"供需在线"能力。对接上汽内部系统生态，利用大数据、边缘计算和工业 5G 等技术，帮助主机厂与供应商之间进行网络化协同，实现了预测可见、库存可知、订单交付可测。自此，汽车供应链也开始发生了微妙的变化。由传统的上游供应商、中间整车厂和下游经销商组成的线性产业链，开始转向由整车厂、传统配套供应商、ICT 科技公司、服务出行公司等组成的网状立体生态圈。

在碳达峰、碳中和目标的引领下，汽车产业正朝着电动化、智能化、网联化、共享化方向高速发展。与此同时，汽车强国建设迎来关键转折点，智能化、低碳化、数字化已成为实现汽车行业高质量发展的核心要素。为此，需要突破核心共性关键环节、掌握引领未来发展的前沿技术，以促进汽车产业链、创新链和价值链的升级与重构。2023年 8 月 17 日，国内首家 AI 低代码厂商炎黄盈动正式发布《2023 低代码 PaaS 加速汽车行业数字化转型白皮书》，围绕整车厂、配套产业、新能源三大领域，梳理汽车数字化转型框架及实现路径，通过新兴技术支撑和数字化典型场景的价值分析，为汽车数字化转型提供参考。

资料来源：英诺森供应链，《"智慧赋能 强链塑链"——汽车行业供应链管理数字化应用探讨》

思考： 汽车行业供应链数字化转型的关键是什么？

任务三 数字化供应链协同

一、数字化供应链战略协同

企业需要依托供应链数字化管理平台，与供应合作伙伴开展战略协同，并整合社会资源、重构供应链运营机制、创新供应链服务模式，打造开放共享、价值共创的供应链生态系统。一是开展供应链战略的协同制定和评价改进，在业务部门、节点企业、供应链等层面进行战略匹配与协调，消除战略差异和运作冲突，形成以价值共创为导向的供应链战略；二是对接外部工业电子商务平台、工业互联网平台，引入平台服务商、金融机构、数据服务商、咨询服务机构、第三方开发者等外部主体，在实现供应链上下游资源协同的基础上，整合金融、知识产权、技术开发、管理咨询等社会化资源；三是在供应链上下游业务集成的基础上，与外部参与主体围绕供应链业务行为规范、权责确认、利润分配等达成共识，开展供应链业务重构和机制创新，实现供应链业务模式由链主企业主导的封闭式供应链向多元主体共同参与的无边界社会化供应链网络转变；四是基于数据全面采集和深度分析，开展产能共享、供应链金融、资产租赁等供应链服务模式创新。

二、数字化供应链业务协同

业务协同有助于促进供应链企业之间的合作和互动，加强彼此之间的理解和信任，提高供应链整体运行效率和绩效。

（一）供应链计划协同

企业需要依托供应链数字化管理平台，在企业内部实现采购计划、生产计划、物流计划之间的协调统一，并与合作伙伴供应链开展计划协同的联动。一是整合订单情况、市场需求、供应能力、生产能力等信息，依据生产计划的能源、物料、配件需求协同制订采购计划，确定采购品类需求、入库批次和发放安排，实现企业采购进度、排产计划、生产节拍的协调统一；二是整合生产能力、库存水平，物流运力和销售需求等信息，依据生产计划和销售情况协同制订物流计划，基于数据分析规划厂内物流和厂外物流，合理安排仓储设施、物流载具、人员等资源，实现企业物流调度与排产计划、生产节拍、销售进度的协调统一；三是基于采购、生产、物流、销售等业务数据的集成与共享，开展采购计划、生产计划、物流计划的协作执行和联动调整，实现企业原料供给、生产调度、库存周转、销售交付的端到端协同；四是与供应链合作伙伴共享需求、产能、物流、销售等信息，基于数据分析协同制订并优化供应链上下游相关方的生产计划、物流计划和采购计划，统一协调供应链上下游相关方的采购进度、排产计划、生产节拍、物流调度和销售进度，实现供应链计划的跨企业协同联动。

（二）与供应商业务协同

供应链企业面向客户订单承诺兑现，需要构建与供应商的信息协同模式，开展需求、计划、制造、订单、物流等管理活动的高效协同与系统对接，充分整合供应链资源，帮助供需双方进行实时高效的业务协同，不断提高供应链的竞争力。一是构建并优化与供应商协同的业务流程，搭建相关数字化协同模块、系统或平台，按需与供应商协同开展计划、订单、生产制造、物流、仓储等环节的信息系统集成与对接；二是基于应用系统或平台开展需求计划信息协同，提前将市场或用户需求计划及时、精准地传递给上游供应商，实现需求计划的实时变更与自动优化；三是基于应用系统或平台开展采购订单交易履约协同，可实时查询并可视化呈现采购订单的收货、变更以及执行状态；四是基于应用系统或平台开展供应商物流信息协同，供应商按一定的方式共享企业的库存和耗用数据，自动执行补货策略和供货计划；五是基于应用系统或平台开展供应商制造信息协同，可按需跟踪查询供应商物料或零件产能、质量、进度等信息；六是基于应用系统或平台开展查询报价、订单确认与变更、交货协同、财务结算等信息协同，提高业务处理的及时性。

（三）与客户业务协同

供应链企业面向客户订单交付，需要构建与客户信息协同模式，开展需求、计划、制造、订单、物流、库存等管理活动的高效协同与信息共享，充分整合供应链资源，帮助供需双方进行实时高效的业务协同，不断提高供应链的竞争力。一是构建与客户数字化协同模块、系统或平台，按需开展企业内部以及外部客户相关系统集成与对接，实现审批、报账、开票、验收等交易流程的在线化、自动化和敏捷化；二是基于应用系统或平台开展客户需求信息协同，洞察客户中长期和短期需求变化，设计和调整供应策略、供应网络和运作流程，与客户协同制订需求计划；三是基于应用系统或平台开展面向订单交付的全过程数字化管理，面向客户提供订单、物流、仓储和地理信息等环节端到端的可视与全程跟踪服务；四是通过智能穿戴设备、物联网、移动 App 等技术全面提升对终端用户信息感知交互水平，合理应用用户数据驱动需求计划、产品研发、生产制造以及售后服务等供应环节的模式创新，驱动供应链整体绩效水平提升。

三、数字化供应链生态协同

（一）供应链资源协同

供应商、制造商、生产商及服务商等供应链节点企业以社会资源为输入，以产品与服务为输出，利用信息技术协同构建资源共享、合作共赢、风险共担的数字化供应链新生态。数字化供应链的生态协同资源主要包括技术资源、客户资源、产品资源、供应资源和数据资源，具体内容和目的见表 2-8 所示。

表 2-8　供应链协同资源

种　　类	内　　容	目　　的
技术资源	物联网、云计算、区块链、智能算法等	实现成本、产品周期、库存上的优化，促进线上线下供应链的协同发展，提高供应链整体运行效率
客户资源	客户基本情况、客户偏好、消费场景等	充分认识和深入了解客户，为用户提供更具个性化、定制化的产品及服务体验，实现合作共赢
产品资源	产品信息、共享渠道、共享机制等	消除供应链企业生产的盲目性和无计划性，降低供应链综合成本，为上下游企业搭建供需桥梁
供应资源	原材料、设备、能源、劳务、资金等	帮助供应链企业对运作问题作出快速反应和及时反馈，提高决策效率
数据资源	生产数据、采购数据、订单数据、物流数据等	减少供应链交易和信任摩擦，为供应链节点企业降本增效

供应链企业在此基础上依托数字化管理平台，与合作伙伴建立供应链资源库，开展供应链上下游资源精准匹配、全流程追溯和协同优化。一是构建供应链资源库，整合供应链上下游原料、能源、零配件、设备、工具、仓储、物流车辆、人员等各类资源，开展供应链资源分级分类协同管理；二是基于供应链资源库，依据供应链计划为供应链上下游业务活动精准匹配相应的人、机、料、法、环等资源，实现供应链上下游资源供给与排产计划、生产节拍、物流调度等的协调一致；三是利用物联网、区块链等技术，构建覆盖供应链上下游的全流程追溯体系，动态跟踪原料、能源、零配件、设备工具、物流车辆、产成品等在供应链全链条的流向和动态，实现供应链资源来源可查询、去向可追踪；四是综合分析市场需求变化、供应情况、生产进度、库存状态等信息，基于对供应链上下游运作状态的监测、模拟和预测，灵活调整并优化供应链上下游资源配置，确保供应链上下游业务连续运转，实现供应链整体资源利用效率最优化。

（二）供应链财务协同

企业需要依托供应链数字化管理平台，与供应链合作伙伴构建供应链财务一体化管理体系，开展财务协同管理，创新供应链金融合作模式。一是综合分析供应链所处的外部市场环境和企业战略定位，协同制定与市场环境相适应、与供应链战略协调一致的财务管理体系和运行机制；二是基于供应链业务与财务数据的共享和整合，协同制订资金使用计划，监控分析供应链资金使用情况，精准评价资金使用绩效；三是创新供应链金融合作模式，按需引入金融机构、平台服务商等供应链合作伙伴，基于供应链全链条业务实时运营数据优化供应链资金使用与管理，实现供应链价值增值。

（三）供应链数据贯通

企业需要依托供应链数字化管理平台，与供应链合作伙伴打通相关业务系统，建立数据资源标准体系，基于数据实现供应链场景数字化和供应链业务活动动态优化，构建供应链系统的数字孪生体，并确保供应链数据资源安全。一是打通供应链合作伙伴相关业务系统，获取供应链合作伙伴必要的需求、计划、采购、生产、物流、销售等业务数据；二是建立供应链数据资源标准体系，构建格式统一、内容完整、可计算、可分析的数据链，实现供应链上下游各业务活动和关键节点数据端到端集成；三是通过大数据分析挖掘和智能建模，实现供应链上下游业务活动全场景数字化，开展供应链上下游产、供、销等业务活动的协同优化和联动预测，以数据为驱动提升供应链决策和管控水平；四是建立供应链上下游业务场景在物理空间和虚拟空间的实时映射，构建供应链上下游业务全过程的数字孪生体；五是确立供应链合作伙伴之间的数据访问规则，规避供应链数据丢失、窃取和损坏风险，确保供应链数据安全。

构建业务协同体系，插上数字化翅膀

深圳市投资控股有限公司（简称"深投控"）成立于 2004 年，是深圳市首个进入世界 500 强的市属国企，在 2022 年《财富》世界 500 强榜单中位列第 372 位。作为深圳市属国有资本投资运营公司和深圳市科技创新与产业培育平台，深投控构建了科技金融、科技园区、科技产业三大产业集群，涵盖了证券保险、基金创投、融资担保、地产开发、规划设计、园区运营、文体服务、会议展览等业态，与数万家企业建立了业务联系。丰富多元的业态、海量的企业项目，加上世界 500 强的品牌，形成了深投控业务协同的核心资源禀赋。

但在 2021 年之前，深投控各企业资源信息的畅通汇集力度不够，"各自为战"现象普遍，没有真正形成"上下一体、资源聚集、共享共赢"的战略格局。为此，2021 年 7 月，深投控向全系统印发了《深圳市投资控股有限公司业务协同工作指引（试行）》（以下简称《业务协同工作指引》），从科创资源导入和系统企业间协同两个方面构建"上下一体、资源聚集、共享共赢"的业务协同体系，着力打造资源共享的数字化协同信息平台。

为加快业务协同进度，2022 年深投控又在《业务协同工作指引》的总体框架下，制定印发了《业务协同三年行动方案（2022—2024）》，明确了未来三年业务协同体系建设的"任务书"和"路线图"。深投控积极探索大数据、云计算等新一代信息技术与企业管理深度融合的发展路径，主动对标世界一流企业，全面导入实施卓越绩效体系，大力推动业务协同化和数字化转型步伐，在关键环节取得了新突破、形成了新示范，全面提升了企业核心竞争力，于 2023 年 3 月成功入选创建世界一流示范企业。

资料来源：经理人杂志，《深圳投控：构建业务协同体系，插上数字化翅膀》

思考：深投控业务协同的秘诀是什么？结合你自己的理解，谈一谈供应链协同对我们的启示以及在数字化供应链推进过程中供应链企业和从业人员的使命担当和职责要求。

同步实训　供应链数字化转型现状分析

实训背景

在数字化时代，供应链数字化转型已成为企业实现竞争优势和业务增长的关键因素。数字化转型不仅能为企业带来数据驱动的决策制定、创新和灵活性、客户体验提升以及供应链协同合作等机遇，还能提升供应链的效率和灵活性，为企业带来新的商业机会和创新潜力。然而，数字化转型也面临着一系列挑战，企业在数字化转型过程中需要面对文化与组织变革、技术和数据整合、安全与隐私保护以及供应链网络复杂性等挑战。企业需要积极应对挑战，抓住机遇，推动供应链数字化转型，以赋能未来商业发展，实现持续的竞争优势。

实训目的

引导学生了解不同行业、不同产品供应链数字化转型的迫切性和重要性，调研企业数字化转型痛点和需求，提升学生数字化管理意识和能力。

实训组织

（1）以 1～2 人为一组，自主选取一个行业或者一种产品。

（2）广泛调研此行业或产品供应链，分析其数字化设计或数字化转型过程中面临的痛点和难点。

（3）对调研信息进行汇总和梳理，分析原因，给出优化建议。

（4）展示成果，交流评价。

实训评价

教师对各组做出综合评价，参见表 2-9。

表 2-9　供应链数字化转型现状分析评分表

考评人		被考评人		
考评地点		考评时间		
考评内容		供应链数字化转型现状分析		
考评标准	具体内容		分值	实际得分
	产品选取有代表性		15	
	调研数据翔实，图文并茂		25	
	问题和原因分析透彻，条理清晰		25	
	优化措施具体可操作，具有启发性		20	
	体现数字化管理能力和意识		15	
	合　　计		100	

同 步 测 试

1. 数字化供应链战略规划需要哪些支撑要素？
2. 简述数字化供应链战略规划步骤。
3. 简述产品供应链匹配原理。
4. 分析当前数字化供应链计划协同的措施有哪些？
5. 当前供应链协同包括哪些方面？

自学自测　　扫描此码

项目三

数字化供应链合作伙伴选择

❯❯ 学习目标

素养目标	知识目标	能力目标
• 熟悉互联网行业及数字领域 • 树立数字意识和创新思维 • 提升沟通协调和团队协作能力 • 具备数据理解和分析处理能力 • 有一定的项目统筹及团队管理能力	• 了解供应链合作关系及其重要性 • 熟悉数字化供应链合作伙伴评价体系构建和方法 • 掌握数字化供应链伙伴评价方法 • 掌握数字化供应链伙伴转型升级路径	• 能结合现实情况进行供应链合作伙伴分类管理 • 能利用所学知识构建数字化合作伙伴评价体系 • 能借助数字技术对供应链合作伙伴进行科学评价

❯❯ 思维导图

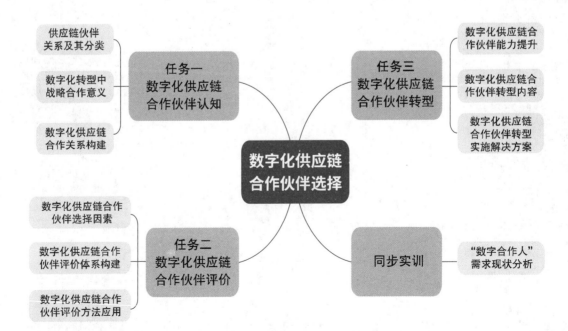

融通创新"七链"齐发，打造数字化服务平台

为贯彻落实《中华人民共和国国民经济和社会发展第十四个五年规划和2035年远景目标纲要》以及《"十四五"促进中小企业发展规划》，推动大企业加强引领带动，促进产业链上中下游、大中小企业融通创新，2022年5月，中华人民共和国工业和信息化部、中华人民共和国国家发展改革委员会等11个部门联合发布《关于开展"携手行动"促进大中小企业融通创新（2022—2025年）的通知》（简称《携手行动》），将以创新链、产业链、供应链、数据链、资金链、服务链、人才链"七条链"为重点，推动大中小企业融通创新，着力构建大中小企业相互依存、相互促进的企业发展生态，增强产业链供应链韧性和竞争力，提升产业链现代化水平。

供应链上中下游企业的融通发展，数字化是"关键之钥"。实施数字化转型可以有效解决供应链节点企业信息不对称问题，丰富拓展大中小企业融通对接渠道，助力大企业将优势资源"灌输"给中小企业，也助力中小企业加速产出创新成果，为大企业注入更多活力。为此，工业和信息化部等部门组织开展了2023年"百场万企"大中小企业融通对接活动，促进中小企业与大企业深化拓展供应链合作关系。鼓励大企业打造符合中小企业特点的数字化服务平台，推动开发一批低成本产业链供应链协同解决方案和场景，带动中小企业协同开展技术改造升级。

截至目前，已有多个头部企业推动构建数字化服务平台，取得了积极成效。例如，海尔卡奥斯COSMOPlat通过与奇瑞共建海行云工业互联网平台，实现对安徽芜湖地区奇瑞上游供应链零部件厂商的全面覆盖，助力零部件企业生产成本降低15%，生产效率提升50%；京东工业互联网平台连接近180万台工业设备，为1050家大型企业和超120万家中小微企业提供数字化转型服务……

资料来源：新华社，《畅通"七条链"，大中小企业这样融通发展》

思考： 融通创新对供应链上中下游企业数字化转型的价值体现在哪些方面？

任务一　数字化供应链合作伙伴认知

数字化供应链需要各个环节之间的紧密协作，企业需要借助数字化技术加强与供应商、物流公司等合作伙伴的信息共享和协同决策，以提高供应链的整体效率和灵活性。牢固的合作伙伴关系是数字化转型的核心，供应链数字化转型不是供应链和数字化技术的简单相加，而是借助技术全方位赋能合作伙伴，一起构建供应链协同发展新生态。

一、供应链伙伴关系及其分类

供应链合作伙伴关系（supply chain partnership，SCP）是指在供应链内部两个或两个以上独立的成员之间形成的一种协调关系，以保证实现某个特定的目标或效益。建立供应链合作伙伴关系的目的，在于通过提高信息共享水平，减少整个供应链产品的库存总量、降低成本和提高整个供应链的运作绩效。

根据增值作用和竞争力影响，通常把供应链合作伙伴划分为四种类型：普通合作伙伴、有影响力的合作伙伴、竞争性/技术性合作伙伴和战略合作伙伴（见图3-1）。

在实际运作中，企业应根据不同的需要选择不同类型的合作伙伴并与之建立合适的合作关系。例如，就长期而言，要求合作伙伴具有较强的竞争力和较强的增值能力，最好选择战略合作伙伴；就短期而言，宜选择普通合作伙伴，满足需求即可，以降低维系双方关系的成本；就中期而言，应根据企业需要，选择有影响力的合作伙伴或竞争性/技术性合作伙伴。

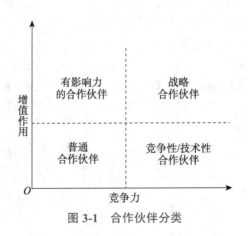

图3-1　合作伙伴分类

二、数字化转型中战略合作意义

供应链企业要在数字化转型中取得成功，往往需要借助外部的力量和资源，而战略合作就是一种有效的手段。在数字化供应链运营过程中，供应链核心企业应携手并赋能合作伙伴关系的新型构建和数字化转型，共同推动全行业数字化转型和智能升级。供应链战略合作可以从以下几个方面助力供应链节点企业的数字化转型（见表3-1）。

表 3-1　供应链战略合作助力企业数字化转型的方式

序号	合作目的	方式与意义
1	拓展技术和创新能力	合作伙伴可能具有供应链节点企业所缺乏的先进技术和创新能力，通过合作，供应链节点企业可以更快速地获取新技术和创新成果
2	增强市场竞争力	通过与行业领先企业合作，供应链节点企业可以更好地了解市场趋势和竞争动态，提高市场反应能力和竞争优势
3	共享资源和风险	数字化转型可能需要大量的资源和投入，通过与合作伙伴共享资源，供应链节点企业可以减轻负担，降低转型风险
4	开拓新业务领域	与合作伙伴合作，供应链节点企业可以进入新的业务领域，实现业务的拓展和多元化发展

三、数字化供应链合作关系构建

数字化供应链不仅涉及信息化系统下供给、生产、运输环节的配合，还借助大数据、云计算等数字化技术，增强对需求端和供给端的认识和理解，赋能供应、生产、运输等业务数字化转型和运营，这些都离不开供应链合作伙伴关系的构建。在数字化供应链运营过程中，供应链核心企业应携手并赋能合作伙伴关系的新型构建和数字化转型，共同推动全行业数字化转型和智能升级。

供应链新型合作关系构建通常包含以下几个步骤：

（1）进行数字化供应链合作关系构建的需求分析。企业必须评估构建供应链合作伙伴关系所带来的潜在利益与风险，明确数字化伙伴关系构建类型及对于企业的必要性。

（2）确定评价标准，选择数字化合作伙伴。即确定数字化合作伙伴的选择标准，构建供应链合作伙伴评价指标体系，并初步评估可选的合作伙伴。

（3）正式建立合作关系。数字化合作伙伴一旦选定后，必须让每一个合作伙伴都认识到相互参与、真诚合作的重要性，真正建立合作关系。

（4）实施和加强数字化供应链合作伙伴关系，或者解除无益的合作关系。

华为云发布新伙伴体系，携手伙伴及开发者共建新生态

面向客户数字化转型和伙伴多元化合作模式的需求，华为云将以构建能力为核心，进行全新伙伴体系变革，具体包含一个统一身份、两个合作框架和六种伙伴角色，全面加速伙伴成长。

一个统一身份：伙伴注册成为华为云合作伙伴之后，将获得一个统一身份，与华为云开展的任何合作业务也将通过此统一身份承载。

两个合作框架：GoCloud（技术共生）培育与发展伙伴能力，在技术、服务和资金上的支持帮助企业更快地上云，鼓励伙伴基于华为云构建丰富的解决方案与服务，创造更多价值。面向数字化转型咨询及系统集成、软件、服务、硬件设备、学习与赋能等角色的伙伴量身定制成长通道，并提供专门支持权益。GrowCloud（商业共赢）为不同类型的伙伴量身定制差异化的发展旅程，帮助合作伙伴扩大市场空间，为企业提供解决方案、供应计划、分销计划等支持，加速销售增长，实现商业共赢。

六种伙伴角色：华为云为伙伴设计了**数字化转型咨询与系统集成、软件、服务、硬件设备、学习与赋能、总经销商**等六种合作角色，伙伴可以根据自身业务的发展方向，选择一种或者多种不同的角色进入华为云的 GoCloud 和 GrowCloud 合作框架，完成个性化的能力发展和商业合作。

在新的体系下，针对软件合作伙伴，华为云提供了专家、工具、云资源、现金激励等支持，帮助伙伴基于华为云构建 SaaS 应用和解决方案。截至 2022 年底，华为云已上线 240 多个服务，覆盖了 29 个地理区域的 75 个可用区，为全球客户提供服务。同时，华为云全球开发者数量从 260 万个增长至超过 400 万个，合作伙伴数量超过 41 000 家，云商店上架的商品数量超过 10 000 个。

资料来源：华为云，2022-6-16

思考：华为云在推动供应链合作伙伴数字化转型上有哪些贡献？

任务二　数字化供应链合作伙伴评价

供应链数字化转型迫切需要专业的技术和团队支持，合作伙伴在供应链实现数字化转型的道路上发挥着至关重要的作用。数字化合作伙伴评价及选择对供应链高质量运营至关重要。

一、数字化供应链合作伙伴选择因素

数字化供应链企业要根据供应链战略，选择适宜的供应商、制造商、服务商、经销商，客户等供应链合作伙伴，并与之建立数字化连接。供应链合作伙伴选择需要考虑的因素有很多，也会因为合作伙伴的类型、所处领域的不同而不同。一般来说，数字化供应链合作伙伴选择通常要考虑以下因素：

（一）战略价值

在评估潜在合作伙伴时，首先要考虑潜在合作伙伴的战略适配性，即看其数字化战略目标是否与自己的目标相符，确保合作伙伴对企业发展和业务有积极的影响，一般包含战略一致性、增长潜能、品牌影响力、与现有合作伙伴的兼容性等因素。

（二）商业价值

供应链合作是为了企业利益最大化，所以在评估潜在合作伙伴时，会重点考虑合作伙伴的商业价值，预计未来合作收益，一般包含产品或服务定价、合作盈利性、合作成本等因素。

（三）合作意愿

合作意愿是指潜在合作伙伴实行合作的积极程度，它决定了合作伙伴在数字化供应链运营中的投入和配合程度，是确保数字化供应链高效运转的关键。因此数字化供应链核心企业需要充分评估潜在合作伙伴的合作意愿和配合程度，可以通过与潜在合作伙伴的交流和合作试点来进行，一般包含可信赖水平、信息共享开放性和透明性、共担风险的意愿、沟通和协作的能力等因素。

（四）基础能力

企业还需要评估潜在合作伙伴的资源能力，以确保合作伙伴具有足够的资源来支撑数字化供应链业务发展，通常可以通过考察潜在合作伙伴的公司规模、财务状况、员工素质和技术实力等方面来进行，一般包含财务水平、人才储备、生产能力、物流运力、技术资源等因素。

（五）数字化水平

加快数字化转型，是提升供应链现代化水平的关键。企业需要有大量可靠的数字化合作伙伴和强大的生态系统，以支持数字化供应链水平提升，因此在选择潜在合作伙伴时，要重点考虑企业数字化水平，一般包含产供销一体化水平、产品全生命周期管理能力、跨企业业务协同和数据集成能力、数字化管理水平等因素。

二、数字化供应链合作伙伴评价体系构建

结合当前研究和国家相关部门发布的一系列测评要求，以下主要从数字化基础、数字化经营、数字化管理、数字化成效四个维度来构建数字化供应链伙伴评价体系。

（一）数字化基础

一般来说，合作伙伴的数字化基础评价主要涉及设备系统、数据资源、网络安全三部分。

1. 设备系统

数字化设备系统评价主要考虑数字化设备和数字化业务两部分，数字化设备主要是指制造业数字化设备的业务覆盖范围、联网率、关键工序数控化率，数字化业务主要是指企业通过部署工业互联网公有云、私有云、混合云平台等形式，实现业务的数字化管理，其中包括单个业务、关键业务、全部业务等。

2. 数据资源

数字化数据资源评价主要是指企业实现数据自动/半自动获取并展示的业务环节覆盖范围，如研发设计、生产管控、质量控制、仓储配送（厂内）、设备管理、采购、销售、物流（厂外）、财务、人力等，以及企业实现各类数据汇聚及应用的情况，如建立了统一的数据规则（如编码、交换格式等）、实现了数据及分析结果的跨部门共享、构建了支撑业务人员进行数据分析的数据算法模型、构建了可视化数据分析工具等。

3. 网络安全

数字化网络安全主要是指企业在保障网络安全方面采取的举措，如使用了工业级网络安全产品及服务、建立了网络安全保障制度、开展网络安全等级自评估、通过第三方机构的验收认定等。

（二）数字化经营

1. 制造业领域合作伙伴的数字化经营评价

一般来说，制造业领域合作伙伴的数字化经营评价主要涉及研发设计、生产管控、采购供应、营销管理、产品服务和业务协同六部分。

（1）研发设计

数字化研发设计评价，主要是指企业开展数字化研发设计的情况，如是否应用计算机设计软件辅助开展设计工作；是否使用产品数据管理（product date management，PDM）或产品生命周期管理（product lifecycle management，PLM）等软件实现资源等的共享和统一管理；是否建设和应用产品设计标准库、组件库或知识库；是否将产品设计信息集成于产品的数字化模型中，实现产品设计数据的唯一性；是否实现产品设计和工艺设计间的信息交互和并行协同等。

（2）生产管控

数字化生产管控评价，主要是指企业车间通过信息系统实现生产计划排产排程的情况；在生产监控环节，企业利用信息系统实现设备、工序、生产线、车间的生产过程监控的情况；在生产作业环节，企业实现智能制造典型场景的覆盖范围，如自动巡检、生产过程可视化、精益生产管理、人机协同作业、基于数字孪生的制造等；在质量控制环节，企业运用数字化手段提高某一种或几种关键产品或物料质量控制能力的重点场景覆盖范围（如数字化检测、质量精准追溯、产品质量优化、质量控制协同等）。

（3）采购供应

数字化采购供应评价，主要是指企业采购管理数字化场景的覆盖范围，如采购管理信息化、采购策略优化、供应链可视化、供应链风险预警与弹性管控、采购协同等。

（4）营销管理

数字化营销管理评价，主要是指企业实现营销管理数字化场景的覆盖范围，如销售计划动态优化、市场快速分析预测、销售驱动业务优化等。

（5）产品服务

数字化产品服务评价，主要是指企业实现产品服务数字化场景的覆盖范围，例如：利用信息系统实现售后服务数字化管理的情况（如退换货质量管理、客户体验调查、客户满意度调查等）；利用数字化技术实现售后服务与相关业务的协同情况（如售后配件与库存协同、失效产品追溯与质量原因分析、失效原因与设计优化协同等）；新一代信息技术在新型智能产品中应用场景的覆盖范围（如数据增值服务、主动客户服务、用户直连制造、大批量定制、产品的远程运维等）。

（6）业务协同

数字化业务协同评价，是指企业使用数字化技术实现企业间业务协同数字化场景的覆盖范围，如实现研发设计协同、实现生产制造协同、实现订货业务协同、实现物流仓储协同、实现财务结算协同等。

2. 服务业领域合作伙伴的数字化经营评价

需要注意的是，服务业领域合作伙伴的数字化经营评价和制造业领域不同，一般包含七部分，即研发设计、仓储物流、业务流程、运营管理、产品服务、市场营销和售后服务。

（1）研发设计

如果企业服务流程中涉及了研发设计场景，则数字化研发设计评价主要是指企业实现研发设计数字化场景的覆盖范围，如是否运用各类信息资源，收集产品设计创意，开展产品创意测试与验证；是否建设和应用产品设计组件库，在研发设计过程中进行调用；是否将数字技术、网络技术、传感技术融合进产品中，提高产品的附加值；是否开展产业链上下游产品数据共享，实现产业链上下游的资源信息互通，提高研发效率等。

（2）仓储物流

如果企业服务流程中涉及了仓储物流场景，则数字化仓储物流评价主要是指企业应用数字化技术实现仓储物流数字化场景的覆盖范围，如物料条码管理、智能仓储、精准配送、动态调度、自动配送或路径优化、货物实时跟踪、物流监测与优化等。

（3）业务流程

数字化业务流程评价，主要是指企业通过信息系统实现业务流程数字化场景的覆盖范围，如策划阶段的资源分配、任务分解和项目节点设置；执行阶段的实时监控和反馈；监测和控制阶段的业务绩效、资源、管理风险监控以及对变更计划内容和时间的管控和调整；交付阶段的成果交付方式创新，实现数字化成果交付或实施成效分析等。

（4）运营管理

数字化运营管理评价，主要是指企业通过大数据技术等数字化手段实现运营管理数字化场景的覆盖范围，如更加精准地进行需求创造、业务设计、价值共创、生态圈构建等。

（5）产品服务

数字化产品服务评价，主要是指企业实现产品服务数字化场景的覆盖范围，如数据增值服务，包括分析产品或服务的相关数据，应用数字化技术，提供专业服务、设备估值、融资租赁、资产处置等新业务；主动客户服务，包括依托客户关系管理系统（CRM），集成数字化技术，实现精细化管理或主动式客户服务等；个性化定制服务，包括通过用户和企业的深度交互，提供满足个性化需求的产品定制设计或个性化服务等。

（6）市场营销

数字化市场营销评价，是指企业应用数字化技术实现市场营销数字化场景的覆盖范围，如线上渠道建设（应用数字化技术，通过线上互动的方式购买及完成交易）、开展社群营销（组织社群内容的运营和管理，实现与客户进行直接沟通和社群营销）、目标客户精准定位（应用数字化技术，挖掘分析客户信息、构建用户画像，对目标客户进行精准定位）、市场需求分析预测（应用数字化技术，实现对市场未来供求趋势、影响因素或其变化规律的精准分析、判断或预测）、投放过程精准可控（应用数字化技术，按照曝光、点击等行为实现对目标客户群体的广告精准投放）、广告效果精准评估（应用数字化技术，量化评估广告展示到客户购买的数据转化，核算广告投入总量的效果转化率，优化广告传播策略）、销售驱动业务优化（应用数字化技术，根据客户需求变化，动态调整业务运营方案）。

（7）售后服务

数字化售后服务评价，主要是指企业通过大数据技术等数字化手段实现售后服务数字化场景的覆盖范围，如订单质量管理、客户体验感调查、客户满意度调查等。

（三）数字化管理

1. 经营战略

数字化经营战略评价主要是指企业数字化转型意识与执行水平情况，如是否对数字化转型有明确的目标（至少半年为期）、是否已制订数字化转型规划及具体的实施计划、是否基于战略规划开展业务模式和管理决策方式的变革实践。

2. 管理机制

数字化管理机制评价主要是指企业在设置数字化组织与管理制度等方面采取的措施，如是否设置专门的数字化人员岗位或部门、是否为数字化人才设立专门的绩效薪酬体系、是否对数字化收支单独建账核算、是否建立数字化信息系统管理相关制度规范等。

3. 人才建设

数字化人才建设评价主要是指企业在数字化方面培训覆盖的人员范围，如信息化部门员工、业务部门员工、企业主要决策人员以及其他员工。

4. 资金投入

数字化资金投入评价主要是指企业上年度数字化投入占营业收入的比重，目前这个情况不太乐观，一般在10%以下。

（四）数字化成效

1. 产品质量

产品质量评价主要是指企业上一年度产品合格率，一般和行业平均水平进行比较。

2. 生产效率

生产效率评价主要是指企业上年度人均营业收入，一般和行业平均水平进行比较。

3. 价值效益

价值效益评价主要是指企业上年度每百元营业收入中的成本，一般和行业平均水平进行比较。

三、数字化供应链合作伙伴评价方法应用

数字化供应链伙伴的评价和选择方法主要分为定性分析法、定量分析法以及定性分析与定量分析相结合。定性分析法主要包含直观判断法、招标法和协商选择法等；定量分析法主要包含采购成本比较法、作业成本法等；定性与定量分析相结合的评价方法主要有加权分析法、层次分析法、模糊综合评价法等。考虑到评价方法的实用性和基础性，在此重点介绍加权分析法。

加权分析法是一种基于多种标准进行合作伙伴选择的系统方法,首先是要识别出企业选择合作伙伴的若干重要指标;接着对各个指标赋予权重;最后,就上述每一个指标对候选企业进行评分。一般企业都会规定最低得分,大于最低得分的企业才会被选择,综合分值最高的企业即为最合适的合作伙伴。

(一)确定评价因素,构建评价指标体系

为构建数字化供应链合作伙伴的评价体系,以服务业领域合作伙伴选择为例,借鉴本项目任务二中的评价指标,建构服务业数字化供应链伙伴评价体系,如表 3-2 所示。

表 3-2 服务业数字化供应链合作伙伴评价体系

序 号	一级指标	二级指标
1	数字化基础	业务系统
		数据资源
		网络安全
2	数字化经营	研发设计
		仓储物流
		业务流程
		运营管理
		产品服务
		市场营销
		售后服务
3	数字化管理	经营战略
		管理机制
		人才建设
		资金投入
4	数字化成效	生产效率
		价值效益
		服务质量

(二)确定指标权重

在计算权重时由于原始数据的来源不同,可以采用主观赋权、客观赋权、组合赋权等方法确定权重。常用的主观赋权法有专家调查法、层次分析法、环比评分法等;常用的客观赋权法有主成分分析法、熵值法、离差法及均方差法等。

通常按照评价需要和各因素相对重要程度,确定相应的权重,如甲公司针对不同合作伙伴的产品及供货评价确定了不同的权重,见表 3-3。

表 3-3　服务业数字化供应链合作伙伴评价体系

序　号	一级指标及权重	二级指标及权重
1	数字化基础（25%）	业务系统（40%）
		数据资源（30%）
		网络安全（30%）
2	数字化经营（45%）	研发设计（10%）
		仓储物流（10%）
		业务流程（20%）
		运营管理（20%）
		产品服务（20%）
		市场营销（10%）
		售后服务（10%）
3	数字化管理（20%）	经营战略（15%）
		管理机制（35%）
		人才建设（25%）
		资金投入（25%）
4	数字化成效（10%）	生产效率（35%）
		价值效益（35%）
		服务质量（30%）

（三）方案比较评价及赋值

对备选方案的每个因素进行两两比较并赋值，具体方式见表 3-4。

表 3-4　比较赋值方法

赋　值	含　义
1	表示两个因素相比，具有相同重要性
3	表示两个因素相比，一个因素比另外一个因素稍微重要
5	表示两个因素相比，一个因素比另外一个因素明显重要
7	表示两个因素相比，一个因素比另外一个因素强烈重要
9	表示两个因素相比，一个因素比另外一个因素极端重要
2，4，6，8	上述两相邻判断的中值

为简化计算，我们只计算一级指标部分，通过两两比较，以 100 分为满分，甲公司的 A、B、C 三个备选合作伙伴的赋值得分见表 3-5。

表 3-5　甲公司候选合作伙伴评分

指　标	权重/%	A/分	B/分	C/分
数字化基础	25	60	80	80
数字化经营	45	40	80	60
数字化管理	20	60	60	60
数字化成效	10	60	40	60

（四）评价结果

把每个的方案的各个因素得分与权重相乘，最后相加，得出每个方案的最终得分，就表明了各个备选方案相互比较时的优劣程度。甲公司合作伙伴评价结果见表3-6。

表3-6　甲公司备选合作伙伴评价结果

指　标	权重/%	A/分	B/分	C/分
数字化基础	25	60	80	80
数字化经营	45	40	80	60
数字化管理	20	60	60	60
数字化成效	10	60	40	60
合计		51	72	65

（五）最佳方案的确定

得分高的方案为最佳方案。对甲公司来说，如果要找数字化合作伙伴，那么B方案是最佳选择。

以上只是一些简单方法的介绍，至于层次分析法、模糊综合评价、灰色关联分析等复杂方法，可在具体实际应用中继续学习。

依据表3-5中的企业评测得分，可以将数字化水平划分为四个等级，具体见表3-7所示。

表3-7　企业数字化水平分级

序号	得分/分	等　级	成　效
1	0~40	基础水平	利用简单的信息技术手段，实现了基础业务流程梳理和数据规范化管理
2	40~60	起步水平	利用信息技术手段或管理工具，实现了企业单一领域或业务流程梳理和数字化管理
3	60~80	提高水平	应用信息系统及数字化技术进行数据分析，实现了全部主营业务数字化管控
4	80以上	领先水平	企业数字化程度高，广泛应用大数据、云计算技术、全业务链数据集成分析，实现了数据驱动的业务协同与智能决策

数字化转型伙伴行动

"数字化转型伙伴行动"是国家发展改革委会同有关方面启动的行动，推出数字化转型评估服务，在线为企业数字化转型"同诊把脉"，了解企业数字化转型进展、难点和诉求，为企业提供针对性建议，引导行业龙头企业、平台企业、服务商、金融机构、高校、科研院所、行业协会等伙伴行动参与单位提供精准化服务支持，建立对接机制，加强政策协同支持，解决"不会转、不能转、不敢转"难题，为企业数字化转型保驾护航。

政府和社会各界联合起来，共同构建"政府引导—平台赋能—龙头引领—机构支撑—多元服务"的联合推进机制，以带动中小微企业数字化转型为重点，在更大范围、更深程度推行普惠性"上云用数赋智"服务，提升转型服务供给能力，加快打造数字化企业，构建数字化产业链，培育数字化生态，形成"数字引领、抗击疫情、携手创新、普惠共赢"的数字化生态共同体，支撑经济高质量发展。

各倡议联合发起单位将结合自身优势和基础，加强数字化转型共性解决方案研发，推出普惠性的数字化转型产品和服务，探索通过共享模式开放自身资源，联合打造一体化转型服务能力，共同营造公平健康的良性机制，支持中小微企业降低数字化转型成本、缩短转型周期、提高转型成功率。

资料来源：中国政府网，《数字化转型伙伴行动倡议》

思考：如何破解企业数字化转型中的"不会转、不能转、不敢转"难题？

任务三　数字化供应链合作伙伴转型

一、数字化供应链合作伙伴能力提升

（一）数字化战略能力提升

在企业数字化转型过程中，必须仔细考虑可以供他们选择的数字化战略，根据战略标准驱动企业进行数字化转型，在选择数字化战略标准的过程中，一定要做到以下几点。

1. 新技术驱动

企业需紧跟时代潮流，不断提升技术水平，实现技术与业务深度融合，以便更好地整合生产线、供应链等业务流程，提高生产效率，从而降低生产成本，提高企业盈利能力。

2. 创新机制

企业内部要形成全员创新意识，将创新融入日常工作，持续开展创新文化的培育与提升，通过各种形式的宣传、活动等，引导员工强化创新意识，开展创新工作，最终在企业内形成全员创新、时时创新、事事创新、不断创新的良好局面。

3. 变革驱动力

企业需要从组织、治理结构到制度流程等方面深化变革，让数字化转型成为一把手工程。数字化转型涉及多个领域，包括技术、业务流程、组织架构和文化等，需要领导者的积极参与和全力支持，因此数字化转型必须是"一把手"工程。领导者需要制订战略计划、引领文化变革，并投资和发展组织的数字技能和数字文化。只有在领导者的支持下，数字化转型才能够成功地推进，并实现企业的长期成功。

4. 商业模式

企业要完成商业模式转型，就要把数字化能力驱动的商业模式作为主要业务组成部分。数字化转型完全超越了信息的数字化或工作流程的数字化，着力于实现"业务的数字化"，使公司在一个新型的数字化商业环境中发展出新的业务（商业模式）和新的核心竞争力。在新数字经济的背景下，传统企业需要紧跟时代步伐，结合新商业发展需求和可能，积极探索数字门店的运营新模式。

（二）数字需求匹配能力提升

数字化转型，不能被动等待，要主动出击，面对海量的业务数据信息，我们需要拥有数字化转型匹配需求的能力。首先，我们需要进行业务流程和技术需求的梳理，形成完整的数字化转型场景描述和业务流程。从业务和技术两个角度，对需求进行精准的分析，形成具有可行性的分析结果和相关资料，制订转型的相关计划、方案和具体步骤。其次，我们需要体系化地对业务数据、技术进行匹配，识别与需求目标之间的差距，了解弥补差距所需要的工作，如数据探查、需求分类等。最后，我们需要在整个数字化转型过程中进行全程监控和跟踪，以便及时调整和优化业务流程和技术需求。

（三）数据驱动能力提升

企业的数据分散在各个地方，非结构化数据更是零散无序。首先，为了达到数字化服务和数据智能化应用的标准，需要把这些数据整合起来，形成面向各业务领域的数据资产。其次，为了保证数据的质量和安全，还需要建设数据质量管理制度、标准及管理政策，定期推进相关数据质量的诊断和治理。再次，还需要形成完善的数据安全、脱敏、共享机制，具备体系化的数据共享接口，让数据使用变得流畅高效。最后，大数据平台与数据库需要符合智能化应用需求，具备储存、计算及处理海量数据的能力。

（四）数字技术应用能力提升

企业智能化应用需求呈指数级增长，传统服务器已难以支撑，高性能算力成为必须。当今企业面临如何搭建面向智能化的高性能算力，完成智能化应用的统一治理和资产化的问题。为了完成智能化架构转型，企业需要搭建智能化算法生产所用的工程化系统和架构支撑，形成内部智能平台，同时形成企业内部算法知识库。这样，企业才能顺利完成智能化应用的统一治理和资产化，为智能化应用提供充足的算力保障。这一切都需要企业内部 IT 系统和设施的智能化架构转型。智能化应用的需求是无法阻挡的潮流，企业需要紧跟时代步伐，进行智能化架构转型。只有这样才能适应市场变化，抢占智能化应用市场的先机。

1. 互联网技术

数字化转型需要依靠互联网技术的支持，包括云计算、大数据、人工智能、物联网等。这些技术可以为企业提供更好的管理和运营手段，增加业务的流量和订单量。

2. 数字化设计

数字化设计可以帮助企业将产品从设计到生产更快速地落地实施，减少数据传输的误差、提高生产效率和产品质量。数字化设计技术也可以保证产品的品质和可靠性，让企业在市场竞争中更加具有优势。

3. 移动化应用

移动化应用可以有效地促进企业与客户、员工沟通，在企业的全球化时代大大简化了企业管理。通过移动化应用，企业可以将销售、生产、客户服务等工作轻松地集中起来，提升商业价值和品牌形象。

（五）数字化管理能力提升

数字化管理，是指企业通过信息技术融合应用，打通核心数据链条，基于数据的广泛汇聚、集成优化和价值挖掘，优化、创新乃至重构企业战略决策、产品研发、生产制造、经营管理、市场服务业务活动，构建数据驱动型高效运营管理模式的能力。推进数字化管理是工业企业改造提升传统动能、培育壮大新动能，构建可持续竞争优势的关键路径。

1. 内部流程优化能力

数字化转型需要企业拥有优秀的内部管理流程和体系，包括文化、组织、IT 系统等。企业需要对现有的业务流程进行深入分析，找到并消除其中的瓶颈和阻碍因素，以更好地实现企业数字化转型的目标。

2. 市场创新能力

数字化转型需要企业具备敏锐的市场洞察力，创新的思维方式和持续更新的能力。企业需要不断调整自己的业务模式，以便更好地适应市场变化，提高市场占有率和盈利能力。

3. 人才储备能力

数字化转型的实施人才是关键，企业需要具备引进人才、培养人才和留住人才的能力。企业需要对自己的人才进行分类管理，以满足不同类型人才的需求。

二、数字化供应链合作伙伴转型内容

（一）数字化供应链合作伙伴转型政策支持

1. 加强转型引导

一是加快实施中小企业数字化转型促进工程，深入开展大中小企业"携手行动"，推动产业链供应链上下游、大中小企业融通创新。二是加强中小企业数字化转型相关政策衔接，落实工信部和财政部联合开展的中小企业数字化转型试点等工作，结合当地实际出台配套措施，加强分类指导和跟踪服务，确保政策落地见效。三是鼓励有条件的地方分行业分领域，探索推动中小企业数字化转型策略。

2. 加大资金支持

一是按照"企业出一点、平台让一点、政府补一点"的思路，降低中小企业数字化转型门槛，有条件的地方可鼓励平台减免转型共性需求支出。二是发挥地方政府专项资金的作用，支持对中小企业转型带动作用明显的"链主"企业和转型成效突出的中小"链星"企业。三是鼓励金融机构研制面向中小企业数字化转型的专项产品服务，设立中小企业数字化转型专项贷款，拓宽中小企业转型融资渠道。

3. 推广试点应用

一是结合当地重点行业和关键领域，遴选中小企业数字化转型试点示范，培育推广中小企业数字化转型案例标杆，鼓励中小企业"看样学样"。二是支持专精特新中小企业开展数字化转型，发挥引领示范作用，带动更多中小企业数字化发展。三是培育和遴选一批可复制的产业链供应链上下游协同转型的典型模式，推广大中小企业融通创新模式，有效支撑产业链、供应链、补链、固链、强链。

4. 完善配套服务

一是构建完善中小企业数字化转型公共服务体系，加强中小企业数字化转型公共服务平台建设，提升政策宣传、诊断评估、资源对接、人才培训、工程监理等公共服务能力。二是组织开展中小企业数字化转型"问诊"服务，组织专家深入中小企业一线开展"入驻式"诊断服务。三是支持职业院校、大型企业等建设数字人才实训基地，提升中小企业数字人才供给。

5. 优化发展环境

一是加大工业互联网、人工智能、5G、大数据等新型基础设施建设力度，优化中小企业数字化转型外部环境。二是建设完善地方营商环境评估体系，将中小企业数字化转型成效纳入考核范围。三是开展中小企业数字化转型相关会议和活动，营造良好发展氛围。四是发挥政府引导基金，带动社会资本支持中小企业数字化转型服务商做大做强。五是基于地方中小企业数字化转型实际，优化财税金融、人才培引等政策措施，稳定中小企业转型政策预期。

（二）数字化供应链合作伙伴转型供给支持

1. 增强供需匹配度

一是互联网平台企业和数字化转型服务商等供给方主体，要聚焦中小企业数字化共性需求，加快研发即时沟通、远程协作、项目管理、流程管理等基础数字应用。二是遵循"大企业建平台、中小企业用平台"思路，大型企业要加快打造面向中小企业需求的工业互联网平台，输出成熟行业数字化转型经验，带动产业链供应链上下游中小企业协同开展数字化转型。三是细分行业数字化转型服务商，要加快研发推广具备行业特性的产品服务。四是低代码服务商要持续提升产品的可拓展性，帮助业务人员自主高效构建数字化应用，满足即时个性化需求。这里所说的低代码，就是通过为开发者提供可视化的应用开发环境，降低或去除应用开发对原生代码编写的需求量，进而实现便捷构建应用程序的一种解决方案。

2. 开展全流程服务

一是数字化转型服务商、互联网平台企业、工业互联网平台企业等通过线上线下结合的方式，展示场景融合应用和转型方法路径，增强中小企业数字化转型意识和意愿。二是数字化转型服务商和第三方评估机构等主体，要聚焦中小企业个性化转型需求，帮助中小企业加快制定数字化转型策略。三是电信运营商、智能硬件企业、数字化转型服务商等要帮助中小企业开展网络建设、硬件改造连接和软件应用部署等，并开展配套数字技能培训。四是数字化转型服务商要基于中小企业阶段性转型需求，加快整合生态资源，为中小企业匹配与现阶段需求适配的产品和服务，推动中小企业转型逐步深入。

3. 研制轻量化应用

一是数字化转型服务商要聚焦中小企业转型痛点难点，加快提供"小快轻准"的产品和解决方案。二是加快研发推广低代码产品服务，助力中小企业自行创建、部署、使用和调整数字化应用，提升中小企业二次开发能力和需求响应能力。三是大力发展订阅式软件服务，有条件的数字化转型服务商可面向中小企业提供免费试用版服务，探索发展以数字化转型收益、支付服务费用等方式，来降低中小企业数字化转型顾虑和成本。四是工业互联网平台企业要加快汇聚工业 App，沉淀工业技术、知识和经验，建设工业 App 商店，加速工业 App 交易流转应用发展。

4. 深化生态级协作

一是工业互联网平台、数字化转型服务商和大型企业等各方主体，推动产业链供应链上下游企业业务协同、资源整合和数据共享，助力中小企业实现"链式"转型。二是大型企业要加快搭建或应用工业互联网平台，面向上下游中小企业开放订单、技术、工具、人才、数据、知识等资源，探索共生共享、互补互利的合作模式。三是工业互联网平台、数字化转型服务商和金融机构之间要加强合作，开展物流、资金流和数据流等交叉验证，创新信用评估体系和风险控制机制，提升中小企业融资能力。

三、数字化供应链合作伙伴转型实施解决方案

（一）数字化供应链合作伙伴转型步骤

1. 定义数字化转型的愿景和目标

企业必须明确数字化转型的目标和愿景，明确数字化转型的意义和价值，为数字化转型提供指导和动力。

2. 评估数字化转型的现状和需求

企业必须客观评估数字化转型的现状和需求，全面了解自身及所在供应链的数字化水平和瓶颈，深挖市场和客户需求，明确数字化转型的重点和方向。

3. 制定数字化转型的战略和计划

企业必须制定详尽的数字化转型战略和计划，包括数字化转型目标、时间表、预算、资源投入等，确保数字化转型的实施具有可操作性和可控性，并与供应链战略目标一致。

4. 确定数字化转型的重点项目和应用场景

企业必须深耕具体业务场景、挖掘产品特性，选择数字化转型的重点项目和应用场景，具体包括业务流程优化、客户体验提升、产品创新、组织变革等方面，确保数字化转型的实施具有重点性和针对性，并得到供应链上企业的支持。

5. 实施数字化转型的项目和方案

企业必须制定数字化转型的项目和方案，包括技术选型、系统集成、数据采集和分

析、应用开发和测试等方面，同时积极落实配备人员、应用高效系统工具（CRM、SCM、ERP 等）分阶段规划、持续完善，确保数字化转型实施方案的高质量完成。

6. 推广数字化转型的成果和经验

完成转型后，企业需要及时把数字化转型的成果和经验推广到所在供应链，包括内部培训、外部宣传、合作交流等方面，确保数字化转型的实施具有可持续性和可复制性，以及供应链数字化转型的整体成效。

（二）数字化供应链合作伙伴转型问题及解决方案

无论是供应链整体还是单个企业，在当前数字化转型时都面临着许多挑战和困难，迫切需要针对性地寻求解决方案。

1. 技术壁垒

数字化转型需要依托一系列数字技术，但是技术的更新和变化日新月异，很多企业未必能跟上技术的步伐，所以迫切需要建立技术创新的机制和文化，加强技术人才的培养和引进，积极开展技术合作和创新实践。

2. 数据安全

数字化转型需要大量的数据采集、存储和处理，但是数据的安全和隐私保护是当前企业普遍面临的挑战，所以迫切需要加强数据安全的管理和技术保障，建立数据安全的法律和政策框架，提高员工的数据安全意识和素养。

3. 组织变革

数字化转型需要对企业的组织结构、文化和流程进行变革，但是组织变革是一项复杂和长期的过程，而且必须得到企业一把手和高层的支持，所以迫切需要由企业"一把手"或高层主导，建立变革的导向和目标，加强变革的沟通和协调，完善变革的激励机制。

4. 人才短缺

数字化转型需要大量的数字化人才，但是数字化人才的短缺是当前企业普遍面临的难题，所以迫切需要建立数字化人才培养和引进机制，加强数字化人才培训和交流，完善数字化人才的激励机制。

"城市合伙人"驱动数字中国

数字经济不仅改变着社会经济发展的底色，也引领着人们的城市生活步入高质量发展阶段。数字城市发展的目标，是让人们享有幸福生活、安居乐业。全国各个城市纷纷加大投入，通过大数据、云计算、人工智能等手段推进城市治理现代化，让城市可以变得更"聪明"。

在智慧城市的建设浪潮中，云从科技率先建立"城市合伙人"的理念体系与实践落地，将国内首创的人机协同理念与"城市大脑"相结合，以"感知、认知、决策"技术闭环贯穿城市大脑建设全过程全维度，实现城市大脑的可持续自适应、自生长，以行业顶尖的物联感知、数字孪生、数据安全和开放等多种技术，整体赋能城市治理水平。

在顶层设计上，云从以城市大脑为核心，以服务人们的智慧生活为目标，将人、环境、资源与产业等多个要素综合融汇，规划智慧城市体系。在技术架构上，云从规划的数字城市建设围绕"$1+1+1+N$"的总逻辑，推动 1 个城市大脑、1 张物联感知网络、1 个智慧门户和 N 个业务应用，模块涵盖城市治理与人们生活的各个场景。整体推进城市治理由人力密集型向人机交互型转变、由经验判断型向数据分析型转变、由被动处置型向主动发现型转变，实现传统城市向数字城市、智慧城市的跨越式转型。

资料来源：云从科技，《"城市合伙人"驱动数字中国——云从科技亮相数字中国建设峰会》

思考：结合"城市合伙人"理念，说一说城市合伙人对数字中国建设的贡献。

同步实训 "数字合伙人"需求现状分析

实训背景

在数字时代,只有根据企业类型及转型痛点匹配相应的解决方案,才能更好地促进合作伙伴之间的沟通协作。时移世易,如此大环境下,厂商与伙伴的关系已然蕴含新气象,即如今倡导的"数字合伙人"理念。从直观上理解,"合作伙伴"强调双方是一种平等的合作关系;而"数字合伙人"则更进一步,突出伙伴是数字经济时代下的"合伙人",双方是一种风险共担、利益同享、目标一致、权利与义务皆"捆绑"于一体的更为紧密的关系。

实训目的

引导学生了解数字时代供应链合作的重要性,调研数字合伙人市场需求,提升学生数字化合作意识和数据收集、处理能力。

实训组织

(1)以2人为一组,广泛调研数字合伙人的提出、理念,搜索相关的市场需求。
(2)对调研信息进行汇总和梳理,分析数字合伙人的分类需求和市场前景。
(3)展示成果,交流评价。

实训评价

教师对各组做出综合评价,参见表3-8。

表3-8 "数字合伙人"需求现状分析评分表

考评人		被考评人		
考评地点		考评时间		
考评内容	"数字合伙人"需求现状分析			
考评标准	具体内容		分值	实际得分
	调研数据翔实,分类明确		10	
	合伙人需求明确,规格清晰		30	
	调研结论明确,且具有启发性		30	
	调研报告条理清晰,图文并茂		20	
	体现数字意识和合作素养		10	
合 计			100	

同 步 测 试

1. 在选择数字化供应链合作伙伴时一般考虑哪些因素？
2. 简述数字化供应链合作关系转型步骤。
3. 企业一般从哪些维度进行数字化供应链合作伙伴评价？
4. 分析当前供应链企业数字化转型普遍面临的问题及解决对策。
5. 当前我国企业数字化转型迫切需要的配套支持有哪些？

自学自测　扫描此码

项目 四

数字化供应链平台构建与应用

▶▶ 学习目标

素养目标	知识目标	能力目标
• 树立信息意识和数字思维 • 提升数字化适应力和胜任力 • 提升数字敏感度和数字化学习能力 • 提升数字道德规范意识和社会责任感	• 了解数字化供应链技术及应用 • 掌握供应链获取及分析方法 • 熟悉数字化供应链平台构成 • 掌握数字化供应链平台管理技巧	• 掌握一定的数字化技术，具备一定的信息获取和处理能力 • 能借助一定的数字化技术优化企业供应链管理 • 能针对供应链平台管理的实际问题提出优化对策

▶▶ 思维导图

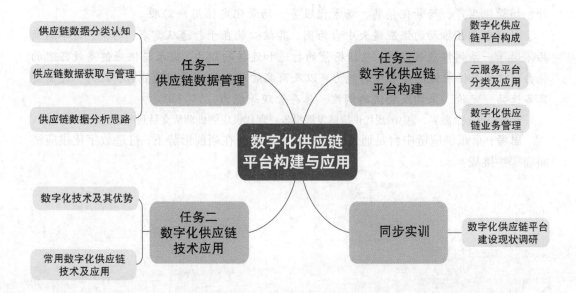

- 供应链数据分类认知
- 供应链数据获取与管理
- 供应链数据分析思路

任务一 供应链数据管理

- 数字化技术及其优势
- 常用数字化供应链技术及应用

任务二 数字化供应链技术应用

数字化供应链平台构建与应用

任务三 数字化供应链平台构建
- 数字化供应链平台构成
- 云服务平台分类及应用
- 数字化供应链业务管理

同步实训
- 数字化供应链平台建设现状调研

场景化中台是供应链升级的主要方向

2021 年 6 月，在 2021 中国数字经济新引擎论坛上，经济日报社、商务部中国国际电子商务中心、京东集团联合发布了《2020 年中国现代供应链发展报告》(以下简称《报告》)。《报告》显示，中国现代供应链的发展历经三个阶段：传统直线型供应链、现代网络型供应链、数智化供应链三个阶段。

中国现代供应链已经进入到数智化社会供应链的新发展阶段

《报告》明确分析了京东作为"以供应链为基础的技术与服务企业"，将供应链能力开放出来，能创造巨大的社会价值。2020 年 10 月，京东首次对外阐释了面向未来十年的新一代基础设施——京东数智化社会供应链，即用数智化技术连接和优化社会生产、流通、服务的各个环节降低社会成本、提高社会效率。京东在快消品、家电数码、农产品等供应链方面有着深度实践，并创造出巨大的价值。京东数智化社会供应链的开放共享不仅提升了自身运营效率，也为海量供应商、平台商户和相关企业降本增效提供了重要支撑。京东借助多年物流经验和技术优势，针对行业供应链特性和差异提供了多种解决方案，帮助企业去库存、降低成本、提升效率，并提升消费者体验。

场景化中台是供应链升级的主要方向

对于现代供应链的未来趋势，《报告》指出：第一，以消费者为主导的现代供应链将向"云链"升级；第二，开放供应链将助力中国实体经济全面升级；第三，场景化中台是供应链升级的主要方向；第四，智能化响应是供应链管理的终极诉求；第五，平台化将成为现代供应链发展的新趋势。

《报告》认为，供应链中台服务能持续优化供应链前端、终端、后端等各项功能，并与产业链上下游各环节市场主体经营场景深度融合，输出模块化服务，实现场景化设计、场景化生产、场景化销售、场景化服务、场景化定位用户需求。

以京东正在推动的供应链大中台为例，其核心就在于打通从需求、场景、订单到商品流通等一系列供应链能力，包括场景的打通和连接的能力、需求与供应链高效匹配的能力、订单与供应链调度管理的能力，以及商品管理和物流管理的能力，此外，还需要具备选品、定价、采购及物流的调拨、库存管理等能力。

资料来源：金融界，《中国现代供应链发展报告：现代供应链推动从交易到产业的效率提升》

思考：京东供应链中台是通过哪些功能实现的？在当前形势下，打造数字化供应链面临哪些挑战？

任务一　供应链数据管理

在数字化时代，企业拥有越来越丰富的数据，数据分析逐步成为从业人员的必备技能之一，供应链企业也必须采用更优质的工具来发挥数据的最大价值。随着数字化供应链的提出，数据应用与供应链协作相辅相成，将在很大程度上对企业市场边界、业务组合、商业模式和运作模式带来变革，最终实现降本增效和模式升级。

一、供应链数据分类认知

（一）供应链数据及其分类

1. 按形态分

根据形态和应用特点的差异，供应链数据被分为两类：静态数据和动态数据。

（1）静态数据

静态数据包括公司基本信息、产品型号、采购价格、物料清单（bill of material，BOM）等相对固定的信息。静态数据做到准确即可，没有实时性的要求，如公司的名称一般不会发生变动，只需要确保公司地址、法人和开户银行等信息是正确的。

（2）动态数据

动态数据主要是指一些交易性的信息，如生产线每日的产量、客户订单数量、仓库实际收货数量、运输所在位置等变动的信息。动态数据的要求很高，不仅要准确，还要能反映出每时每刻的实际情况。

2. 按结构分

根据数据的结构和获取的途径，供应链数据分为：结构化数据、非结构化数据、传感数据和新类型数据。

（1）结构化数据

结构化数据是数据元素之间具有统一且确定关系的数据，它由明确定义的数据类型组成，结构化数据一般特点是数据以行为单位，一行数据表示一个实体的信息。每一行数据的属性是相同的。结构化数据的分析更为便利，且存在成熟的分析工具。例如，那些在电子表格或是关系型数据库中储存的数据，主要包括交易数据和时间段数据。虽然这一类型的数据只占数据总量的5%左右，但是现在的大数据分析大多以这一类数据为主，其中重要的结构化数据为ERP数据，因为ERP系统中存储的数据是企业运转多年的系统积累的大量行业数据，这些数据对于企业的经营决策和预测来说意义非常重大。

（2）非结构化数据

非结构化数据是指数据元素之间没有统一和确定关系的数据，它是具有内部结构，但不通过预定义的数据模型或模式进行结构化的数据，主要包括库存数据、社会化数据、渠道数据及客户服务数据，如各种格式的图片、视频等。尽管现在有大量的研究和报告在探讨数据和分析能力对供应链管理的重要性，但对于非结构化数据，如社会化数据对供应链的影响和作用的研究却相对缺乏。直接分析非结构化数据需要很强的专业性,尤其要想从内容丰富的非结构化数据中挖掘出商业智慧,就需要使用不同的研究方法和度量方式,包括描述性分析、内容分析以及网络分析等。

（3）传感数据

传感数据是由感知设备或传感设备感受、测量及传输的数据,主要包括 RFID 数据、温度数据、QR 码以及位置数据。这种数据可以来自多种传感器,包括温度传感器、光传感器、声音传感器、加速度传感器等,能够收集的信号包括位移、温度、电压变化、压力变化、光环境等。传感数据种类有很多,如人身体的传感数据,网络信号的传感数据和气象的传感数据,传感数据是由传感器收集的环境参数变化而成,可以在实时监控和自动控制等地方发挥出重要作用,如可以用于飞行器的安全监测,以及机器的故障实时监控等。由于传感数据变化灵敏,且在许多应用领域中十分重要,所以越来越多地被应用到实时控制、现场仿真和运行监控以及其他自动化技术等各种领域,并能为供应链企业带来巨大商机。

（4）新类型数据

新类型数据主要有地图数据、视频数据、影像数据以及声音数据等,这类数据多用于可视化领域,能够帮助提高数据质量,使数据的实时性更强,提高了数据分析的精准度。

（二）供应链数据管理的重要性

供应链对于获得数据及时性和准确性而言是有很强的需求的,因为我们要在所有的生产、分销、采购和售后服务之间建立数据的无缝链接。除此之外,还有两个关键因素使得我们必须获得数据及时和准确性。

1. 增强供应链运营的可视性

对于供应链企业来说,关键的可视性问题包括了货物的预计生产出货时间,如供应商承诺了 30 天交货,但是实际上需要 45 天,因为一些原材料涨价了,供应商需要花费更多的时间在市场上找到货源,而不愿意买更贵的原料,因为这会增加成本,除非客户愿意接受供应商的调价请求。

原料和零部件库存的所处位置也属于可视性,客户需要根据这些信息,来安排后续的生产和销售计划,并且非常依赖于信息的准确性。当供应商承诺货物将会在某日送到客户工厂后,供应链就会把这个信息输入系统中,并以此为依据来制订生产计划,销售部门根据生产完成日期来通知客户,环环相扣。一旦供应商的信息有误,货物晚于承诺时间到达,就会影响到供应链下游的安排,所谓的"计划赶不上变化"就发生了。

追踪交货期和库存位置仅是可视性的初阶水平,更深层次的要求是可以预警供应链中断风险。根据现有的信息,我们需要判断何时何地会出现缺货,以及对生产和销售的影响是什么,如生产线缺少某种零部件,所以会停线 4 个小时。如果每小时产量是 100套产品,每套售价是 200 元,那么造成的损失就等于 80000（$4 \times 100 \times 200$）元。

当然在现实世界中计算的方式更加复杂,某种原料的短缺会牵涉到 N 多个产品和 N

多位客户。如果我们能增强可视性，就能够预见到未来的潜在供应短缺，并能够在第一时间里做出反应。要实现这一点，就必须让数据及时、准确地在供应链上下游之间自动传输，尽量减少人为干预的环节，最大程度地实现供应链全程可视化。

2. 提高供应链计划的有效性

预测计划的重要输入是历史销售记录，以数据为基础，结合预测模型，制订出中长期的计划。对于制造企业来说，财务需要供应链提供输入，来制订未来的商业计划和各类预算，如库存、采购金额、运费等。底层数据的准确性非常重要，所有的计划都是在这些数据的基础上，配以数据模型，然后"加工"出来的。供应链会花费一定的时间在数据维护上，就是要确保基础数据的准确性。

预测有一个定律，近期的准确性一般高于远期。供应链为了增强预测准确性，就需要拿到最新的数据，这样做出来的计划准确性就越高。现在的需求波动越来越频繁，企业必须第一时间获取最新的数据，才能最大程度地提高供应链计划的有效性。

（三）大数据给供应链带来的挑战和机会

当前大数据的概念超出了传统数据产生、获取、转换、应用分析和存储的概念，出现非结构化数据，数据内容也出现多样化，大数据部署将面临新的挑战。同时，随着机器对机器的通信（machine to machine，M2M）的应用，此趋势仍将持续下去。

1. 大数据给供应链带来的挑战

（1）解决数据的生成问题

即如何利用物联网技术 M2M 获取实时过程数据，虚拟化供应链的流程。通过挖掘这些新数据集的潜力，并结合来源广泛的信息，就可能获得全新的洞见。如此，企业可以开发全新的流程，并与产品全生命周期的各方面直接关联。与之集成的还有报告和分析功能，为流程提供反馈，从而创建一个良性的强化循环。

（2）解决数据的应用问题

如何让供应链各个价值转换过程产生的数据发生商业价值，是发挥数据部署的革命性生产力的根本。大数据在供应链的应用已经不是简单的交易状态可视，支撑决策库存水平，传统 ERP 结构是无法承担的。因此企业必须重新做好数据应用的顶层设计，建立强大全面的大数据应用分析模型，才能应对复杂海量数据的挑战。

大数据在供应链领域的应用刚刚起步，随着供应链的迅速发展，大数据分析、数据管理、大数据应用、大数据存储在供应链领域蕴含巨大的发展潜力，大数据的投资也只有与供应链结合，才能产生可持续、规模化发展的产业。

2. 大数据给供应链管理带来的机会

（1）数据获取更加方便

在大数据时代，供应链管理为大、中型企业充分提供了提升自己的机会，原本不易获得的数据，在大数据时代变得更加容易和低成本获取，同时随着专业供应链企业的不断涌现，给全行业的公司带来了整体改变。

（2）协同效应在加大

产业协同，一直是产业界广泛倡导的，但真正实现还比较困难。大数据时代，位于产业链上游的企业很容易直接获得消费信息，这样就会更加优化自己的产能；同样地，位于下游的贸易公司和销售公司，可以更精准地把握市场，同时利用数据、行业地位等优势，要求上游企业放量与让利。

（3）反向定制成为可能

近年来，消费端的需求不断推动着企业创新。大数据让反向定制成为可能，团购、众筹，这些新型交易模式都是大数据时代下的新生产物。通过这些交易模式，企业可以收集到消费者真实的大数据信息；同时，这些模式也给小微企业的低成本扩张提供了便利。

二、供应链数据获取与管理

（一）自动化数据采集

为提升供应链数据可靠性和及时性，最好的办法就是实施自动化数据采集。这一点在企业内部的实施相对容易，只需要投资数字化工具，实施 IT 项目就可以实现，但外部伙伴实施起来难度就高了，其中最大的阻力是害怕共享数据后的商业机密泄露。

（二）控制对相关数据的访问

根据使用者在公司的职能，给予特定的数据访问权限，如采购订单只能由采购计划员进行创建和修改，公司里的其他人只有查看的权限。对于外部伙伴也是一样，客户可以查看供应商的库存商品数量信息，但是绝对不能访问商品的成本分析等商业机密。

（三）努力提升数据的准确性

数据是供应链的根基，为企业制订各类计划提供了基础。实现准确和及时的数据虽然会增加成本，但是在供应链大中断时期（the great supply chain disruption），投资必然能带来相应的回报。提升数据的准确性的关键在于数据采集和输入。企业需要定期维护数据，如系统中库存出现负数，说明某些地方的数据存在问题，流程可能有漏洞，需要立刻找到问题点并且尽快处理掉。

三、供应链数据分析思路

（一）数学计算

借助数学计算，可以透过复杂的现象直击问题本质。无论外界环境如何变动、人员工作方式如何、应用了什么信息系统，类似的定律都成立。由此我们可以更好地理解一些知名企业的管理实践。例如，许多车企要求"尽可能缩短造车过程中在厂内所耗的时间"，实质上就是要求缩短排队时间，从而可以降低排队长度（压缩库存），减少对企业资金的消耗和对场地的占用。

数学公式的主要缺点是：供应链各个环节涉及的场景纷繁复杂，能够用精确公式来测算的并不多，许多时候最多只能用一个近似公式来估计。随着现代供应链涉及的人员、设备、系统等要素越来越复杂，我们就不能只靠数学公式了。

（二）计算机处理

如果说数学公式的计算更多给人一种手工时代的"亲切感"，那么在数字化时代，我们会更多依赖算法的运行来解决问题。在算法的帮助下，供应链系统能够发掘出的潜力是十分巨大的。例如，某农产品公司基于数字化系统和 AI 优化现有的供应体系，可以为农业供应链带来 10%～15%的成本节约；某大型制造业企业应用算法来求解现有生产线资源的最优配置，实现了 20%以上的效率提升。

计算机算法的优点是：能够适应更加复杂、更加大规模的问题，在脑力劳动的层面实现"机器换人"。其缺点在于：①受目前发展阶段的制约，算法在很多场合还不能确保计算出结果，如一个物流路径优化算法，在 80%的情况下能够求出解，而在 20%的情况下求不出来，因此算法计算离实战应用的要求往往有一定的差距，尤其是工业场景下往往要求（接近）100%的可用性。②算法计算出结果的"可解释性"往往较差。许多时候，我们只看到一个冷冰冰的数字，而不清楚背后的逻辑。这也是导致很多一线员工抵制算法工具的原因。所以，近年来供应链领域的一个趋势是算法的"白盒化"，要让用户理解算法是怎么计算出结果的，以及结果究竟好在哪儿。

（三）系统仿真

系统仿真是比数学公式、算法更加直观的一种思路。无论供应链实际场景是什么样的，我们都尽可能将这个场景在计算机中模拟出来。现场有多少仓库设施，我们就在数字世界里描绘多少仓储设施。现场的货物分拣是什么顺序，我们就在数字世界里按一模一样的顺序来分拣。最终，我们将物理世界和数字世界的场景一一对应。这样，我们可以达到的效果是：只需要在电脑中对各种元素做排列组合，就可以预知实际世界会产生什么效果，试错的成本被大大降低了。

和供应链管理相关的仿真工具，至少包括下列一些类型。

（1）模拟离散或连续流程制造的生产线。

（2）模拟整个工厂内部的设备运行，包括设备和 CAD、ERP 等软件的通信。

（3）模拟 AGV、自动化立体库等智能装备。

（4）模拟长途物流网络运行，包括相关的财务指标。

（5）模拟短途配送物流，以及厂内/场地内物流。

系统仿真的优点，一是比较直观和图形化，在电脑屏幕上能直接看到各种方案及其运行的效果；二是现代的计算机仿真工具也在与时俱进，能够把越来越多的元素都包括进来，如可以模拟 AGV 小车的充电过程、模拟最新的自动化立体库运作的各种细节等。系统仿真的缺点是商业化的仿真软件的价格较为昂贵，并且能够模拟的场景总的来说还是比较标准化的，各家公司的个性化特征不一定能模拟得出来。

总的来说，仿真软件的功能会越来越强大，以至于可以在数字世界"元宇宙"里面真的复制出一条完整的供应链。到那个时候，也许我们不需要再去刻意"分析"供应链的性能，只要"观察"就够了，可以做到所见即所得。

数据成为数字经济高质量发展核心引擎

随着大数据、云计算、区块链、人工智能等新型信息技术的加速发展及规模化应用，数据已经成为继土地、劳动力、资本、技术之后的第五大生产要素，成为国家基础性战略资源，并快速融入生产生活各个领域，在推动数字经济发展方面的作用日益凸显。

数字经济时代，数据已成为数字经济高质量发展核心引擎。数据要素在推动经济社会发展方面的价值不断凸显，一方面，数据作为关键性生产要素，能够催生并推动新产业、新业态和新模式的发展，是促进数字经济高质量发展的重要抓手；另一方面，数据要素对其他产业具有乘数效应，能够促进供需精准对接，推动传统产业转型升级。随着数字技术和数据要素的融合驱动，人类社会正加速走进数字时代、智能时代，数据正成为全球竞争的关键性资源，数据驱动经济已经成为发展共识。

近年来，各地积极开展数据要素交易活动，数据交易机构相继成立。数据显示，截至 2022 年 9 月，全国各地先后成立 47 家数据交易所，仍有 9 家正在筹备建设中，我国大数据产业发展格局初步形成，大数据产业链条持续完善，数据共享开放水平不断提高。

资料来源：人民邮电报，2023-06-05

思考：结合当前实际，分析我国数据要素市场普遍存在的问题。

任务二　数字化供应链技术应用

2020 年，十九届五中全会审议通过的《中共中央关于制定国民经济和社会发展第十四个五年规划和二〇三五年远景目标的建议》明确指出"迎接数字时代，激活数据要素潜能，推进网络强国建设"，我国企业数字化转型进程正加速驶入快车道。《2021 年中国企业数字转型指数报告》指出中国企业数字化转型已进入分水岭的关键时期，越来越多的企业布局数字化转型，增强企业核心竞争力，实现企业创新发展。

一、数字化技术及其优势

（一）数字化技术认知

数字化技术是随着现代科学的发展逐渐形成的一门新技术。在电子技术发展的初期主要采用模拟技术来进行信号的传输，其传输的效率很低，模拟信号不但会占用大量的带宽，而且传输的过程中容易出现信号的损耗。在这种背景下，人们研发出数字信号技术，极大地提高了信号传输的速度。数字化技术就是在数字信号处理的基础上发展起来的一门学科，对于整个电子行业来说，数字信号处理技术的出现无疑是一个巨大的进步，极大地促进了电子设备的发展，不但简化了设备的操作，设备的性能也得到了很大的提高，在很多领域得到了应用。

（二）数字化技术优势

1. 提高业务和管理效率

数字化技术能给供应链企业带来敏捷高效的运作方式，在工作使用的过程中大幅度提高组织管理效率。

2. 提升设备运行效率

使用数字化技术可以实时监测设备运行成本、运行成效和运行距离，管理人员可以通过远程监管对设备进行合理协调，综合提升设备的运行效率。

3. 提高风险预警能力

很多设备在运行过程中会出现异常行为，使用数字化技术可以实时采集设备的运行状态，对这类问题及时发现并进行预警，把设备的损失风险降到最低。

4. 提高决策管理效益

使用数字化技术实现业务实施过程透明化，自动生成各项目每日、每月的各项数据报表，使统筹、实施、结算等各环节决策都有据可依，帮助企业提高运营和管理效益。

二、常用数字化供应链技术及应用

数字化技术本身不带来竞争优势，带来竞争优势的是对数字技术的应用方式及其与商业战略的结合。

（一）常用数字化技术

在数字化供应链构建过程中，常用的数字化技术见表4-1所示。

表 4-1　常用数字化供应链技术

业务环节	技术名称	技 术 内 涵
数字化设计	全球专利预警	利用第三方企业服务，针对企业创新产品研发概念，进行全球 1 亿条专利大数据检索和预警，利用现有技术开发，进行专利的布局，锁定目标专利，实时监控防范风险，提高企业研发效率、成功率
	三维CAD技术	在设计过程中利用计算机作为工具，帮助工程师进行设计的一切实用技术的总和。用于三维的几何形体建模、绘图，各种机械零部件的设计、电路设计、建筑结构设计
	VR/AR设计	把实体的设计虚拟化，为设计师提供视觉、触觉的感官模拟，全息影像叠加，使用户能够身临其境，缩短开发时间
	数字化研发	研发实验过程中，实现全程数字化采集、监测、控制和分析挖掘的软件技术，包括但不限于：实验数据采集电子化、仪器数据电子化、仪器监测和控制、实验智能模拟与预测、智能机器人等技术
开发数字化	3D 打印	是快速成型技术的一种，以数字模型文件为基础，运用粉末状金属或塑料等可黏合材料，通过逐层打印的方式来构造物体的技术。用于制造模型、打印形状复杂的零部件
	个性化设计	针对特定的客户或小众群体进行产品设计，通过网络、社群和即时通信工具，客户参与设计过程中，实现 ODM 和敏捷设计
	PDM	产品数据管理，用来管理所有与产品相关信息和所有与产品相关过程（包括过程定义和管理）的技术。通过实施 PDM，可以提高生产效率，有利于对产品的全生命周期进行管理，加强对于文档、图样、数据的高效利用，使工作流程规范化

续表

业务环节	技术名称	技 术 内 涵
供应链数字化	企业采购平台	企业自建基于互联网的采购电商平台，集中发布采购信息，集中管理供应商，协作验收、绩效评估和应付账款等问题
	产业电商平台	行业第三方提供的采购云平台，具有信息发布、供应商管理、电子合同、大数据采购参谋、付款结算等功能，可获取更低的采购成本
	跨境电商平台	为分属不同关境的交易主体，通过电子商务平台达成交易、进行支付结算，并通过跨境物流送达商品、完成交易的一种国际商业活动服务平台
生产数字化	智能工厂	是在数字化工厂的基础上，利用物联网的技术和设备监控技术加强信息管理和服务；清楚掌握产销流程、提高生产过程的可控性、减少生产线上人工的干预、即时正确地采集生产线数据以及合理地编排生产计划与生产进度
	物联网设备	物联网设备，能通过各种信息传感器、射频识别技术、全球定位系统、红外感应器、激光扫描器等各种装置与技术，实时采集任何需要监控、连接、互动的物体或过程数据的各种设备，可将数据返回设备管理平台
	智能车间管理	是一整套多种软硬件结合，基于对企业的人、机、料、法、环等制造要素全面精细化感知，并采用大规模、多种物联网感知技术手段，支持生产管理科学决策的新一代智能化制造过程管理系统
	工业互联网	通过互联网技术平台把设备、生产线、工厂、供应商、产品和客户紧密地连接融合起来。可以帮助制造业拉长产业链，形成跨设备、跨系统、跨厂区、跨地区的互联互通，从而提高效率，推动整个制造服务体系智能化
生产数字化	协同办公 OA	就是采用互联网/内联网技术，通过云软件使企业内部人员方便快捷地共享信息，高效地协同工作；改变管理数字过去复杂、低效的手工办公方式，实现迅速、全方位的信息采集、信息处理，为企业管理和决策提供科学的依据
管理数字化	BI仪表盘	商业智能仪表盘，通过数据可视化的模块，向企业高层展示度量信息和关键业务指标（KPI）现状的数据虚拟化工具，辅助经营决策
	RPA	机器人流程自动化，又可以称为数字化劳动力（digital labor），是一种智能化软件，通过模拟并增强人类与计算机的交互过程，实现工作流程中的自动化
	SaaS	软件即服务，SaaS 提供商为企业搭建信息化所需要的所有网络基础设施及软件、硬件运作平台，并负责所有前期的实施、后期的维护等一系列服务，企业无须购买软硬件、建设机房、招聘 IT 人员，即可通过互联网使用，就像打开自来水龙头就能使用水一样，企业根据实际需要，向 SaaS 提供商租赁软件服务
营销数字化	产品数字化	在产品宣传和包装设计上使用数字化设计手段，引入了数码技术和三维实体模型，在视觉传达、形态结构、整体效果上更容易体现公司的设计意图，增加购物体验，达到互联网宣传效果
	连接型CRM	以客户为中心，以业务为驱动，通过 IM（即时通信）、OA（协同办公）、互联组件等手段，将组织内部所有员工、外部合作伙伴以及客户连接起来。将整个链条中的交互信息沉淀到 CRM 系统，进行数据的聚合、沉淀以及分析利用，辅助企业管理决策和业务创新
	社交广告	社交广告是一种主动型的广告，社交平台知道用户是谁，也知道用户感兴趣的广告是什么，企业只向精准用户展示感兴趣的广告
	信息流广告	信息流广告是一种原生的广告形式，穿插在资讯内容中间，企业依赖网络数字平台转化的一种广告方式。有新闻资讯类、社交类、搜索类、视频类、App 信息流
渠道数字化	数字化赋能	通过互联网、数字化终端等技术向渠道经销商、代理商、终端门店赋能，及时传递新产品新工艺，培训渠道合作伙伴，通过线上为渠道终端导流
	渠道变革与连接	通过数字化连接经销商、代理商、门店，实现经销渠道管理数字化，通过自助下单、在线支付、外勤、访销管理等，准确掌握销售动态及竞品信息，实时调整运营策略及激励制度，驱动经销商向大服务商转变

续表

业务环节	技术名称	技　术　内　涵
渠道数字化	用户数字资产化	连接客户企业的实际用户，保持实时的互动反馈，推动产品的复购、转介绍、网络宣传、三级分销等，将忠诚用户转换为公司的数字资产
	数字生态价值链	通过终端数字化和客户关系系统，将C端消费者引入公司网上商店，实现关联销售和交叉销售，通过价值链打造企业小生态
财务数字化	云订单管理	通过互联网接受客户订单信息，结合仓储管理系统发来的库存信息，然后按客户财务数据和紧要程度给订单归类，对不同仓储地点的库存进行配置，并确定交付日期的云管理系统
	移动支付	是指移动客户端利用手机、刷脸等电子产品进行电子货币支付。移动支付将互联网、终端设备、金融机构有效地联合起来，形成了一个新型的支付体系，开创了新的支付方式，使电子货币开始普及
	区块链金融	是区块链技术在金融领域的应用。区块链是一种基于比特币的底层技术，本质是一个去中心化的信任机制。通过在分布式节点共享来集体维护一个可持续生长的数据库，实现信息的安全性和准确性
	金融科技	依托数字化技术带来的金融创新，创造新的模式、业务、流程与产品，包括前端产业也包含后台技术
物流数字化	智能仓储	以现实中的物理仓库为平台，以网络为桥梁，通过应用物联网技术、RFID技术、信息软件技术等集成，由立体货架、有轨巷道堆垛机、出入库输送系统、信息识别系统、自动控制系统、计算机监控系统、计算机管理系统以及其他辅助设备组成的智能化系统
物流数字化	智能配送	结合智能化设备、手持终端、无人配送车等进行物料和货物配送，后台独立提供货物追踪、管理及问题件处理，以及收派件信息下载上传及查询。通过与第三方物流快递公司的系统进行数据交换，达到对货物流、信息流及资金流的有效管理
	无人仓	是现代信息技术应用在商业领域的创新，实现了货物从入库、存储到包装、分拣等流程的智能化和无人化
服务数字化	客服机器人	通过智能语音识别技术、将重复性的电销、解答服务工作交给自动程序来完成，智能客服机器人可以模仿人的声音，可以提高服务效率
	远程故障诊断	利用计算机网络技术、现代控制技术、传感器技术，进行机器设备的远程故障诊断和维护，调动故障诊断和维护资源，实现对复杂系统快速、及时、正确诊断和维护
	智能工单	利用智能手机，自动派发维修任务，纪录和安装检修、追踪售后服务等工作进展状况，并完成满意度评估
	物联网应用技术	通过射频、嵌入式、传感器、无线传输、信息处理、物联网域名等物联网技术，实现公司产品设备间交互，与后台的信息交换和通信实现智能化识别、定位、跟踪、监控、开停机等管理
客户数字化	用户连接	通过微信、二维码、CRM等工具组合，保持与广大最终用户的接触，从用户处获取产品反馈与转介绍，并保持良好的客情关系
	APP	通过开发企业自身的手机应用软件，如订货通等来吸引客户使用，形成客户复购与转介绍，降低企业营销费用
	线上商店	在PC端或手机端构建的营销型网站，推介和销售公司产品、耗材和周边产品，客户可通过网络下单及支付，后台配送，提高客户便利性
	小程序	内置在微信里的简单程序，可以实现一些功能，通过企业小程序，将客户转换为公司的数字资产

（二）数字化技术应用领域

数字化技术广泛应用于产品设计与研发、生产、物流、营销、财务等供应链运营环节和客户、渠道、服务等数字化管理环节，其主要应用领域包括如下几点。

1. 数字化生产

数字化生产是指在数字化技术和制造技术融合的背景下，并在虚拟现实、计算机网络、快速原型、数据库和多媒体等支撑技术的支持下，根据用户的需求，将传统的大规模标准化产品生产变革为大规模定制化产品生产，进而快速生产出满足用户需求的产品的整个制造全过程，其本质是将传统的生产过程通过数字技术的应用进行改造和升级，实现生产过程的自动化、智能化和高效化。

2. 数字化运营

数字化运营是将企业的运营活动、业务流程和决策过程转化为数字形式，并运用信息技术和数据分析手段进行管理和优化的过程。它包括共享经济、平台经济、社交电商、去中心化、人工智能和物联网等领域。企业需要建立完善的数据管理和分析体系，以更好地了解客户需求、优化产品和服务。数字化运营已成为企业发展的重要趋势和方向。

3. 数字化管理

数字化管理是指利用数字技术和信息系统对企业、组织、项目等进行管理和运营的过程。数字化管理借助信息技术和互联网等数字化工具，实现数据的自动化收集、分析、处理和应用，提高管理的效率、准确性和透明度。它不仅包括对组织结构、公司员工和企业文化等的内部资源管理，而且包括对客户、供应商、合作伙伴、银行、政府、媒体等的外部资源管理。

4. 数字化产品

数字化产品是指信息、计算机软件、视听娱乐产品等可用数字化表示并可用计算机网络传输的产品或劳务，不仅包括创造新的数字产品，如动漫、游戏、智能推荐服务，还包括传统产品的数字化，如电子书、数码音乐等，以及将数字技术融合到硬件产品中，如智能家居、无人驾驶汽车、智能生产设备等。

智慧展馆中运用的四种数字化技术

随着数字化技术的发展，智慧展馆中使用的数字化技术也多种多样，但是总体上归为几大类，都充分利用了声音、视频、三维动画等结合内容加以应用，将企业内容以生动互动的形式展示，增加内容趣味性，带来不一样的体感互动效果，智慧展馆中所运用到的数字化技术有以下几种。

1. 电子互动翻书系统：参观者站在电子互动翻书系统一体机前，可以像阅读书籍一样进行翻书的活动，随着参观者的动作左右翻动页码，是新的体感互动效果，增强参观者的阅读兴趣，效果非常好。

2. 电子互动沙盘：系统模式主要有多媒体分布控制系统、投影沙盘、电子沙盘三种形式，广泛应用于城市的规划馆、房地产行业、旅游景点等领域，如在售楼中心，我们就会看到电子沙盘的踪影，直观而详细。

3. 展馆智能中控管理系统：参观者在参观展馆时，只需要操作智能中控管理系统就可以有效控制展馆中的多台设备，管理很方便。

4. 大屏幕显示：大屏幕显示是比较常用的多媒体数字设备，有液晶拼接屏、投影拼接、LED 大屏幕、3D/4D 影院等不同的设计模式，在很大程度上给参观者带来了不一样的视觉和听觉享受。

以上是智慧展馆中所经常用到的数字化技术，让展馆内容变得更加生动有趣味，提高参观者参与互动的积极性，展示企业品牌形象，起到很好的宣传效果。

资料来源：搜狐网，《智慧展馆如何实现智能化运维管理？》

思考：举例说明数字化技术在日常生活领域的应用。

任务三　数字化供应链平台构建

数字化供应链平台（digital supply chain platform）是企业开展数字化供应链运营，支撑供应链计划、执行、控制和优化的数字化设备、软硬件工具和业务系统的总称，主要是指基于云端数字化大数据实现的智能管理及其应用。2022 年，云原生、RPA、低代码、微服务、自动化机器学习平台等低门槛的数智化平台和工具将加速被企业客户所认可和采用，背后原因是企业必须显著降低数字化赋能业务组织的技术门槛，才能让掌舵转型的业务团队"武装起来"，进而让创新有机会由点及面，全面发生。

一、数字化供应链平台构成

通常情况下，数字化供应链平台主要由基础设施层、平台层、数据层、应用层四部分构成。

（一）基础设施层

基础设施层是数字化供应链平台的运行基础，包括网络系统（networking）、存储设备（storage）、服务器（servers）、虚拟化技术（virtualization）等，为平台层、应用层的功能运行、能力构建及服务供给提供高性能的计算、存储、网络等云基础设施。

企业宜充分运用云平台、数据中心等基础设施开展计算、存储等资源的分布式部署，确保数据的安全和基础资源的弹性，支撑数字化供应链业务的敏捷调整，为供应链各业务环节提供可靠、高效、连续、一致的云基础服务。

（二）平台层

平台层是数字化供应链平台的核心，包括操作系统（OS）、中间件（middleware）以及运行库（runtime）等，由平台建设运营主体、各类微服务组件提供商、边缘解决方案提供商等共同建设，并依托强大的大数据处理能力、开放的开发环境工具，向下接入社会开放资源，向上支撑工业 App 的开发部署与运行优化，发挥着类似于"操作系统"的重要作用。

数字化供应链平台层主要提供供应链数据基础管理和建模分析服务，并部署供应链数据模型库和系统间交互接口，主要功能包括以下几点。

（1）数据基础管理：提供供应链数据清洗、标准化处理、分区存储、分类检索等服务。

（2）建模分析服务：提供供应链大数据建模分析、业务规则建模分析、机理建模分析、数据可视化等服务。

（3）供应链数据模型库：集成供应链计划、运作管控、预测和绩效评价类数据模型，主要包括：生产计划模型、采购计划模型、物流计划模型等供应链计划类模型，智能排产模型、物流路线优化模型、仓储分析模型等供应链运作管控类模型，客户订单需求模型、供应链风险预测分析模型、潜在客户挖掘模型等供应链预测类模型，订单交付周期测算模型、运营成本测算模型、库存周转率测算模型等供应链绩效评价类模型。

（4）系统间交互接口：支持与企业经营管理、制造执行等内部系统，以及企业外部系统的集成互联。

（三）数据层

供应链数字化管理平台的数据层主要采集、汇聚、传输供应链数字化管理的相关数据资源，主要相关数据见表 4-2 所示。

表 4-2   平台数据层主要数据

序号	数 据 类 型	举 例
1	需求数据	市场需求、客户特征、销售情况、产品定价、产品质量、规格要求等
2	计划数据	采购计划、生产计划、物流计划的责任主体、完成时间、数量要求等
3	采购数据	供应商资质、信用等级、质量评价、采购品类、采购周期、采购价格、物料安全库存等
4	生产数据	工艺信息、物料数据、车间生产能力数据、生产进度信息等
5	订单交付数据	订单数量、交付状态、库存水平、货物运输数量、货物运输周期、货物运输成本、货物运输线路、第三方物流企业资质、信用等
6	服务数据	产品故障、质保维修周期、产品保养、维修、更换速度、售后服务资源调度情况、产品回收情况等
7	绩效数据	订单交付周期、准时交货率、供应链运营成本、市场占有率、客户满意度等

（四）应用层

应用层是数字化供应链平台的关键，通过激发全社会力量，依托各类开发者基于平台提供的环境工具、资源与能力，围绕特定应用场景形成一系列工业 App，通过实现业务模型、技术、数据等软件化、模块化、平台化，加速工业知识复用和创新。各类工业 App 的大规模应用将有效促进社会资源的优化配置，加快构建基于平台的开放创新生态。

应用层是数字化供应链的最顶层，主要基于平台层的数据解决具体垂直领域的行业问题，包括消费驱动应用、产业驱动应用和政策驱动应用。数字化供应链业务管理所需的业务应用系统涉及研发设计、生产制造、供应链管理、服务保障等重要环节，相关软件及数字化工具见表 4-3 所示。

表 4-3　业务应用系统软件及工具

序号	类　别	举　例
1	研发设计类	CAD、CAE、CAM、CAPP、EDA、PDM、PLM 等
2	生产制造类	MES、APS、WMS 等
3	供应链管理类	ERP、SRM、SCM、TMS、CRM、SCRM、SCPM 等
4	服务保障类	MRO、PHM 等
5	市场营销类	电子商务平台、云化 SaaS 服务等

供应链数字化管理平台的应用层主要提供供应链体系设计、供应链业务管理、供应链风险管控、供应链绩效管理等功能，主要功能见表 4-4 所示。

表 4-4　平台应用层主要功能

序号	功能类型	主要作用
1	供应链体系设计	提供供应链网络结构设计、设施选址、产能分配等功能，支持供应链体系的可视化呈现、模块化设计和智能调优
2	供应链计划与预测	提供供应链需求预测、资源分析和计划编制等功能，支持采购计划、生产计划、物流计划的自动生成、协同执行和智能调优
3	寻源与采购管理	提供供应商资质认证、供应商信息管理、供应商评价、采购执行跟踪、采购合同管理等功能，支持供应商寻源、供应商分级分类管理以及采购全过程执行监控
4	生产管理	提供自动排产、生产运行调度、生产过程监控等功能，支持产能的监测、管控和平衡调度，可集成智能排产模型算法，并支持产能规划的自动制定、精准执行和智能优化
5	订单交付管理	提供订单管理、仓储管理、物流路线规划以及第三方物流服务商管理等功能，支持订单交付全过程跟踪，以及物流资源在线查询、动态调度和预测优化
6	客户服务管理	提供客户关系管理、售后服务管理、退换货管理等功能，支持产品全生命周期信息追溯、产品运行状态监控、服务需求快速响应和售后服务资源动态调度
7	供应链风险管理	提供供应链风险因素识别、影响评估、根源分析和处置方案生成等功能，支持供应链风险感知监测、评估诊断、应急防控和预测预警
8	供应链绩效管理	提供供应链关键绩效指标统计分析和可视化展示等功能，支持供应链绩效实时监测、评价考核和优化改进

二、云服务平台分类及应用

任何一个在互联网上提供云计算服务的公司都可以叫作云服务平台。常见的 3 种云服务模式是 infrastructure-as-a-service（IaaS），platform-as-a-service（PaaS），software-as-a-service（SaaS）。

（一）IaaS 模式及原理

1. IaaS 认知

基础设施即服务（infrastructure-as-a-service，IaaS），提供给客户的服务是对所有计算基础设施的利用，包括 CPU、内存、存储、网络和其他基本的计算资源，客户能够部署和运行任意软件，包括操作系统和应用程序。客户不需要管理或控制任何云计算基础设施，但能控制操作系统的选择、存储空间、部署的应用，也有可能获得有限制的网络组件（例如路由器、防火墙、负载均衡器等）的控制。即使客户不采购价格昂贵的服务器和磁盘阵列，通过租用 IaaS 提供的场外服务器、存储和网络硬件，也能获得品质高的网络资源。目前比较知名的 IaaS 公司有亚马逊、Bluelock、CSC、GoGrid、IBM 等。

2. IaaS 应用原理

IaaS 通过虚拟化技术为组织提供云计算基础架构，包括服务器、网络，操作系统和存储等。这些云服务器通常通过仪表盘或 API 提供给客户端，IaaS 客户端可以完全控制整个基础架构。IaaS 提供与传统数据中心相同的技术和功能，而无需对其进行物理上的维护或管理。IaaS 客户端仍然可以直接访问其服务器和存储，但需要通过云中的"虚拟数据中心"。IaaS 示意图见图 4-1。

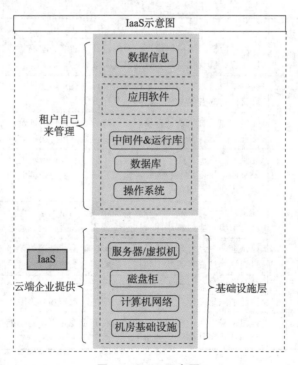

图 4-1　Iaas 示意图

（二）PaaS 模式及原理

1. PaaS 认知

平台即服务（platform-as-a-service，PaaS），就是把客户开发的或收购的应用程序部署到供应商的云计算基础设施上去。客户不需要管理或控制底层的云基础设施，包括网络、服务器、操作系统、存储等，但客户能控制部署的应用程序，也可以控制运行应用程序的托管环境配置。很多电商平台、视频网站等都可以通过 PaaS 实现快速部署。PaaS 节省了客户在硬件上的费用，也让各类应用的开发更加便捷，也使得不同工作之间的互相打通更加容易。目前比较知名的 PaaS 平台有百度 BAE、新浪 SAE、阿里 Ali、腾讯云等。

2. PaaS 应用原理

PaaS 的交付模式类似于 SaaS，除了通过互联网提供软件外，PaaS 还提供了一个软件创建平台。该平台通过 Web 提供，使开发人员可以自由地专注于创建软件，同时不必担心操作系统、软件更新、存储或基础架构。PaaS 允许企业使用特殊的软件组件设计和创建内置于 PaaS 中的应用程序。由于具有某些云特性，这些应用程序或中间件具有可扩展性和高可用性。PaaS 示意图见图 4-2。

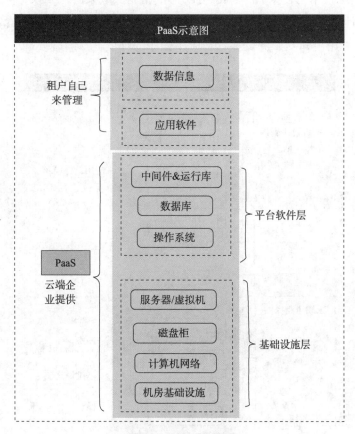

图 4-2　PaaS 示意图

（三）SaaS 模式及原理

1. SaaS 认知

软件即服务（software-as-a-service，SaaS），提供给客户的服务是运行在云计算基础设施上的应用程序，客户可以在各种设备上通过客户端界面访问，如浏览器。客户不需要管理或控制任何云计算基础设施，包括网络、服务器、操作系统、存储等。它与普通使用者联系最直接，简单地说，通过它任何一个远程服务器上的应用都可以通过网络来运行，这些应用给了 IT 的"门外汉"实现自己愿望的机会。比较知名的 SaaS 公司有 Salesforce、workday、Slack 等，还有阿里的钉钉、腾讯的企业微信等。

2. SaaS 应用原理

SaaS 代表了云市场中企业最常用的选项，大多数 SaaS 应用程序直接通过 Web 浏览器运行，不需要在客户端进行任何下载或安装。数据信息由用户自己管理，提供 SaaS 服务的企业会将应用软件、平台软件、基础设施都集成好，用户无须操心操作系统、软件更新、存储或基础架构，SaaS 示意图见图 4-3。

每种云服务（IaaS、PaaS 和 SaaS）都是针对其目标受众的业务需求量身定制的（如图 4-4 所示）。从技术角度来看，IaaS 可以为企业提供最大的控制权，但需要广泛的专业知识来管理计算基础架构；SaaS 允许企业使用基于云的应用程序而无需管理基础架构；PaaS 提供了用于开发、测试和管理应用程序的环境。

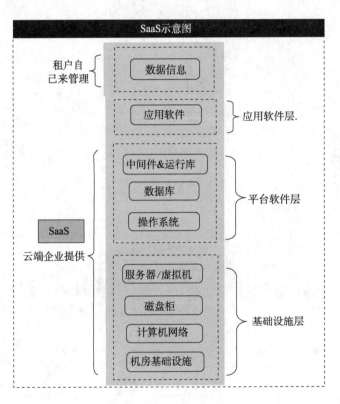

图 4-3　SaaS 示意图

随着客户需求的变化，云服务模式一直在不断延伸，如视频即服务（video-as-a-service，VaaS）、机器人即服务（robot-as-a-service，RaaS）、应用程序平台即服务（application platform as a service，APaaS）等。

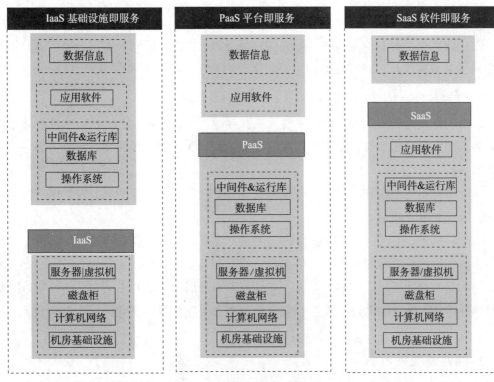

图 4-4 云服务示意图

三、数字化供应链业务管理

数字化供应链业务管理的目标是实现供应链综合成本、响应速度、产品和服务质量等绩效指标的全面优化，通过信息技术融合应用持续推动计划、采购、生产、物流、销售等供应链业务向数字化转型升级，支持企业价值增长和模式变革。

（一）科学计划与预测

依托数字化平台和信息技术，对市场和客户需求进行及时、精准的获取和预测，支撑供应链采购、制造、库存、销售等计划制订和动态优化，主要功能如下：

（1）依托数据平台和信息技术，对环境变化、市场趋势、历史销售和用户售后服务等数据进行采集与处理，积累形成可用于市场需求预测的数据池。

（2）通过算法、模型对市场需求进行精准预测，在与市场、销售、研发等相关部门进行充分沟通和决策的基础上形成不同产品、不同时段、不同区域等多层次、科学的市场需求计划。

（3）根据市场需求计划，结合对自身供应和执行能力的科学评估，应用信息技术或平台自动形成科学的生产、采购、补货、分销、库存等计划。

（4）构建对重点市场和客户需求计划的实时跟踪监测能力，开展对需求变化的及时获取、可视化呈现与绩效统计分析，实现供应链计划的动态调整与优化。

（二）高效寻源与管理

依托数字化平台和信息技术，开展供应商寻源、供应资源网络布局、供应商分级分类管理，采购执行与跟踪等活动，主要包括寻源和供应商管理两部分。

1. 寻源

以采购计划为输入，根据不同采购需求和寻源类型，充分运用信息技术或平台开展供应商寻源管理，建立与企业需求匹配的业务流程，实现供应商高效、科学寻源。具体业务如下：

（1）结合备选供应商名录、供应重要程度、供应历史记录等情况，构建供应商的分类分级清单和准入机制。

（2）从财务、生产、产品质量和数字化能力等方面完善供应商科学评估体系，结合评估结果和历史绩效数据科学选择供应商，优化供应资源网络。

（3）实时获取需求、交易、配送、交付等采购数据，对采购申请、采购订货、进货入库、退货换货等采购执行过程进行全流程跟踪和可视化展示，确保采购过程合规、安全、有效。

2. 供应商管理

依托数字化平台和信息技术，加强改进与供应商的合作关系，对供应商进行科学管理，持续提升供应商管理绩效水平，主要功能如下：

（1）从质量、货期、价格、技术、服务等方面构建供应商分级分类评价准则，加强供应商的动态分级和分类管理。

（2）科学地选择供应商绩效评价方法、模型和软件工具，定期开展供应商绩效评价，对评价结果进行可视化、移动化呈现，为供应商优胜劣汰提供决策支撑。

（3）构建供应商数据监测平台，并与供应商进行信息系统集成，围绕供应商的持续供给和关键零部件的生产保障需求，对供应商生产、物流等活动进行监测，帮助持续提升供应商管理绩效水平。

（三）柔性生产与调度

依托数字化平台和信息技术，开展柔性作业排产、生产资源动态配置、生产过程实时监控、生产决策智能优化等活动，主要功能如下：

（1）根据生产计划，利用智能排产算法和模型，在订单需求、产能平衡、资源均衡、工艺约束等条件下自动生成并按需灵活调整排产计划，规划工艺路线、工序单元、订单分配和生产节拍。

（2）基于客户需求、设备可用性、制造进程、人工计划等约束条件，合理调度企业内外部人员、设备、物料、能源等制造资源，并根据制造任务和生产环境的变化动态优化制造资源配置。

（3）利用人机交互软件和可视化软件等工具，对生产环境、生产进度、资源消耗、库存情况等进行全方位监测，对生产运行过程进行实时跟踪与可视化展示。

（4）利用大数据、模拟仿真、数字孪生等手段，模拟、分析、预测生产执行过程和运行波动情况，动态优化生产调度决策，必要时可按需开展跨企业、跨行业产能共享和协同生产。

（四）精准物流与交付

依托数字化平台和信息技术，根据市场客户和订单交付需求打造数字化的物流体系，保障物流全过程的安全、透明、高效运行，实现精准交付，主要功能如下：

（1）基于物流业务需求，适配自动化装备技术，应用机器装备替代或辅助人工作业，实现装卸搬运、库存、运输配送、分拣、流通加工等作业自动化，降低人工强度，提升作业效率。

（2）采用 RFID、二维码、网络标识解析等信息技术开展物资数字化编码，实现物流信息高效、安全的数字化采集、存储、传输及追溯。

（3）以供应链需求预测和客户订单为依据，基于信息技术实时洞察企业供应链供应能力，科学制定供应链安全库存。

（4）构建对物流资源的需求感知与前瞻规划能力，动态准确配置仓储场地、设备、人力、运力等各类物流资源，合理规划物流网络、节点与路线。

（5）应用信息技术构建物流业务对象、业务规则以及价值传递流程的全局优化算法、模型，有序规划、编排、调度物流作业活动，实现收货、存货、拣货、理货、发货、运货、配货等作业环节的高效集成调度与数字化运作协同。

（五）个性化服务与售后

依托数字化平台和信息技术，完善个性化客户服务和售后体系，开展客户关系管理、产品信息追溯、退换货管理和售后服务管理等活动，主要功能如下：

（1）整合线上线下渠道资源，建立全链路的数字化售后服务体系，开展与经销商、零售商、第三方服务团队的在线协同运营，实现全渠道精准触达终端客户，提升产品售后服务能力。

（2）基于客户身份背景、消费需求、决策方式、行为倾向等信息全维度绘制客户画像，开展客户差异性分析和需求及时响应，预测客户潜在消费行为，提高客户价值、满意度和忠诚度。

（3）基于对客户、产品、物流等数据采集和分析，预测客户退货需求、核实产品缺陷情况，设计优化逆向物流网络，开展产品分类回收或快速置换，实现退换货全程可视化、可跟踪、可追溯。

（4）基于客户和产品数据监控与分析，快速响应客户售后服务需求，动态调度服务资源开展产品运维保养、更新升级和检修维修等质保服务，为客户提供标准化、透明化、个性化的售后服务体验。

加快标准引领　推进数字平台建设

从"互联网+"到全面数字化，我国数字经济加快推进，为经济社会发展注入强劲动力。对于大中型企业而言，打造一体化数字平台成为转型升级的必由之路。当前，我国工业互联网发展已进入快速成长的关键期，工业互联网平台在传统产业的应用场景不断丰富、渗透范围逐步扩大。如何做好标准引领，加快工业互联网平台应用，构建有序开放的平台生态，已成为诸多企业开展模式重构和业态变革的关注焦点。

2023年12月，国家市场监督管理总局（国家标准化管理委员会）发布2023年第20号中国国家标准公告，批准《工业互联网平台 应用实施指南 第2部分：数字化管理》（GB/T 23031.2-2023）、《工业互联网平台 应用实施指南 第3部分：智能化制造》（GB/T 23031.3-2023）、《工业互联网平台 应用实施指南 第4部分：网络化协同》（GB/T 23031.4-2023）、《工业互联网平台 应用实施指南 第5部分：个性化定制》（GB/T 23031.5-2023）、《工业互联网平台 应用实施指南 第6部分：服务化延伸》（GB/T 23031.6-2023）5项国家标准正式发布。

本批发布的5项国家标准与已发布实施的《工业互联网平台 应用实施指南 第1部分：总则》（GB/T 23031.1-2022）相配套，给出了企业基于工业互联网平台实现数字化管理、智能化制造、网络化协同、个性化定制、服务化延伸等5类创新模式的具体实施参考，都是我国工业互联网标准体系的重要部分，为企业利用数字基础设施培育新模式、打造新业态、构建新动能提供了方向指引，对于加快工业互联网平台新模式普及应用、助力制造业数字化转型升级、支撑新型工业化发展具有重要意义。

资料来源：工业与信息部，《5项工业互联网平台国家标准正式发布实施》

思考：觉察自己的数字平台生态观，说一说数字化平台建设的重要性？

同步实训　数字化供应链平台建设现状调研

实训背景

数字化转型已经成为企业发展的必由之路,而数字供应链平台作为数字化转型的重要组成部分,能够帮助企业优化供应链管理,提高物流效率、降低成本、提升客户满意度,为企业带来多方面的价值。数字化供应链平台是一个集成了多个供应链系统的平台,它通过数字化技术实现了供应链的全流程可视化和数据互通。近期,埃林哲旗下云时通数字供应链平台通过华为云层层审核,成功上架华为云企业应用市场,将以专业的数字化解决方案为企业提供更多数字化赋能,助力企业打造可持续优化的数字化创新能力。

实训目的

引导学生了解数字化供应链平台的功能和建设现状,引导学生及时跟踪云服务平台发展趋势,并从业务应用的视角进行科学评价。

实训组织

(1)自由选择1~2个供应链平台。

(2)详细描述所选数字化供应链平台的主要功能和价值作用,比较分析所选数字化供应链平台的优劣势。

(3)展示成果,交流评价。

实训评价

教师对各组做出综合评价,参见表4-5。

表4-5　数字化供应链平台建设现状调研评分表

考评人		被考评人		
考评地点		考评时间		
考评内容	数字化供应链平台建设现状调研			
考评标准	具体内容		分值	实际得分
	所选岗位每个层次不少于3个		10	
	数字化供应链岗位层次分明,数据翔实		30	
	数据处理方法得当,提炼到位		30	
	结论明确,且具有启发性		20	
	体现数字意识和数字素养		10	
	合　计		100	

同 步 测 试

1. 分析大数据给供应链管理带来的好处。

2. 分析数字化技术的优势。

3. 列举五种常用数字化供应链技术。

4. 简述 Iaas、Paas、Saas 模式的不同。

5. 阐述数字化供应链业务管理功能。

自 学 自 测  扫 描 此 码

数字化供应链采购管理

▶▶ 学习目标

素养目标	知识目标	能力目标
• 树立双赢合作意识，塑造正确的采购价值观 • 树立开源节流的成本意识，培养勤俭节约的品德 • 培养遵纪守法、廉洁自律、坚守底线的职业道德	• 了解供应链采购管理及数字化转型趋势 • 掌握准时化采购 • 掌握常用的供应商选择评价方法	• 能结合现实情况进行数字化采购体系构建 • 能进行供应商关系管理 • 能运用供应链双赢理念处理日常人际关系

▶▶ 思维导图

- 供应链采购及其内涵
- 数字化供应链采购及其内涵

任务一 数字化供应链采购认知

- 数字化供应链采购运营技术
- 数字化供应链采购运营手段
- 供应商关系管理

任务三 数字化供应链采购运营

数字化供应链采购管理

- 数字化供应链采购体系构建过程
- 数字化供应链采购业务流程及优化

任务二 数字化供应链采购体系构建

同步实训

- 生鲜食品供应商评价与选择

企业数智化采购与智慧供应链顺势发展

2023 年 7 月 12 日，在"第四届国有企业数智化采购与智慧供应链高峰论坛"上，中国物流与采购联合会公共采购分会与亿邦智库联合发布了《2023 数字化采购发展报告》。报告指出，2022 年，我国企业采购规模超过 173 万亿元，电子商务采购总额为 14.32 万亿元，全国企业数字化采购渗透率升至 8.26%。

数字化采购渗透率较上一年的 7.24%上升了近 1 个百分点，带来了超 10 万亿元的数字化采购市场增长空间，可见我国数字化采购市场发展动力的充足。而在 2022 年，有超四成的国央企数字化采购渗透率超过 50%，较 2021 年有显著提高，国央企作为数字化采购的火车头，在引领带动行业发展方面取得了显著成果。

那么，数字供应链会为我们带来哪些成效？最明显的成效就是降本增效。数字化不仅降低了采购价格，缩短了采购时间，还降低了供应链管理运营的成本、人员投入和资金成本。同时，数字化也通过提升战略计划、履约交付、配送等环节的效率，提升供应链整体的协同性，使供应链相应的速度不断提高。供应链的价值不仅要体现在降本增效这种简单的层面，也要为企业带来价值。

数字供应链能够在四个方面创造价值。一是通过集约化方式，整合全产业链资源并重新配置，提升要素配置效率，创造规模效益；二是核心企业能够通过开放资源、自建平台等方式实现对外服务，形成新模式、新业态，实现价值转化；三是数据将逐渐作为一种企业资产被企业所重视，数据要素价值将会不断释放；四是企业在建设绿色供应链过程中将获得绿色收益，实现可持续发展。

供应链韧性问题是行业近年来关注的一个焦点。据亿邦智库调研，供应链风险主要来自于供应商的供给问题，超六成的企业认为供应商的生产能力不足，影响产品交付，对供应链造成风险。对此，建议企业要更加关注供应商管理，不仅要关注一级供应商，也要向二级、三级供应商延伸，实现穿透式的供应商管理，从而更好地规避风险，提升韧性。

资料来源：中国发展网，《2023 数字化采购发展报告》

思考： 如何理解数字化供应链给企业带来的价值？供应链韧性与数字化采购有什么关系？

任务一 数字化供应链采购认知

如果不拥抱数字化时代,采购就会被淘汰。因为,采购不仅负责链接内外部供应网络,还是数据流交互的枢纽,管理着端到端的价值链。数字化时代不能缺少数字化供应链,而数字化供应链不能缺少数字化采购。采购管理是供应链的重点内容之一,它是供应链企业之间在生产合作方面的具体实施者,在制造商和供应商之间架起的一座桥梁,沟通生产需求与物料供应的联系。站在制造商的角度看,采购管理是供应链流入物流的起始点,是保证生产物流和客户订单交货期的关键环节。因此,为使供应链系统能够实现无缝连接,并提高供应链企业的同步化运作效率,就必须加强对采购的管理。

一、供应链采购及其内涵

(一)采购管理及其分类

1. 采购的定义

采购是指个人或企业为满足个人需要或保证企业生产及经营活动正常开展,在一定的条件下从供应市场获取产品或服务,作为个人或企业所需资源的系列行为及活动。

有效的货物或服务的采购,对企业的竞争优势具有极大的作用。通过采购过程把供应链成员联结起来,保证供应链的供应质量。在许多行业中,原材料投入成本占总成本的比例很大,投入原材料的质量影响成品的质量,并由此影响顾客的满意度和企业的收益。

2. 采购管理的定义

采购管理(procurement management)是指为了保障整个企业物资供应,而对企业采购活动进行的管理,是整个物流活动的重要组成部分。它着眼于组织内部、组织与供应商之间构建和持续改进采购过程。

采购与采购管理是有区别的。采购管理是对整个企业采购活动的计划、组织、指挥、协调和控制,是一项管理活动,它不仅面向企业全体采购员,而且面向企业其他组织管理人员(进行有关采购协调配合工作的相关人员),一般由企业的采购科(部、处)长、供应科(部、处)长、企业副总承担。其使命是保证整个企业的物资供应,具备可以调动整个企业资源的权力。而采购是指具体的采购业务活动,是一项作业活动,一般由采购人员承担,只涉及采购人员个人,其使命就是完成采购部门布置的具体采购任务,其权力只能调动采购部门的有限资源。

3. 采购的分类

依据不同的分类标准,采购有不同的分类及内涵,具体见表5-1。采购方式各有利弊,针对实际情境应该将各种方式进行互补,取长补短,灵活选用。只有科学地分析各种采购方式的特点和运作模式,才能科学地选择采购方式,最终实现有效降低采购成本、保证交付进度、提高采购质量的采购目标。

表 5-1 采购分类

分类标准	分类及内涵
按采购主体分类	（1）个人采购，为满足家庭或个人需要而进行的采购
	（2）团体采购，某些团体通过大批量地向供应商订购，以低于市场价格获得产品或服务的采购行为
	（3）企业采购，企业供应部门通过各种渠道，从外部购买生产经营所需商品的有组织的活动
	（4）政府采购，各级政府及其所属组织为了开展日常的政务活动以及为公众提供社会公共产品和公共服务的需要，在必要的监督下，以法定的方式、方法和程序购买所需货物和服务的行为
按采购技术分类	（1）传统采购，每个月的月末采购下个月的物资
	（2）现代采购，包括订货点采购、MRP 采购、准时化采购、供应链采购、电子商务采购
按采购物品交割时间划分	（1）现货采购，指即时交割，具有责任明确、无信誉风险、灵活方便、手续简单、易于组织管理等优点
	（2）远期合同采购，只有在具备良好的经济关系、法律保障以及企业具有一定的信誉和能力的情况下才能得以实施
	（3）期货采购，分为金融期货和商品期货
按采购权限划分	（1）集中采购，是指企业在核心管理基层建立专门的采购机构，统一组织企业所需物品的采购业务
	（2）分散采购，是集中采购的完善和补充，有利于采购环节和存货、供料等环节的协调配合，有利于增强基层的工作责任意识
按采购途径分类	（1）直接采购，直接向物料供应商从事采购的行为
	（2）委托采购，指定第三方从事采购作业的行为
	（3）调拨采购，在几个分厂或协作厂商和顾客之间，将过剩物料互相调拨使用的采购行为
按是否招标采购分类	（1）招标采购，指采购方作为招标方，事先提出采购的条件和要求，邀请众多企业参加投标，然后由采购方按照规定的程序和标准择优选择交易对象，并与其签订协议的过程，可分为竞争性招标采购和限制性招标采购，区别是一个是向整个社会公开招标，一个是在选定的若干个供应商中招标
	（2）非招标采购，指以公开招标和邀请招标之外的方式取得货物、工程、服务所采用的采购方式

（二）基于供应链的采购转变

1. 从为库存而采购向为订单而采购转变

传统采购比较简单，其目的是补充库存，即以产定销模式进行的采购，采购部门与销售部门甚至是生产部门都比较割裂，因此会出现库存积压产能无法满足或者库存短缺导致停工停产现象。而在供应链管理模式下，采购活动是以订单驱动方式进行的，用户需求驱动生产制造，生产驱动采购，订单驱动的采购业务流程见图 5-1。

这种订单驱动采购业务流程使供应链系统得以准时响应用户需求，从而降低库存成本，提高物流速度和库存周转。订单驱动采购方式有如下特点。

（1）由于供应商与制造商建立了战略合作伙伴关系，签订供应合同的手续大大简化，不再需要双方询盘和报盘的反复协商，交易成本也因此大大降低。

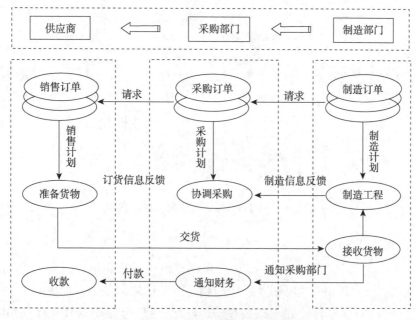

图 5-1　订单驱动的采购业务流程

（2）在同步化供应链计划的协调下，制造计划、采购计划、供应计划能够同时进行，缩短了用户响应时间，实现了供应链的同步化运作。采购与供应的重点在于协调各种计划的执行。

（3）采购物资直接进入制造部门，减少采购部门的工作压力和简化不增加价值的活动过程，实现了供应链精细化运作。

（4）信息传递方式发生了变化。在传统的采购方式中，供应商对制造商的信息不了解，也不关心制造商的生产活动。但在供应链环境下，供应商能共享制造商的信息，从而提高自身的应变能力，以及信息的准确性。同时，在采购过程中不断进行信息反馈，优化采购计划，使采购与需求保持同步。

（5）实现了面向过程的作业管理模式的转变。订单驱动的采购方式简化了采购工作流程，采购部门的作用主要是建立供应部门与制造部门之间的联系，协调供应与制造的关系，为实现精细采购提供基础保障。

2. 从采购管理向外部资源管理转变

传统采购管理的不足之处在于与供应商之间缺乏合作和柔性，对需求快速响应的能力欠佳。准时制思想的出现，对企业的物流管理提出了严峻的挑战，需要改变传统的单纯为库存而采购的管理模式，提高采购的柔性和市场响应能力，采购商应加强与供应商的信息联系和相互之间的紧密合作，建立新的供需合作模式。采购商与供应商的信息交换模式见图 5-2。

一方面，在传统采购中，供应商对采购部门的要求不能得到即时响应；另一方面，产品质量控制也只能进行事后把关，不能进行实时控制。这些缺陷致使供应链企业无法实现同步化运作。为此，供应链采购模式的第二个特点就是实施有效的外部资源管理。实施外部资源管理也是实施精细化生产、零库存生产的要求。

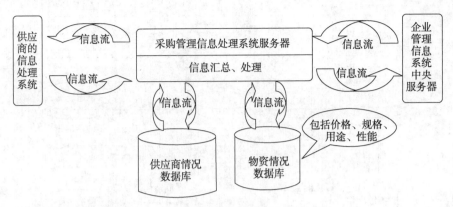

图 5-2　采购商与供应商信息交换示意图

3. 从一般买卖关系向战略合作伙伴关系转变

供应链采购的第三个转变，是供应商与采购商的关系从简单的买卖关系向战略合作伙伴关系转变。在传统的采购模式中，供应商与采购商之间是一种简单的买卖关系，因此无法解决一些涉及全局性、战略性的供应链问题，而基于战略合作伙伴关系的采购方式为解决这些问题创造了条件。相关问题包括以下几类。

（1）库存问题。在传统的采购模式下，供应链的各级企业都无法共享库存信息，供应链各节点企业都采用独立的订货点技术进行库存决策，这会不可避免地产生需求信息扭曲的现象，因此供应链的整体效率得不到充分提高。但在供应链管理模式下，通过双方的战略合作伙伴关系，供需双方可以共享库存数据，因此采购的决策过程变得更加透明，减少了需求信息的失真现象。

（2）风险问题。供需双方通过战略合作伙伴关系，可以降低由于不可预测的需求变化带来的风险，如运输过程的风险、信用的风险、产品质量的风险等。

（3）日常问题。战略合作伙伴关系可以为双方共同解决问题提供便利的条件。通过战略合作伙伴关系，双方可以为制订战略性的采购供应计划共同协商，无须为日常琐事消耗时间与精力。

（4）采购成本问题。通过战略合作伙伴关系，供需双方都从降低交易成本中获利。由于避免了许多不必要的手续和谈判过程，信息的共享避免了信息不对称决策可能造成的成本损失。

（5）组织障碍问题。战略合作伙伴关系消除了供应过程的组织障碍，为实现准时制采购创造了条件。

二、数字化供应链采购及其内涵

（一）数字化采购含义

数字化采购，是以提质降本增效为出发点，面向从寻源到合同、从订单到支付及供应商管理等采购全流程，应用互联网、大数据、人工智能等新一代信息技术，构建数据驱动型的新型采购体系，实现采购系统升级、业务创新、流程优化和管理变革，提升供应链响应速度和协同效率。数字化采购具有连接采购方与供应商双方的特性，是指运用数字化手段进行企业采购的新模式。狭义的数字化采购表现为供应商关系管理（supplier relationship management，SRM）软件，它覆盖了从采购寻源到交付结算、供应商评估的整个生命周期，能够对主营物资、非主营物资进行不同颗粒度的管理。广义的数字化采购除 SRM 软件外，还包括采购电商、招投标平台等线上化的交易平台，以及 ERP 等非专业采购软件中的采购模块。

从供应商的合作关系角度出发考虑，数字化采购能够很好地解决企业和卖方交易活动中的交易不透明、不规范、效率低、预测能力差等问题。企业依托供应链数字化管理平台，开展供应商寻源、供应资源网络布局、供应商分级分类管理、采购执行与跟踪等活动，包括但不限于以下方面。

（1）围绕战略品类、瓶颈品类、杠杆品类、一般品类等企业不同的采购需求类型，结合市场供应情况明确可选供应商范围，通过资质评审、样品测试、服务考核等方式完成供应商的认证与引入，并建立供应商资源池。

（2）综合考虑供应资源的重要性、供应关系、运输距离等因素，建立科学合理的供应资源网络，及时识别和备份关键供应节点，并基于模型动态优化供应链资源结构、货源分布与供给线路。

（3）建立供应商分级分类评价准则，从质量、货期、价格、技术、服务等方面按周期、常态化开展供应商评价，实现供应商的动态分级分类管理。

（4）为实时获取需求、交易、配送、交付等采购数据，对采购申请、采购订货、进货入库、退货换货等采购执行过程进行全流程跟踪和可视化展示，确保采购过程合规、安全、有效。

采购经理人指数

中国采购经理人指数（PMI）是由国家统计局和中国物流与采购联合会共同合作制定的，是快速及时反映市场动态的先行指标，它包括制造业和非制造业采购经理指数，与 GDP 一同构成我国宏观经济的指标体系。从 2005 年 6 月开始，制造业采购经理指数按月发布，并按国际通行做法，特约业内权威人士结合 PMI 调查数据进行宏观分析，使分析的结果更加具有前瞻性和权威性。

中国制造业采购经理人指数体系共包括 11 个指数：新订单、生产、就业、供应商配送、存货、新出口订单、采购、产成品库存、购进价格、进口、积压订单。PMI 是一个综合指数，计算方法全球统一，如制造业 PMI 指数在 50% 以上，反映制造业经济总体扩张；低于 50%，则通常反映制造业经济总体衰退。

资料来源：百度百科，《采购经理人指数（PMI）》

思考： 通过观察图 5-3，从指数统计以来出现的最低极值为 2020 年 2 月 35.7%，分析其产生原因。

图 5-3　全国制造业采购经理人指数趋势图

（二）数字化采购内容

数字化技术将颠覆传统采购模式，数字化采购就是通过采用现代数字技术，如人工智能、物联网、机器人流程自动化和协作网络等实现采购过程的高效协作与自动化，从而实现降本增效，显著降低合规风险，将采购部门打造成企业新的价值创造中心。数字化采购内容如图 5-4 所示，包括以下方面。

 可预测战略寻源

· 预测采购需求
· 实时分类和管理支出
· 预测未来供应来源
· 洞察商品所有原产地的上岸成本
· 完善支出知识库

 前瞻性供应商管理

· 预测供应商绩效趋势
· 结合第三方数据源，实时监控潜在的供应商风险
· 应用VR技术实现供应商访问与现场审核

 自动化采购执行

· 自动感知物料需求和触发补货请求
· 消除重复性手动操作
· 基于实时物料配送信号自动触发付款
· 自动执行安全付款
· 应用供应链金融实现按需融资

图 5-4　数字化采购内容

1. 可预测战略寻源

可预测战略寻源是指在战略寻源（即从寻源到合同）环节，数字化采购将完善历史支出知识库，实现供应商信息、价格和成本的完全可预测性，优化寻源战略并为决策制定提供预测和洞察，从而支持寻源部门达成透明协议，持续节约采购成本。基于供应商协作网络沉淀的大数据，以及数据处理技术，在支出分析、寻源战略、决策制定、供应商协作方面提供更加精准、高效的数字化解决方案。

2. 前瞻性供应商管理

前瞻性供应商管理是指通过对信息流、物流、资金流的控制，将采购企业、供应商、

供应商的供应商连成一个有机整体的管理模式。数字化采购将应用众包、网络追踪和VR等技术，全面收集和捕捉供应商数据，构建全方位供应商生命周期管理体系，实现前瞻性风险规避与控制，从而提升供应商绩效与能力，支持采购运营持续优化，实现众包基础上的网络可视化及过程追踪，提升供应商网络的绩效管理及风险管理水平。

3. 自动化采购执行

自动化采购执行是指在采购执行（即从采购到付款）环节，数字化采购将提供自助式采购服务，自动感知物料需求并触发补货请购，在执行环节实现从目录管理、采购到发票管理、付款管理、风险与合规管理的批量、自动化执行，并在此基础上，可为供应商提供按需融资的供应链金融服务。基于规则自动分配审批任务和执行发票及付款流程，从而加速实现采购交易自动化，有效管控风险和确保合规性，大幅提升采购执行效率。当数字化采购达到高成熟度时有望以价格为导向购买便宜货，占到采购的20%，在购买质量上提高20%～65%，能节省不必要的花费高达20%，并且极大地降低各种采购风险，促进采购创新。采购未来将以创新驱动的价值增值为标志。数字化采购改造的重点，应转移到采购的无缝交易方面，不断扩大战略采购工作，将投资集中于更高的增值活动。

（三）数字化采购管理及供应链要求

在传统的企业运营中，企业各个部门并不是在高度认同的供应链战略和价值导向下运作的，同时，鉴于采购业务是整个供应链体系中最晚得到供应信息，却是最早需要提供物料以保障和支持安定生产的，再加上运营过程中存在的各类差异和风险，容易导致无效供应，从而在事实上难以保证生产的正常运作。由于没有实现数字化，所以各类变数无法在同一时间传递给所有环节，导致供应链敏捷性下降，最终各个环节只能依靠经验来做安全库存，以应对变数。随着管理变数的层级增加和时间延长，累积的误差自然随之加大，到最终形成了"库存冰山"，进而掩盖了所有的问题。要实现数字化采购，对供应链的要求包括以下几点。

1. 打通供应链战略协调层次

在数字化采购环境下，要求所有的流程必须打通，其运作工作是基于高度认同的一个供应链战略协同下开展的，各个部门和环节的KPI指标也是基于供应链战略绩效的协同和分解而来的，因此所有的参数和指标都在同一个逻辑下展开，形成数字化的作业单元，再加上集中的供应链运作部门，将所有环节的计划—执行—信息—物流等串联起来，形成端到端的纵向管理体系。同时，由于每个订单、每个物料（产品）都有自己的资源要求，容易形成资源再分配计划，所以，供应链运作部门还需要将不同运作逻辑的物料和订单横向协同起来，最终形成互联互通的供应链体系。

2. 信息平台联动作业逻辑

就运作逻辑而言，通过信息平台，承载所有的模块联动，以供应链交付计划为驱动力，联动成品物流计划，形成主生产计划，细化为作业计划，从而拉动供应物流计划、物流配送计划。如果在不同的环节和模块协同过程中，总是会出现各类执行误差和数据差异，那么智能化系统需要自我反馈，逐渐主动减少运作误差，从而形成计划—信息—执行的一致性。

融合"大云物移智"技术升级建设数字化采购平台，形成了数据价值评估、授权采购信息管理、自动核价、专家评审监管、招标文件线上审查、采购策略智能分析等系统为核心的采购全业务平台。实现基于全过程采购标准化、数据精准化、流程闭环化的采购模式，使采购数据价值得以充分发挥，不断提升精细化管理水平。

易派客——让采购更专业

易派客的前身为中国石化电子化采购系统，2015 年易派客正式上线，次年正式投入商业运营。易派客设立之初就是为中石化面对的大量供应链需求提供支持，由此在工业品采购领域表现强势。在互联网渗透的背景下，易派客将"互联网+"与 SC2B（Supply Chain to Business）模式融合，服务范围以供应链为核心向外延伸，提供保险、保理、商旅等综合服务。易派客还服务国际业务，提供英语、俄语、西班牙语等版本，覆盖104 个国家和地区。在发展历程中，易派客始终秉承"用户中心"的理念，对内服务中国石化采购需求，对外致力于打造工业制造企业采购专业平台，纵向打通产业链上各个环节，横向拓宽供应链覆盖企业宽度。

易派客平台采购可以解决寻求资源能力不足、采购队伍专业性不强、采购成本高和供应商配合度差等问题。中国石化将通过易派客平台，集成上下游间的纵向产业链和企业间互融互通的横向供应链，打造"互联网+供应链"的工业品电商运营新模式（具体见图 5-5）。

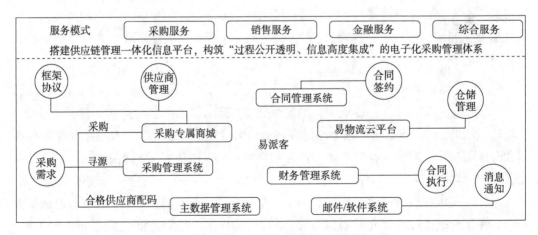

图 5-5   易派客供应链管理数智化采购解决方案

易派客对内服务中国石化，对外为社会企业提供采购服务、销售服务、金融服务和综合服务。设有专业的 B2B 物资采购流程，具有会员管理、商品管理、订单管理、交易评价、运营服务等功能。易派客还持续打造了"易系列"工具："易支付""易保理""易权通""易保险""易物流""易商旅""易生活""易招标"，形成特色增值服务体系。

易派客通过搭建供应链管理一体化信息平台，采用电商化采购新模式，实现供应链资源全面整合及与易派客平台的深度对接，构建"过程公开透明、信息高度集成"的电子化采购管理体系。

资料来源：易派客网，《企业数智化采购解决方案》

思考： 易派客从采购做起，再到提供整个供应链管理数智化解决方案，这说明了供应链的什么思想？

任务二　数字化供应链采购体系构建

为推动企业数字化、网络化、智能化发展，引导企业采购业务和管理活动的数字化转型，打造透明高效、协同共赢的数字化采购新体系，助推企业高质量发展，《企业数字化采购实施指南》在 2019 年 12 月正式发布，这也意味着国家在从如何推进采购数字化转型、优化采购组织和流程、增强数字化采购能力等方面，为企业提供一套客观、可行、有效的实现方法、可选路径和策略建议。

一、数字化供应链采购体系构建过程

（一）评价内外部环境

在推进数字化采购工作前，企业应全面考量实现数字化供应链采购的主要影响因素，从外部环境、基础条件、需求迫切性、采购能力水平、预期目标、成本收益、实施难易程度等角度开展可行性分析，合理选择可接受的实施路径和实现方式，并在此基础上进行统一策划。评价要素如表 5-2 所示。

表 5-2　数字化供应链采购评价要素

评价要素	内容
外部环境	企业应识别与数字化采购相关的各种外部环境，包括宏观经济及行业、信息技术、供应链管理等方面的发展现状和趋势
内部条件	所属行业特征、企业规模、发展战略、生产组织方式、经营管理模式、信息化基础等
采购需求和供应链管理现状	采购需求包括采购物资（服务）品类、类型、规模、频次、重要性、供应资源、标准化程度等 供应链管理现状包括供应链管控方式、组织结构、业务流程和相关职责、信息技术应用水平等
成本收益	预期目标、投入成本、潜在风险及可接受程度、防控措施、预期收益等

（二）合理选择实施路径

企业根据综合评价结果，以打造新型采购体系为目标，以数字化采购平台为核心载体，制定实施路径和推进策略。

1. 整体推进采购业务数字化转型

基础条件较好的企业可立足数字化转型整体战略，建立强有力的采购管理领导体系及跨部门综合协调机制，利用新一代信息技术全面改造采购业务和管理系统，推进与采购活动相关的供应商管理、生产、质检、仓管、财务、信息化等业务环节向整体数字化转型。

2. 分阶段推进采购业务数字化转型

企业可根据自身基础条件、采购业务需求、成本投入、需求紧迫性等情况，以解决实际问题为导向，针对不同采购对象分阶段推进相关业务环节的数字化转型。

（三）科学制定实施方案

企业应依据实施路径，针对人才和资金保障、数字化基础、物资编码、供应商资源、组织结构和业务流程、技术实现、数据资源开发利用、采购能力评测与改进等方面明确任务和主体责任，细化推进策略。必要时，可聘请第三方专业咨询机构协助制定实施方案，共同推进数字化采购体系建设。

二、数字化供应链采购业务流程及优化

（一）数字化供应链采购业务流程

供应链采购的流程可以简单概括为需求确认、供应商筛选、执行与追踪以及交付验收四个环节。采购的品类繁多、涉及需求各部门不一，企业需要对接多个供应商进行询价比价，工作流程繁琐且容易出错，近年来服务型采购的增加也让传统的采购工作面临挑战，如网红达人等服务型采购更直接关系到企业的经营效益，建立数字化采购进行全流程管控的价值进一步凸显。下面将详细介绍供应链数字化采购的全过程。

1. 建立数字化供应市场

客户市场和业务的快速变化，对战略寻源和订单履行的效率要求越来越高、产品和服务的交付速度越来越快，企业必须具备在第一时间应对市场的需求并同时驱动供应方做出实时响应的能力。通过建立数字化供应市场，企业可以突破时间和地域的界限，在全球范围内进行广泛寻源和快速部署，采用在线竞价或竞标的方式高效地选择价格合理、质量合格、声誉口碑较佳的供应商，进行供应合同的谈判、审批和签署，并完成采购订单的执行乃至交付和结算。

2. 连接供应商网络生态

供应商资源是企业最重要的资源，是企业不可忽视的合作伙伴，因此必须通过采购部门的有效整合，将企业内部包括开发、设计、生产等资源要素与供应商资源高效地连接、协作起来，从而支撑产品的联合开发和创新进程。通过数字化，企业与供应商之间建立紧密而实时的在线协作机制，企业将自身的产品研发和创新进程扎根到供应商网络之中，实现供应商早期参与工程，从而在产品设计、原材料选择、成本结构等方面进行优化，将供应链变成真正的价值链，从而给企业带来更优化的产品结构和成本结构、更具创新和创造力的产品设计和服务能力。

3. 构筑智慧供应链风险管理体系

通过将寻源项目、供应合同签署、采购订单等关键节点与在线的供应链风险大数据来源进行关联，可以实时抓取供应商是否面临法律诉讼、社会与环境问题、道德风险、

信用风险、经营问题、供应所在地是否存在天灾人祸等影响供应的不利因素等，从而帮助企业做出更智慧的决策来规避风险、选择更合适的供应商，保障供应链的正常履约和交付。只有通过数字化才能帮助采购部门实现完整而具有智慧的风险管理，而传统的从电视媒体、网站等单点方式获得的信息数是有限并且缺乏时效性的。

4. 提升支出管理水平和合规性

通过数字化，可以打通端对端采购流程的信息孤岛，实现采购管理全程可视化，建立企业管理层的采购管理驾驶舱，帮助了解不同品类、不同供应商的支出状况、发展趋势及绩效水平，并实时评估和管控各项支出所对应的寻源条款和供应合同之间的一致性，避免采购欺诈和非常规支出。而传统的手工报表、手工校对和审查的方法，管理滞后、耗时耗力并且信息不完整，完全跟不上管理的节奏和要求。

5. 最大化改善客户体验和服务效率

无论是企业内部用户还是供应商，都希望能随时随地通过手机或者移动设备，在一个交互友好、方便快捷的界面上获取采购订单信息并实现实时处理，从而加快产品上市时间和销售进程，提升服务效率。只有通过数字化才可能打通所有的环节，为客户提供一贯的、流畅的采购过程体验。

（二）数字化供应链采购业务流程优化措施

梳理分析现有的采购业务流程、流程职责、部门职责和岗位职责，了解业务流程及需要改进的重点环节，考虑如何利用新技术新工具解决主要问题。根据数字化供应链采购实施路径和计划，制定流程优化方案，明确沟通协调机制，组织推进实施。企业应根据优化后的业务流程，调整优化相关的程序文件、规章制度、流程清单等文件体系。

1. 优化业务流程

企业应根据不同品类需求特点制定差异化寻源策略，基于历史支出、生产计划等数据生成采购需求，完成招投标、询比价、竞价等流程。同时，实时跟踪合同起草、审批、签署、履约过程，及时甄别、预警违规行为，共享供应商生产、检验、配送等进度数据，实现订单跟踪、监督和可追溯。探索应用电子发票、电子检验检疫报告等电子凭证，提升验收、付款、发票等业务流程效率。

2. 调整组织结构

企业应明确实施数字化采购的责任部门和责任人、参与部门和参与人。参与部门应至少覆盖与数字化采购相关的生产、质检、仓管、财务、信息化等部门，明确各部门职责分工，或设立专门的组织协调部门，强化部门间的沟通与协作。

3. 健全监督考核和激励机制

根据数字化采购职责分工制定明确的考核指标和考核制度，建立实时监督、反馈、考核与激励机制，打造灵活可控、责权明晰的闭环管理体系，促进数字化采购工作持续改进和提升。

政企采购数字化的发展路径

政企采购标的主要包含货物、工程及服务三大类。根据《政府采购法》，货物指各种形态和种类的物品，包含原材料、燃料、设备、产品等；工程包括建筑物及构筑物的新建、改建、扩建、装修、拆除、修缮等；服务指除货物与工程之外的其他政府采购对象。从政府采购上看，2013 年以来货物、服务、工程三大类采购的规模呈稳步上升态势，2016 年政府购买服务改革促使服务采购规模迅猛增长，2020 年受到疫情影响采购规模略有下降。从国企采购上看，以某国企采购平台交易额为例，2018 年至 2020 年的采购交易额逐年上涨，同时货物和工程采购比重上升，服务采购受疫情影响比重下降。另外，由于政府和国企的采购规模较大，国家还赋予二者发挥政策导向、引导产业发展等功能和目标，如实现绿色可持续发展、扶持中小企业发展、助力乡村振兴等。

中大型国企的内部系统复杂，除自建采购平台外，还可以通过数字化采购解决方案提供商辅助搭建商城。完整的数字化采购平台对内能通过 API 衔接 ERP、OA、WMS 等管理信息系统，对外通过 Punchout 等方式接入京东、苏宁等电商平台和其他长期合作的供应商渠道，以及外部物流、电子合同等采购相关合作伙伴。对于有多个分公司的国企，还可以通过系统对接实现采购协同和数据共享，解决采购平台分散、专业人才不足、管理水平参差不齐、交易规则不统一等问题，提高采购规范化程度，让国企采购计划的执行和管控更加透明高效。

资料来源：艾瑞咨询，《2022 年中国政企采购数字化转型白皮书》

思考： 请谈一下政府采购数字化的重要意义。

任务三　数字化供应链采购运营

数字化技术一直是采购运营的催化剂和推动者，使采购交易从 20 世纪 80 年代的以笔和纸为主，发展为今天的数字化模式。这一转变与促进采购成功的技术和工具的结构性转变同时发生。第一次真正意义上的重大变化发生在 2005 年左右，那时电子采购和电子寻源开始兴起并逐渐成为主流。这前面两个阶段，主要形式是战术采购，效益是最重要的。随着其他变革性技术的同步发展与不断进步，如人工智能、机器人流程自动化（RPA）、区块链和物联网。现在采购部门的指导方针是拥抱和采用这些新兴技术，确定一个明确的实施战略，并重新设想对采购环境的看法，包括采购的战略地位、流程、管理和模式。实施变革性技术并利用它们来应对与采购相关的长期挑战，这就是今天数字化采购的意义。

一、数字化供应链采购运营技术

（一）目录化采购

数字化采购将通过目录化采购，构建基于品类的自动化采购流程，从而帮助企业加强全流程控制，实现差异化品类分析，并在复杂的支出类别中发现可持续节省的成本；结合最佳实践和企业采购品类自定义编码，建立全品类目录化采购，从根本上规范采购流程；基于采购目录建立精细的品类管理模式，实现差异化品类分析，优化各采购品类的管理策略。最常见的就是网上商城模式，如大家熟知的京东商城、中石化的"易派客电子商务平台"等。

电子采购套件技术通过数字化采购解决方案后端灵活的产品主数据模型，允许采购部门对关键产品进行数据库建模，每个产品可以设立多个供应商、不同价格和单位等，然后高度智能的算法会根据不同的决策因素，如位置、当日价格、交货可靠性等，自动选择或建议最终用户选择可用产品的最佳选项。这项技术增加了采购的有效性，同时也简化了用户的订购过程。

（二）采购流程自动化

数字化采购通过批量执行重复性任务、自动触发请购及审批流程，实现核心的采购到发票管理活动的自动化和标准化，帮助企业全面提高采购效率，持续降低管理成本。企业应用自动化技术，消除重复性手动操作，使员工专注于高附加值工作，以创造更大价值；实时感知物料需求，并自动触发补货请购，从而简化和智能化请购流程；结合最佳实践和企业现有流程自动分配各环节审批任务，大幅缩短审批周期，提高效率。

（三）阳光采购与风险合规

很多企业推动阳光采购，采购全过程在信息系统里进行，全程留痕，便于审计和跟踪。数字化采购通过构建风险与合规管理生态系统，应用数字技术，自动追踪采购行为和异常情况，帮助决策制定者实时洞察采购风险与合规性；将风险与采购管理无缝嵌入采购流程，从而自动监控各环节采购行为和审计跟踪，帮助企业快速洞察风险与机遇，有效控制采购风险；也可以应用机器人流程自动化技术，自动化审计跟踪，提升审计效率。

（四）付款与供应链金融

数字化采购能够应用智能合约技术自动触发付款流程，消除手动验证，未来可以结合区块链分布式记账技术，在智能合约触发付款后，执行自动化安全付款，实现精准触发付款，推动付款管理更加安全与高效。

根据企业需求提供供应链金融功能，应用智能合约技术实现灵活按需融资，从而增加企业自由现金流，释放运营资本；结合动态折扣功能，最大限度享受供应商折扣，从而降低采购成本，实现更高的收益率。

二、数字化供应链采购运营手段

（一）准时化采购

1. 准时化采购及其内涵

准时化采购也称为 JIT（just in time）采购法，是一种先进的采购模式，也是一种管理模式。它是由准时化生产管理思想演变而来的。它的基本思想是：将合适的产品，以合适的数量和合适的价格，在合适的时间送达到合适的地点。它不但能够最好地满足用户需要，而且可以极大地消除库存、最大限度地消除浪费。JIT 采购由于大大地精简了采购作业流程，因此消除了这些浪费，极大地提高了工作效率。小批量采购是 JIT 采购的一个基本特征。JIT 采购与传统采购区别如表 5-3 所示。

表 5-3　JIT 采购 VS 传统采购

项　　目	JIT 采 购	传 统 采 购
采购批量	小批量，送货频率高	大批量，送货频率低
供应商选择	长期合作，单源供应	短期合作，多源供应
供应商评估	质量，交货期，价格	质量，价格，交货期
检查工作	逐渐减少，免检	收货、点货、质量验收
协商内容	长期战略合作	获得最低价格
运输要求	准时送货、卖方负责	低成本、卖方负责
文书工作	无纸化、工作量小	文书工作量大
产品说明	供应商创新，强调柔性	无创新，强调价格
包装要求	容积小、标准化容器包装	普通包装，一般要求
信息交流	快速、可靠	一般要求

企业依托供应链数字化管理平台，开展柔性作业排产、生产资源动态配置、生产过程实时监控、生产决策智能优化等活动。JIT 采购使企业实现了需要什么物资，就能供给什么样的物资，什么时间要就能什么时间供应，需要多少就能供给多少。从而使原材料和外购件库存降到最低水平。从这个意义上讲，JIT 采购最能适应市场需求的变化，使企业能够具有真正的柔性。

2. 准时化采购实施步骤

（1）创建准时化采购团队。明确团队中成员的角色和责任，为团队成员分配明确的角色和责任，确保每个人都了解自己的工作内容和期望。这包括采购经理、采购专员、供应商关系管理专员等。

（2）制订计划，确保准时化采购策略实施。根据公司的需求和预算，制订详细的采购计划，包括采购范围、时间表、预算等。

（3）精选少数供应商，建立伙伴关系。与供应商建立良好的合作关系，以确保能够获得优质的产品和服务。这包括选择合适的供应商、签订合同、监控供应商绩效等。

（4）进行试点工作。利用先进的采购软件和技术，如供应链管理（SCM）系统、电子数据交换（EDI）等，以提高采购过程的效率和准确性。

（5）开展供应商的培训，确定共同目标。为团队成员提供必要的培训和发展机会，以提高他们的采购技能和知识。这可以帮助他们更好地完成任务，同时提高整个团队的绩效。

（6）向供应商颁发产品免检合格证书。准时化采购和传统的采购方式的不同之处在于买方不需要对采购产品进行比较多的检验手续，要做到这一点，需要供应商做到提供百分之百的合格产品。当其做到这一要求时，即可颁发免检手续的免检证书。

（7）实现配合准时化生产的交货方式。企业与供应商之间建立起一种紧密的合作关系，以实现从预测的交货方式向准时化实时交货方式转变。这种方式可以帮助企业提高产品质量和生产效率，减少库存成本和运输成本等。

（8）持续改进，提高成效。根据实际情况和经验，不断改进采购流程和管理方法。这可以帮助团队更有效地应对市场变化和挑战。

准时化采购实施步骤如图 5-6 所示。

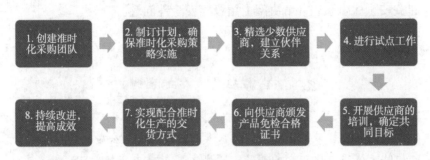

图 5-6　准时化采购步骤

（二）电子招投标

电子招投标是指利用互联网和信息技术手段进行的招投标活动。传统的招投标方式通常需要通过邮件、快递等方式进行信息传递和交流，需要组织现场开标等活动。而电子招投标则将这一过程全面信息化，利用网络平台将招标方、招标代理机构及投标方联系起来，实现招标公告的发布、招标文件的获取、费用缴纳、标书递交及评审、信息公示、反馈等各个环节的电子化。在电子招投标中，招标方可以通过网络平台发布招标公告，详细说明招标条件、项目概述、招标范围、资格要求、文件获取与递交等相关信息。投标方可以通过平台浏览项目信息，确认自身满足条件后进行投标报名、及时对问题进行澄清等。

招投标过程的电子化使得招投标文件及其过程文件均可以在网络平台上下载和查阅，无须纸质文件的邮寄交付。在操作过程中平台还会自动记录投标人的投标报名时间、递交标书时间和顺序，确保投标过程的公平性和准确性。同时，招投标平台还提供了电子签名和加密等安全措施，确保投标文件的机密性和完整性，防止信息的泄露和篡改。有的招投标平台还提供了标书评审模块，支持远程互认评标操作，并由平台自动记录评审过程和结果，提供可追溯性，便于监督和审计。极大地提高了招投标的效率，节省了招投标的成本。

电子招投标系统建设的重要内容包括：

（1）引入数字证书，解决投标人网上身份认证问题，并解决电子文件的法律有效性问题。（参见《中华人民共和国电子签名法》）

（2）建立统一登录门户，兼容数字证书用户和普通账号用户。

（3）建立物资供应商预登记系统，加强物资供应商入围管理。

（4）引入电子签章，使之符合传统工作习惯，并可直观感受。

（5）引入电子标书，实现电子化招投标。引入电子标书加解密技术，解决电子投标文件安全性问题。

（6）建立协同工作平台，实现业务自动流转，辅助个人办公管理。

（7）建立计算机辅助开标系统，加快开标效率；建立计算机辅助评标系统，减轻评标负担，解决评标难题。

（8）建立招投标数字档案系统，实现招投标文件自动归档。

（9）建立安全保障系统，解决网上招投标安全性问题。

药品的集中招标采购

药品集中招标采购，主要指数家医疗机构联合组织的药品招标采购和共同委托招标代理机构组织的药品招标采购。城镇职工基本医疗保险（或公费医疗）药品目录中的药品、医疗机构临床使用量比较大的药品，原则上实行集中招标采购。

药品集中招标采购，是药品采购制度的一项重大改革，实行药品采购招标，目的是规范医疗机构药品购销活动，引入市场竞争机制，提高药品采购透明度，遏制药品流通领域不正之风，减轻社会医药费用负担，保证医药体制改革和医疗机构改革的顺利实施。为了推进我国的城镇医药卫生体制改革进程，国务院及相关部门制定了一系列政策法规，如中华人民共和国卫生部、国家发展改革委等部委联合发布的《医疗机构药品集中招标采购试点工作若干规定》和《药品招标代理机构资格认定及监督管理办法》《关于进一步做好医疗机构药品集中招标采购工作的通知》《关于进一步规范医疗机构药品集中招标采购的若干规定》《医疗机构药品集中招标采购工作规范（试行）》《医疗机构药品集中招标采购和集中议价文件范本（试行）》等规定，明确了药品集中招标采购和集中议价采购的交易规则、业务流程和行为规范，以及药品招标代理机构资格认定等。

资料来源：中国医疗保险，《盘点：我国药品集采的历史变迁》

思考：药品集中招标采购有何好处？

三、供应商关系管理

供应商关系管理（supplier relationship management，SRM）是企业运营过程中，构建对供应链上游企业产生影响的动态管理机制，使这些供应商能够更好地服务于本企业的发展需要。供应商关系管理的内容应涵盖合理分类、甄别选择、绩效评价和关系管理四个主要部分。供应商分类，是企业根据自身的采购需求，将可供合作的供应商按企业设定的标准进行分门别类的识别管理。供应商选择是从所有潜在的供应商中，通过一系列开发调研工作，选出最合适的供应商的过程。供应商绩效评估是对合作的供应商进行日常管理，综合评估其在价格、商品质量、商品供货力、可持续发展指数等多方面的表现，并依据评估结果采取调整采购策略以及改善供应商绩效的措施。供应商关系管理实质是根据企业供应商及相关供应信息，对其现状、产品、服务、贸易条款、合同、付款方式、合作伙伴关系、项目及相关业务决策等提供全面的管理和支持，是一种双赢的供应商管理模式。

（一）建立供应商多因素梯度分类标准

对供应商进行科学的分类，是企业进行有效供应商关系管理的基础。企业应结合自身所处的行业特点、经营特征、业务风险、管理手段等方面，建立适合于企业经营发展和便于管理的供应商分类标准，以此作为后续供应商选择、绩效评估管理与关系管理的衡量标准与合作依据。

在供应商分级分类上，最为经典的应是卡拉杰克模型，又叫卡拉杰克矩阵，随着企业类型的不断发展演变，国内更多学者站在采购方的角度，建立起以采购金额和供应风险双维度的供应商分类模型，如图 5-7 所示。

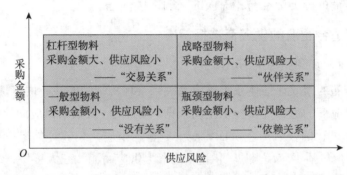

图 5-7　卡拉杰克采购矩阵

1. 战略型物料供应商

这类供应商的特征表现为"双高"，即采购金额高，供应风险也高。供应商在供需地位上通常掌控交易的主动权，购买方的采购条件比较差，与供应商的谈判能力极为有限，先款后货的支付方式最为常见。在这种情况下，企业需要与供应商之间增加沟通的频率和层级，自上而下地形成较为紧密的"伙伴关系"，便于及时掌握供应商的生产经营情况，以保证采购供应稳定性和价格合理性。

2. 一般型物料供应商

相较于战略型物料供应商"双高"的特点，一般型物料供应商则表现出截然相反的"双低"特征，即采购金额低和供应风险低。这类供应商所提供的产品充足，或在市场上同类产品足够多，企业单次采购的金额小，并且供应商违约的可能性很低。对于这部分供应商，采购的各项条件对购买方较为有利，货款采用赊账的结算方式也较为常见。企业可以通过供应商绩效评价制度在供应商群体中形成相互竞争，以争取更低的采购成本和简易的采购流程，然而实际上大部分企业常常会忽略对这部分供应商的管理与维护。

3. 杠杆型物料供应商

杠杆型供应商与一般型物料供应商最大的区别是单次采购金额大而供货的安全性相对较高，这种采购需求与钢铁电商行业采购特征相似。在市场竞争较为充分的情况下，如同供需双方信息集中且价格透明度高的电商交易平台，企业可以通过价格杠杆、多家比价、供应商招投标等方式，在供应商间形成良性竞争，从中获得采购成本上的收益。

4. 瓶颈型物料供应商

瓶颈型物料供应商通常提供定制非标准件，产品的同质化程度比较低，采购金额也不大，但供应风险较高。这类供应商在细分市场领域有一定的钻研和产品定制优势，但因企业规模小，经营抗风险的能力较弱；同时，由于细分领域供应商数量少，特殊非标品的突发性市场需求也会造成供货风险的骤升。因此，降低采购风险是对这类供应商应采取的重要采购策略。

企业应根据自身情况，从业务规划、企业战略、经济环境等影响因素的变化，灵活地调整物料供应商的分类标准与相对应的采购策略。

（二）制定适合企业的供应商选择标准

1. 供应商绩效评估体系内容

企业对供应商的绩效评估体系是供应商关系管理机制中的核心内容。有效的供应商评估体系可为供应商的选择工作提供正向依据。反言之，低效的供应商评估体系则对企业在供应商选择过程的投入产生负面影响。完整的供应商绩效评估是一项连续性的工作，体系中应至少包括供应商激励、供应商考核、供应商淘汰三大板块，如图 5-8 所示。每个板块中的内容又可设置若干明确的项目与评定标准。企业可根据实际情况对制定的标准进行评分，以此作为对供应商进行绩效评估的依据。

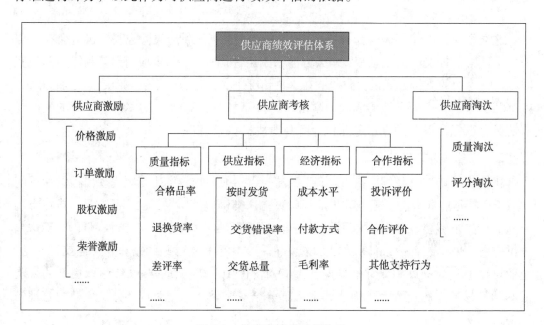

图 5-8　供应商绩效评估体系

供应商的选择标准可以将企业对供应商的准入要求文字化、数量化，以便于采购部门人员根据采购要求明确供应商画像，为供应商调查提供可供查阅的标准化依据。选择标准的定义应该明确具体，避免存在模棱两可的灰色区域，旨在便于操作人员按标准的唯一性进行核对比照。

2. 供应商评估体系指标

供应商评估体系指标应包含激励指标、考核指标与淘汰指标三大板块。其中，最为核心的内容应为考核指标，其他两个板块的指标都是为考核指标服务和展开的。与采购相对应的"Q.C.D.S"因素分析法适用于对供应商设定的评估指标，通过产品的质量、成本、交货、服务（折扣率）四个主要因素形成模块，分别细化各模块内的指标设定与评分标准，然后对供应商进行综合评分。根据不同企业的要求，还可将合作年限、供货占比、品牌知名度、经营情况、售后服务、投诉等多维度的指标增加到"Q.C.D.S"对应的模块中去。对供应商的绩效评估结果，企业可进行周期性的排列公示，对绩效评估综合评定得分优异的供应商，可给予物质或精神上的奖励，对绩效评估得分低的供应商，可采取针对性的绩效辅导或给予一定的惩罚措施。以此在众多合作供应商中采取相互竞争机制，更有利于采购方的利益。

企业在供应商绩效评估指标的考虑上，应有意识地促使各供应商之间在"Q.C.D.S"四个方面形成文字化、数量化，以便于采购部门人员进行客观标准的评价过程，企业按上述四个维度综合评分结果制定优秀、合格与不合格的得分区间，在供应商之间形成评定依据与良性竞争。需要注意的是，企业对供应商采用的绩效评估机制是为供需双方长久合作服务的，双方都应秉承开诚布公的交谈态度、兼顾双方利益并分享成功，使企业与供应商的合作树立"双赢"思路，不断优化企业与之合作。

"Q.C.D.S"因素评分表的计分规则，可将四个模块的比重均分，也可按企业侧重点对各模块进行有主有次的分配。然后，分别对每个模块制定相应的细化指标，每个指标需分门别类、按一定的顺序确定打分标准。每一项打分的数据也应有明确的统计来源，从而保证"Q.C.D.S"因素评分表结果的合理性与真实性。"Q.C.D.S"因素评分表如表5-4所示。

表5-4 "Q.C.D.S"因素评分表

项 目	评分指标	计分标准	得 分
质量	供货品种		
	退换货率		
	正常消耗率		
	其他		
成本	价格水平		
	平台贡献率		
	折扣率		
	其他		
交付	交货数量		
	交货周期		
	交货方式		
	其他		

续表

项　目	评分指标	计分标准	得　分
服务	投诉率		
	平台活跃度		
	品牌推广度		
	其他		
总计	质量得分 + 成本得分 + 交付得分 + 服务得分		

3. 供应商选择方法

选择供应商的方法很多，主要分为三类：定性选择方法、定量选择方法、定性与定量相结合选择方法。定性选择方法主要是根据以往的经验，凭借以前的关系选择供应商。为了实现选择供应商的客观性和科学性，应该尽量利用定量选择方法和定性与定量相结合选择方法。在供应商的选择中，常用的方法有以下几种。

（1）直观判断法

直观判断法属于定性选择法，是根据征询和调查所得的资料并结合采购人员的分析判断，对供应商进行分析、评价的一种方法。这种方法主要是倾听和采纳有经验的采购人员的意见，或者直接由采购人员凭借经验做出判断，常常用于选择企业非主要原材料的供应商。

（2）线性权重法

线性权重法是供应商定量选择中比较常用的方法。其基本原理是给每一个准则分配一个权重，每个供应商的定量选择结果为该供应商各项准则的得分与相应准则权重的乘积和。通过对各候选供应商定量选择结果的比较，实现对供应商的选择。

（3）层次分析法

层次分析法的基本原理是根据具有递阶结构的目标和子目标（选择准则）以及约束条件等对供应商进行评价。首先用两两比较的方法确定判断矩阵，然后把判断矩阵的最大特征与相应特征向量的分量作为相应的系数，最后综合得出每个供应商各自的权重（优先程度），通过对优先程度的比较，实现对供应商的选择。

（4）多目标数学规划法

多目标数学规划法的基本原理是确定各目标（选择准则）的权重，从而将多目标规划问题转化为单目标规划问题，在各目标权重非负的情况下，所转化的单目标优化问题的最优解是原多目标优化问题的非劣解。

（5）采购成本法

对质量和交货期都能满足要求的供应商，则需要通过计算采购成本来进行比较分析。采购成本法是针对各个不同供应商的采购成本计算分析来选择采购成本较低的供应商的一种方法。

（6）数据包络分析法

数据包络分析法（data envelopment analysis，DEA）是 1978 年由查恩斯、库伯及罗

兹提出的一种能够处理多投入、多产出指标的非参数生产前沿分析方法，其评价指标是行业企业间的相对效率（相对有效性）。利用数学规划模型，该方法可解决具有多输入、多输出特征的同行业企业生产率评价问题。企业间的相对效率是单指标的变量，这样在解决供应商选择与组构问题时具有突出的优点。换句话说，就是由于采购企业在选择供应商的过程中仅关心供应商能否按时保质保量地维护货物的信誉度，而不必关心供应商的投入，所以仅依靠系统的输出指标就能较为简便地解决选择供应商的问题，即我们在系统中采用只有投入指标的 DEA 方法模型。

供应商的输出指标有些是越大越好，有些是越小越好。例如，供货能力越大越好，而产品价格越小越好。依据这样的原则对供应商指标进行划分后，可利用数据包络分析法构造供应商组构方案评价的计算模型。它适用于具有多输入多输出相同类型单位（例如供应商）的有效性评价。

基于一站式智能采购云平台，推动企业数字化采购变革

甄云科技，前身为汉得公司下的 SRM 实施事业部，拥有完备的 SRM 大客户实施交付团队和丰富的大客户定制实施经验。为推动企业采购向智能、高效、透明变革，甄云科技面向中大型企业提供包括生产性及非生产性物资在内的一站式智能采购云平台。其以供应商管理、智慧寻源、敏捷协同和采购商城四大产品套件为抓手，后端依托于数据、业务等中台能力，前端构建包括电子签名、智能合约等在内的应用生态，可与企业内部其他系统和第三方电商平台打通。目前，甄云科技形成了消费零售、物管服务、医药等多个领域的行业解决方案（图 5-9）。

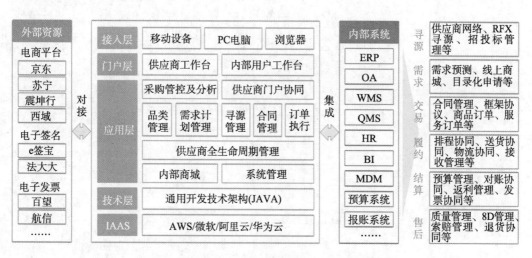

图 5-9　甄云科技 SRM 产品架构及业务流程覆盖点

甄云科技的 SRM 产品致力于以一套采购软件覆盖从需求计划到供应商考评的全流程。企业客户可以通过电脑和手机使用甄云 SRM，实时收集各分支机构及部门的采购

需求，一键发布采购计划。通过与企业内部的 ERP、OA 等系统集成，甄云 SRM 可实现企业与供应商信息流、商流、物流、资金流的互联互通。此外，甄云科技打造了开放平台计划，甄选优质合作伙伴，将采购供应资源、供应商风险舆情管控、电子签章、电子发票等服务与甄云 SRM 无缝融合，帮助客户落地数字化采购实践。

资料来源：艾瑞咨询，《中国数字化采购行业研究报告》

思考：请谈一下甄云科技的 SRM 产品架构及业务流程。

同步实训　生鲜食品供应商评价与选择

实训背景

随着互联网销售业态的日趋壮大，传统连锁零售超市生存空间进一步受到挤压。供应商是超市供应链的关键一环，其供应水平的高低直接关系到超市产品的竞争力。超市加强与供应商的合作，有利于降低企业成本，提升自身的市场竞争力，是实现企业战略经营目标的重要手段，那么如何选择符合超市需求的供应商成为企业采购管理中的重要环节。

实训目的

采用 AHP 层次分析法，对影响超市生鲜食品供应的关键指标分析，然后采用定量分析的决策方法，找出适合超市的生鲜食品供应商，以增强生鲜食品的竞争优势。

实训组织

（1）合理选择生鲜食品供应商评价指标。
（2）构造评价矩阵，计算权重。
（3）求层次总排序，并计算最终结果。
（4）给出选择决策。

实训评价

教师对结果做出综合评价，参见表 5-5。

表 5-5　生鲜食品供应商评价评分表

考评人		被考评人		
考评地点		考评时间		
考评内容	生鲜食品供应商评价与选择			
考评标准	评价选择		分值	实际得分
	市场调研真实可靠		20	
	指标选取合理		20	
	判断矩阵计算正确		20	
	指标权重计算正确		20	
	综合评价选择正确		20	
	合计		100	

同步测试

1. 数字化采购的含义是什么?
2. 谈一下电子招投标的优点。
3. 传统采购与数字化采购的差距都有哪些?
4. 供应商关系管理包括哪些内容?
5. 供应商评价指标选取需要考虑的因素有哪些?

自学自测  扫描此码

项目 六

数字化供应链生产管理

▶ 学习目标

素养目标	知识目标	能力目标
• 培养数字化素养，弘扬数字品德与价值观 • 强化时间观念和效率意识，提升执行力 • 厚植精益求精的工匠精神，树立甘于奉献的人生价值观	• 了解供应链生产管理原理 • 掌握物料需求计划和企业资源计划等生产方式 • 熟悉制造执行系统、制造运营管理、APS等生产系统	• 能结合实际进行数字化生产转型研判 • 能将精益生产、延时制造等生产运营手段运用到企业生产中 • 能应用所学知识提升数字工作能力

▶ 思维导图

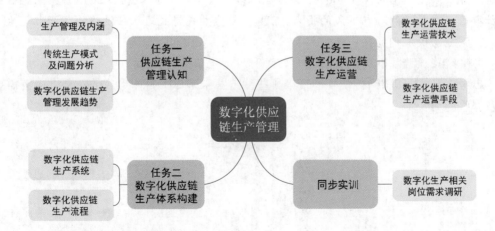

"3D" 打印引发世界潮流

"第四次工业革命已经到来。对全球经济而言，没有哪个行业会比制造业发生的转变更大。不断向数字化创新投入的公司会甩开竞争对手。"3D 打印技术作为驱动第四次工业革命的重要力量，将促使价值 12 万亿美元的全球制造业发生根本性变革。

《福布斯》杂志的报道称，2017 年，预计有 57% 的制造业企业增加在 3D 打印方面的投入，47% 的企业在 3D 打印方面的投资回报率较去年增加，更有 95% 的企业将 3D 打印技术的应用视为自己在市场竞争中的优势所在。波音公司采用 3D 打印技术制造飞机的部分零件，米其林公司利用 3D 打印技术进行轮胎生产，美国"太空制造"公司在太空环境下完成了大型物体的 3D 打印。一家新西兰公司"火箭实验室"在新西兰东海岸发射全球首枚 3D 打印电池动力的"电子号"火箭，该火箭发动机的主要部件几乎都是 3D 打印制造。

随着《中国制造 2025》规划的出台，中国制造业正在实现转型升级。3D 打印产业链上游涵盖三维扫描设备、三维软件、增材制造原材料类及 3D 打印设备零部件制造等企业，中游以 3D 打印设备生产厂商为主，下游行业应用已覆盖航天航空、汽车工业、船舶制造、能源动力、轨道交通、电子工业、模具制造、医疗健康、文化创意、建筑等领域。

近年来，我国出台多项顶层规划及行动指导方案，推进 3D 打印制造产业高质量发展。其中，《中华人民共和国国民经济和社会发展第十四个五年规划和 2035 年远景目标纲要》明确了发展 3D 打印制造在制造业核心竞争力提升与智能制造技术发展方面的重要性，将 3D 打印制造作为未来规划发展的重点领域。截至 2021 年末，我国工业增材制造装备安装量市场占比 10.60%，成为全球第二大市场。建立强大的 3D 打印生态系统和社群已经成为必然。在不久的将来，3D 打印技术或将成为基础设施的"标配"生产方式，深刻影响人们的每一天。

资料来源：唐隆基等，《数字化供应链转型升级路线与价值再造实践》

思考：3D 打印将给传统生产带来哪些冲击？未来 3D 打印形成的新型供应链需要具备哪些能力？

任务一　供应链生产管理认知

制造业对我国经济增长、稳定就业有积极作用，在我国经济中占有举足轻重的地位，但目前一直面临着产业结构失衡、企业数量多但名企少、核心技术匮乏等问题，即市场上所说的"大而不强"，同时，也面临着中低端产业向东南亚国家转移、高端制造业回流至发达国家的双重夹击等问题。

一、生产管理及内涵

生产制造是供应链中的一个重要环节，整个供应链都围绕着这个环节，为其服务，但生产制造环节本身有其自身的组织、技术和服务。供应链是其重要的赋能者，二者相辅相成。

（一）生产管理的含义

1. 生产管理

生产管理具有提供自动排产、生产运行调度、生产过程监控等功能，支持产能的监测、管控和平衡调度，可集成智能排产模型算法，并支持产能规划的自动制订、精准执行和智能优化。生产管理的内容主要包括生产组织管理、生产计划管理（编制生产计划、生产技术准备计划和生产作业计划等）、生产控制管理（控制生产进度、生产库存、生产质量和生产成本等）。

2. 生产计划

与生产管理相关的一个重要概念便是生产计划，生产计划是指企业在计划期内应达到的产品品种、质量、产量、产值等生产任务的计划和对产品生产进度的安排。在日常的生产管理中，生产计划的安排至关重要。它的层次可分为战略层计划、战术层计划、作业层计划。

（1）战略层计划：包括产品发展方向、生产发展规模、技术发展水平和新生产设备的购置等。

（2）战术层计划：主要确定现有资源条件下所从事的生产经营活动应该达到的目标，如产量、品种和利润等。

（3）作业层计划：是对日常生产经营活动的安排。

三者之间对比如表 6-1 所示。

表 6-1　生产计划层次比较

	战略层计划	战术层计划	作业层计划
计划期	长（≥5 年）	中（1 年）	短（月、旬、周）
时间单位	粗（年）	中（月、季度）	细（工作日、班次、小时、分）
空间范围	整个企业	工厂	车间、工段、班组
详细程度	高度综合	综合	详细

续表

	战略层计划	战术层计划	作业层计划
不确定性	高	中	低
管理层次	高层领导	中层、部门领导	低层、车间领导
内容	资源获取	资源利用	日常活动处理

在供应链环境下，应该注意的是核心企业与供应商、分销商和零售商通过互联网/内联网/电子数据交换进行信息共享和数据交换；核心企业可以自行生产产品和零部件，也可以将生产任务外包给合适的供应商；分销商和零售商根据动态的产品销售情况生成实时的商品库存状态，并将这些实时的信息集成到供应链的集成信息平台中，为核心企业制订生产计划提供依据。在制订生产计划时，应注意保证生产计划的完成，使各个生产环节中的产品结构、数量和时间相协调；创造均衡生产条件，在相等的时间阶段内，各生产环节完成等量或均增数量的产品；遵守期量标准，制订生产作业计划，按期量标准组织生产，有利于建立正常的生产秩序，实现均衡生产。

（二）生产管理的目标

生产管理所追逐的目标可以用一句话来概括：高效、灵活、准时、清洁地生产合格产品和（或）提供满意服务。效率是投入和产出的比较。产出的是产品和服务，投入包括人力、物力、财力和时间。高效是指以最少的人力、物力和财力的消耗，迅速生产满足用户需要的产品和提供优质服务。灵活是指能很快地适应市场的变化，生产不同的品种和开发新品种，或提供不同的服务和开发新的服务。准时是指在用户需要的时间内，按用户需要的数量，提供所需的产品和服务。清洁是指在产品生产、使用和报废处理过程中，对环境的污染和破坏最少。合格产品和（或）满意服务是指质量。

当前，激烈的市场竞争对企业的要求包括五个方面：时间（time，T）、质量（quality，Q）、成本（cost，C）、服务（service，S）和环保（environment，E）。T是指满足顾客对产品和服务在时间方面的要求，即上市要及时，交货期要短而准；Q是指满足顾客对产品和服务在质量方面的要求；C是指满足顾客对产品和服务在价格与使用成本方面的要求，即不仅产品形成过程中的成本要低，而且在用户使用过程中的成本也低；S是指除产品之外为满足顾客需求而提供的相关服务，如产品售前服务及售后服务；E是指对环境的保护程度。

汽车行业智能制造

随着新一代信息通信技术的快速发展及与先进制造技术不断深度融合，全球兴起了以智能制造为代表的新一轮产业变革，数字化、网络化、智能化日益成为未来制造业发展的主要趋势。为加速我国制造业转型升级、提质增效，国务院发布实施《中国制造2025》，并将智能制造作为主攻方向，加速培育我国新的经济增长动力，抢占新一轮产业竞争制高点。

东风设计研究院有限公司（以下简称东风设计研究院）创立于 1973 年 9 月，是国家高新技术企业，全国工程勘察设计百强单位，作为中国汽车行业备受信赖的知名工程公司，东风设计研究院为客户提供工程技术服务全面解决方案和交付装备制造系统集成优质产品，现已成为中国汽车工业化领域提供全价值链、完整周期工程技术服务的领军企业。先后承接了国家发改委核准的 15 家纯电动乘用车企业中北京新能源汽车、杭州长江乘用车、前途汽车（苏州）、重庆金康新能源、国能新能源等 8 家企业的工程设计及装备制造总承包服务。

东风设计研究院在汽车制造业领域广泛开展了一系列智能制造整体解决方案和全过程咨询服务，并在产业关键共性技术方面，自主研发了数字图形平台（digital graphic platform，DGP），其技术先进性和实用性获得了业内的高度关注及认可。目前在先进制造工艺技术、工艺数字化技术、智能（绿色）制造、智慧工厂与智慧建筑技术集成、建筑信息模型（building information model，BIM）技术、云计算技术的开发与应用、协同设计等方面处于行业领先水平，诸多工程设计和装备制造项目具有良好的示范带头效应。

资料来源：智能制造系统解决方案供应商联盟，《智能制造系统解决方案案例集》

思考：汽车行业的智能制造在生产管理领域都有哪些目标？

二、传统生产模式及问题分析

（一）传统生产计划与控制模式及特点

传统生产计划与控制模式主要包含 MRP、MRPII、ERP，这些模式为供应链环境下数字化生产管理提供了理论基础。

1. MRP 及其原理

最初的物料需求计划（material requiement plannig，MRP）特指以库存管理为核心的计算机辅助管理工具，其基本任务有两个：一是从最终产品的生产计划导出相关物料的需求量和需求时间；二是根据物料的需求时间和生产（订货）周期来确定其开始生产（订货）的时间。

MRP 的基本原理是采用主生产计划（master production schedule，MPS）所指定的需求，运用物料清单（bill of material，BOM），以前置时间往前推移，将其分解成装配件、零件和原材料在各阶段的需求（毛需求）。毛需求减去现有库存与预定接收量的总和，再加上安全库存的需求后得到净需求，最后依据净需求以及前置时间推算出订单的发出时间以及订单数量。净需求的决定是 MRP 的核心，其基本逻辑如图 6-1 所示。

2. MRPII 及其原理

制造资源计划（manufacturing resource planning，MRPII）是 MRP 的延伸，它进一步从市场预测、生产计划、物料需求、库存控制、车间控制延伸到产品销售的整个生产经营过程以及与之有关的所有财务活动中，从而为制造业提供了科学的管理思想和处理逻辑以及有效的信息处理手段。MRPII 逻辑流程图如图 6-2 所示。

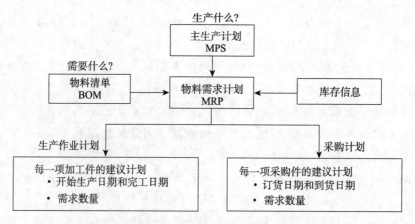

图 6-1　MRP 基本逻辑

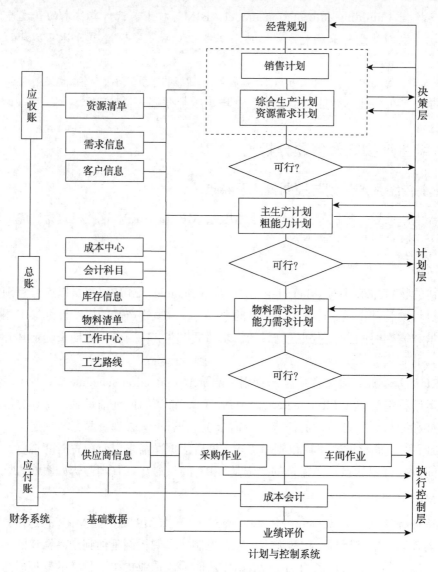

图 6-2　MRPII 逻辑流程

MRPⅡ的基本思想就是把企业作为一个有机整体，从整体最优的角度出发，通过运用科学方法对企业各种制造资源和产、供、销、财各环节进行有效的计划、组织和控制，使它们得以协调发展，并充分地发挥它们的作用。

在图 6-2 的右侧是计划与控制系统，它包括决策层、计划层和执行控制层，可以理解为经营计划管理的流程；中间是基础数据，要储存在计算机系统的数据库中，并且反复调用。这些数据信息的集成，把企业各个部门的业务连接起来，可以理解为计算机数据库系统；左侧是财务系统，这里只列出应收账款、总账和应付账款。各个连线表明信息的流向及相互之间的集成关系。

MRPⅡ是一个比较完整的生产经营管理计划体系，是实现制造业企业整体效益的有效管理模式。它所覆盖的计划层次从宏观到微观、从战略到技术、由粗糙到精细逐层优化，但始终保持与企业经营战略目标一致。MRPⅡ把企业所有与生产经营直接相关的部门连接成一个整体，企业各部门都依据同一数据信息进行管理，任何一种数据变动都能及时地反映给所有部门，做到数据共享。同时，它可以预见在相当长的计划期内可能发生的问题，并事先采取措施消除隐患。MRPⅡ具备成本会计和财务功能，可以由生产活动直接产生财务数据，把实物形态的物料流动直接转换为价值形态的资金流动，保证生产和财务数据一致。

3. ERP 及其原理

ERP 在 MRPII 的基础上扩展了管理范围。作为企业管理思想，ERP 是一种新型的管理模式；而作为一种管理工具，它同时又是一套先进的计算机管理系统。ERP 系统提供了可对企业业务流程上所有环节进行有效管理的功能。这些环节包括订单、采购、库存、计划、生产制造、质量控制、分销、财务管理、人事管理、实验室/配方管理等。ERP 系统框架如图 6-3 所示。

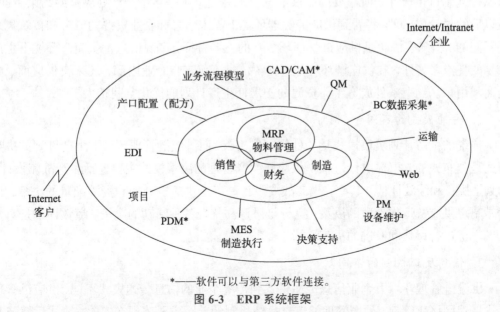

*——软件可以与第三方软件连接。

图 6-3　ERP 系统框架

ERP 管理软件调研

目前市面上有很多家 ERP 管理软件提供商，如金蝶、用友、管家婆、聚水潭、小管家等。如何为企业选择适合自身发展的软件显得极其重要，你可以通过市场调查了解一下都有哪些 ERP 软件的供应商，它们的特点和产品功能都有什么区别？价位如何？分别适合什么类型的企业？ERP 软件调查表如表 6-2 所示。

表 6-2　ERP 软件调查表

ERP 管理软件	功能特点	报价	适应条件
金蝶			
用友			
SAP			
管家婆			
聚水潭			
小管家			
（可增加）			

（二）传统生产管理与供应链生产管理的区别

1. 决策信息来源的不同

生产计划的制定要依据一定的决策信息，即基础数据。在传统的生产计划决策模式中，计划决策的信息来自两个方面，一方面是需求信息，另一方面是资源信息。需求信息又来自两个方面，一个是用户订单，另一个是需求预测。通过对这两方面信息的综合可以得到制订生产计划所需要的需求信息。资源信息则是指生产计划决策的约束条件。在以后的讨论中，我们将看到供应链管理环境下需求信息和企业资源的概念和传统概念是不同的。信息多源化是供应链管理环境下的主要特征，多源信息是供应链环境下生产计划的特点。另外，在供应链环境下，资源信息不仅来自企业内部，还来自供应商、分销商和用户。约束条件放宽了，资源的扩展使生产计划的优化空间扩大了。

2. 决策模式的不同

传统的生产计划决策模式是一种集中式决策，而供应链管理环境下生产计划的决策模式是分布式的、群体决策过程。供应链生产管理的决策模式主要包括生产战略设计、计划、执行和绩效评估。其中，生产战略设计是确定供应链结构和资源配置的决策；计划是制定供应链运作参数的决策；执行是协调和整合各种活动的决策；绩效评估是对整个供应链进行评估和改进的决策。

3. 信息反馈机制的不同

供应链管理环境下企业信息传递模式和传统企业的信息传递模式不同，供应链管理模式呈现网络化管理。生产管理的信息反馈机制的差距主要体现在递阶、链式反馈与并行、网络反馈等方面。传统的企业生产计划的信息反馈机制是一种链式反馈机制，也就是说，信息反馈是企业内部从一个部门到另一个部门的直线性的传递，由于递阶组织结构的特点，信息的传递一般是从底层向高层信息处理中心（权力中心）反馈，形成和组织结构平行的信息递阶的传递模式。而现代企业生产计划的信息反馈机制则更多地采用并行、网络等方式。

4. 计划运行环境的不同

供应链管理环境下的生产计划与控制要更多地考虑不确定性和动态性因素，使生产计划具有更高的柔性和敏捷性。生产计划运行环境的差距主要体现在供应链管理环境下的生产计划是在不稳定的运行环境下进行的，因此要求生产计划与控制系统具有更高的柔性和敏捷性，如提前期的柔性，生产批量的柔性等。传统生产计划缺乏柔性无法以固定的环境约束变量应对不确定的市场环境。

（三）传统生产管理问题分析

传统生产企业在业务管理和生产制造方面普遍存在车间数字化能力弱、产线设备数据采集能力弱的问题，工厂"信息孤岛"现象严重，从销售订单到计划派工、生产报工及产品出入库管理等全流程数据流转不畅，信息不透明、生产数据未实现可视化，人工作业易疲劳出错，导致计划派工不精确、生产报工不准确、生产效率低下、产品交期迟滞和企业战略决策不到位，严重阻碍企业的快速发展。具体问题分析如下。

1. 缺乏协调共享机制

传统的企业生产计划与控制活动都是在企业内部进行的，没有扩展到上下游企业；以企业的物料需求为中心开展活动，缺乏和供应商及分销商、零售商之间的协调；企业制订的计划没有考虑上下游的实际情况，对库存和服务水平影响较大，库存控制策略也难以发挥作用。

2. 企业内部数字化程度低

（1）缺少生产信息管理系统。生产信息管理手段落后，依靠人工纸质记录流转传递，不但费时而且成本高，出错率也高。

（2）设备管理能力弱。缺少数据采集和设备监控应用，设备的实时状态无法获取。维修时间长、维修经验没有积累传承。非计划停机频繁，产能瓶颈无法突破。

（3）缺乏数据采集能力，信息流转不畅。工厂车间里的人、机、料、法、环、测，缺乏关联数据采集能力，无法实现设备状态和生产信息的互通流转，生产过程不透明。

（4）仓储物料管理水平低。物料产品出入库依靠人工纸张记录，无法获得物料库存实时状态，生产物料齐套缺失严重，影响生产、延误交期。工厂中的物料、产品、人员、库位、出入库单据及物流对接单等实体信息未能实现统一编码关联，缺少系统管理，生产过程无法追溯。

（5）人工识别检测作业效率低。产品包装喷码检测靠人工肉眼识别作业，容易产生疲劳，检测效率低下，急需机器换人。

三、数字化供应链生产管理发展趋势

数字化供应链生产管理是指将数字技术应用于供应链管理中，实现供应链的高效协同和优化。数字化供应链的本质是"基础供应链管理＋数字化"，基础供应链管理的内容主要包括战略规划、寻源采购、生产制造、物流交付及售后支持；而数字化则是指应用信息通信技术（ICT）、物联网（IoT）、大数据、云计算和人工智能等先进技术，对供应链管理中产生的数据进行即时收集、分析、反馈，实现供应链的智能决策和自动化控制。

数字化供应链生产管理的发展趋势包括以下几个方面。

（1）数字化供应链融合（digital SC convergence）：随着供应链越来越全球化和复杂化，消费者的需求越来越高，市场竞争越来越激烈，企业需要通过数字化手段实现供应链的高效协同和优化。

（2）供应链智能化（smart supply chain）：通过应用 ICT、IoT、大数据、云计算和AI 等先进技术，对供应链管理中产生的数据进行即时收集、分析、反馈，实现供应链的智能决策和自动化控制。

（3）供应链可视化（visual supply chain）：通过数字化技术实现生产过程的可视化监控和管理，提高生产效率和质量。

（4）供应链协同化（collaborative supply chain）：通过信息共享和资源整合，实现供应链各环节之间的协同配合，提高供应链的整体效率和灵活性。

溢哲渝实业有限公司生产模式

溢哲渝实业有限公司作为一家综合性的生产制造型企业，主要开展电子产品OEM/ODM 的一站式生产及销售。公司内部管理标准化、科学化，充分利用"互联网＋管理"的模式，搭建了完善的 ERP 管理系统、MES 制造执行系统，并对 OA 系统进行了全面升级，使项目管理得以全面推行。

车间每条产线最前方都配备一个实时监测生产情况的表面组装技术（surface mount technology，SMT）作业概况，电子屏幕分为 6 个板块，分别为：订单计划数 TOP10、当前在线物料、当前进度、待生产订单、AOI 及 SPI 检测良品数和不良品数、等待及生产的时间和贴片机的抛料数及贴片数，由于公司的系统不够完善导致抓取到的数据精度不够高，错误率较高。除了每条 SMT 产线配置的作业概况之外，车间入口处还配备有一个 SMT 数字化车间屏幕来监测所有产线的运行状况。由于生产过程中会存在一定的误差率，所以会出现产品的不合格现象，目前，从产线 SPI 技术的监测使用程序得到的较为完善的数据来看，良品率达到 97.2%，但 AOI 目前的监测情况由于程序设置问题会出现较大的误差，良品率仅为 59.79%。目前车间中投入使用的数字化大屏是用饼状图的方式展示给客户以及管理层的人员观看，能够更加直观地看到目前的生产情况以及产线上的不良情况，对于产线上的员工绩效并没有实时检测。数字化大屏显示的数据主要是通过 JAVA 语言编写代码做成网页，只是将各个数据抓取出来做个简单可视化，并没

有将数据连通在一起进行分析，且目前 AOI 检测数据中大多数为误报数据，不能够提供精准的信息。

在数字化转型的过程中，各种流程和模式都不可能一步到位，而是需要精益求精，坚持长期改善。想要实现供应链从"链"到"网"的转变，需要经历不同的阶段，进而加强企业与供应商、客户等商业伙伴间的快速互联互通，革命性地提升整体供应链的执行效率。

资料来源：中国知网，《中小企业供应链数字化现状分析——以溢哲渝实业有限公司为例》

思考： 请总结一下溢哲渝实业有限公司的生产模式及数字化转型存在的问题。

任务二　数字化供应链生产体系构建

随着市场竞争越来越激烈，如何利用数字化管理手段，提高企业管理水平，已经成为企业发展的当务之急。对于生产型制造企业而言，构建完善的数字化生产体系是整个企业的重心，生产体系的构建直接影响企业各项决策的落实、影响企业各项生产指标的完成、影响企业整体目标的实现。

一、数字化供应链生产系统

（一）系统架构与设计

数字化生产管理系统是数字工厂建设中的重要一环，它是基于现代信息技术和先进的控制技术发展而来的，其目的是实现生产系统的智能化和网络化。在数字化生产管理系统中，系统架构与设计的重要性不言而喻。系统架构是数字化生产管理系统的基础，也是保证系统正常运行和高效工作的前提条件。系统架构需要按照数字化生产管理系统的整体结构设计，包括硬件、软件、人员、设备等要素，以及各个模块之间的连接和交互。设计好的数字化生产管理系统的硬件和软件要素需要实现对数据的采集和处理，这是数字化生产管理系统中的重要部分。

（二）数据采集与处理

在数字化生产管理系统中，数据采集与处理是系统的核心部分。在工厂的生产过程中，各个环节都产生着大量的数据。采集这些数据，是数字化生产管理系统中最为重要的一环。系统采用了各类传感器，如温度、压力、流量、质量等传感器，及其他各类探头等装置，实现了对生产过程的全方位监测。这些数据被自动采集后，通过网络传输到数据中心，进行存储和处理。在传统的工厂生产中，数据采集不方便，数据处理也极为烦琐。而在数字化生产管理系统中，数据处理则是十分方便高效的一件事。数据从传感器采集后，经过网络传输到数据中心，经过数据清洗、加工等一系列处理后，形成了对生产过程的有效描述。数据采集与处理是数字化生产管理系统中不可或缺的两个部分。通过对生产过程的全方位监管，数字化生产管理系统大大提高了工厂生产效率、降低了生产成本、减少了生产事故的发生率。在实际操作中，数字化生产系统作为一种新型高效率生产管理方式，已被越来越多的工厂所采用。

（三）生产过程控制与优化

生产过程控制与优化是提高生产效率和质量、降低成本的关键。首先，数字化生产管理系统通过数据采集与处理，实时监测生产流程各环节的生产数据，并根据数据结果提供生产流程控制建议。系统将采集到的数据进行处理分析，评估生产状态，并实时预测生产过程中可能出现的问题。从而保障生产过程处于最佳状态，提高生产效率。其次，数字化生产管理系统提供高效的生产过程控制功能。通过在生产流程中嵌入优化算法，能够实现对生产过程进行实时调整，保障产品质量。在生产过程中发生问题时，系统能够对异常问题进行自动诊断和判断，并及时做出相应的生产流程调整，从而实现快速响应问题、及时解决问题，达到提高产品质量的目标。再次，数字化技术可以在原有生产流程的基础上实现自动化控制、精细化管理，从而减少不必要的人力投入、减少废品率、降低能源消耗等方面实现成本控制的目的。最后，数字化生产管理系统提供了全面的生产数据分析能力。通过对历史生产数据进行分析，能够发现生产过程中可能存在的潜在问题，并提供预防措施。同时，系统还能够生成生产报告和生产数据分析报告，为管理者提供决策支持。数字化生产管理系统在生产过程控制与优化方面的应用，能够加强对生产流程的实时监控，提高生产效率和产品质量，降低成本，同时提供强大的数据分析和决策支持能力。

二、数字化供应链生产流程

数字化供应链生产流程有数字化生产计划、数字化生产准备（组织）、数字化生产执行与监控（领导、控制）、数字化生产协同（领导、协调）四个方面。

（一）数字化生产计划

生产计划解决的是生产什么、何时生产的问题，这是生产管理的核心目标。在数字化生产计划下，一方面，原有的车间现场不透明问题已经解决，计划人员可以实时掌握生产现场每一个物料、每一台设备等资源的动态；另一方面，当计划发生变更时，数字化系统可以实时地对变更要素所影响范围进行判定，制订新的生产计划并快速下发，解决了原有人工的时效性问题，因此在这种情况下，企业将不再过度地依赖于生产调度，而真正依赖于计划，所有的资源统筹和安排都将统一依赖于计划，真正做到计划式模式。

实现生产计划的自动排产、实时透明，改变以往靠人工进行计划排程以及调度的现状，通过数字化系统将人的经验释放，在考虑多种因素的情况下排出多个优化方案供选择，并在计划变更的情况下，快速响应计划变更，减少人为因素干预。同时数字化下的企业能够实时监控生产计划的执行情况，实现生产计划下达与执行的透明化，并能够对生产异常进行快速响应，在透明化的基础上不断优化和提升生产产能，最终实现提升准时交付率的目标。

（二）数字化生产准备

生产准备占产品制造过程 60% 以上的工作内容，它涵盖了毛坯、工艺、工装、设备等准备工作以及准备过程的信息组织管理，其技术水平直接影响产品的研制周期和变批量动态生产的适应性。传统的生产准备技术已经不能适应现代制造技术的发展，许多工业化国家的大型企业在制造工艺技术方面进行了大量投资，对系统的工艺性规划设计、工艺设计方法、加工操作过程设计方法等相关领域进行了大量的研究。

传统的生产准备工作大多采用串行方式，即各阶段的工作是按顺序方式进行的，一个阶段的工作完成后，下一阶段的工作才开始，各个阶段依次排序。因此，各阶段的工作紧密相连、相互制约。但是在传统的生产准备工作中存在一些问题：工作周期相对过长；返工及重新设计工作增多；费用相对增多。

数字化背景下，并行方式能够解决串行方式中存在的问题，在并行的生产准备工作流程中各个相关过程是并行、一体化、系统集成化的工作模式。在传统的生产准备工作流程基础上，相邻的环节可以并行、交叉进行，从而使整个流程向前推进。基于并行思想的生产准备工作流程，是根据工程产品总效能规范，对产品要求制定初步的产品生产制造方案，确定工艺装备的选择项目，在根据工艺总流程方案确定工艺装备设计技术要求的同时，也要并行地制定出工艺装备的总体方案，在按照技术条件和总体规划进行工艺装备详细设计的同时要确定工艺装备的制造规划。由于新流程采取的是并行工作方式，所以在各个阶段出现问题或不协调时，可随时将信息传输给产品工艺设计人员、工艺装备的设计人员等，及时进行协调，从而避免大量的工程更改工作。

（三）数字化生产执行与生产指挥

数字化生产管理系统，除了可以执行工单下达与任务执行，还可以对生产执行过程进行监控、指挥。在现场管理时全面、准确、快速地监测状态；在出现问题时快速反应；科学、及时调整生产组织策略，有效地指挥生产现场。监控的目的是快速做出反应。实现监控的对象包括人、机、料等各类生产资源；监控的主要手段是现场数据采集以及走动式管理；监控的表现形式各异，有生产指挥中心、有电子化现场管理看板等。监控的内容要全面，监控的信息要及时。

实践中利用可编程逻辑控制器（programmable logic controller，PLC）、元数据控制器（meta data controller，MDC）等设备数据采集软硬件系统，可以实现对生产线或机床数据的快速采集。从目前多数企业情况来看，由于缺少有力的信息化工具，基础数据的全面采集还没有做好，很多企业现场控制不及时，这也是目前制造行业工业大数据分析"雷声大、雨点小"的重要原因。

（四）数字化生产协同

生产现场的异常变化是常态。急单、插单对原有计划带来调整要求；设备故障影响生产执行；物料供应不足，报废需要补投等异常情况需要进行数字化生产协同。在实践中，生产现场一定是多环节协同的工作场景。各部门之间的信息交互不局限于计划、工单、报表等内容。由于设计、工艺、准备、异常等问题随时发生，企业必须要建立起一种有效的协作机制，以完成各项任务。

协同不是简单的一个消息或一个问题的传递，背后要关联大量的信息，在信息传递后，如何反应、反馈、及时解决，如何作用到其他业务模块才是关键。生产的数字化可以化整为零，在每个重要的环节使用适合的数字管理系统，如平台运营、数据分析等，各个系统可独立运作，也可以联动在一起，让生产变得更加高效、智慧（图6-4）。

图 6-4　数字化生产协同

大型电子装备总装数字化工厂制造运营系统

电子装备总装的整个生产过程包含用户需求分析、设计、加工、总成、调试和维护等过程，传统模式为上一阶段结束后进入下一阶段，数字化管理程度不高，数据分析决策能力弱，串行周期长，过程质量控制难度大，难以适应未来装备生产和培育产业新动能的需求。总装车间特点是产品结构体积大，结构形式复杂多样；批产、科研生产模式共存；机装、电装、调试高度交叉，工艺流程复杂，周期长；生产过程跨工种、跨部门，物料需求来源多，生产组织复杂。

目前总装厂组织生产方式：生产计划下达至总装厂后，由车间计划员按项目开始组建团队，团队通过人工查询方式，梳理产品结构信息、产品装配流程、技术风险、物料、工装工具需求以及人员场地需求等，形成策划，对生产工序计划进行人工排程并对缺项及问题进行拉动。排程后的计划会下达到项目组，项目组内部结合产品图样工艺，按时间要求进行生产。

近年来，用户对产品需求日趋多样化、个性化，产品生命周期不断缩短，军品雷达覆盖"海陆空天"全领域，品种多、批量小，系统复杂，总装厂准点交付难度不断加大。经过多年不断积累，各级数字化平台建设已相对成熟，通过自动化、数字化和智能化手段的运用可有效实现产线生产任务柔性混排、生产计划合理调度、物料准时化齐套配送、装配过程控制与装配质量管理集成化，使总装车间生产执行实现数据全控制、全贯穿，见图6-5所示。有效提升产品的质量稳定性和生产效率，并满足多品种、小批量和柔性化生产需求。在前期信息化建设中，已建设了 ERP 系统、MES，其他重要的辅助系统有 PDS、三维工艺系统及无纸化系统。ERP 系统目前可承接 PDS 中的 BOM 信息、工艺信息，并进行 MRP 运算，生成生产订单、物料采购计划，目前生产的完工确认、质量报检、物料采购、领退和入库等流程均在 ERP 系统中进行。MOM 系统建设将 ERP 中生产制造过程相关的功能整合到 MOM 系统中，ERP 系统中的生产订单、MBOM 投

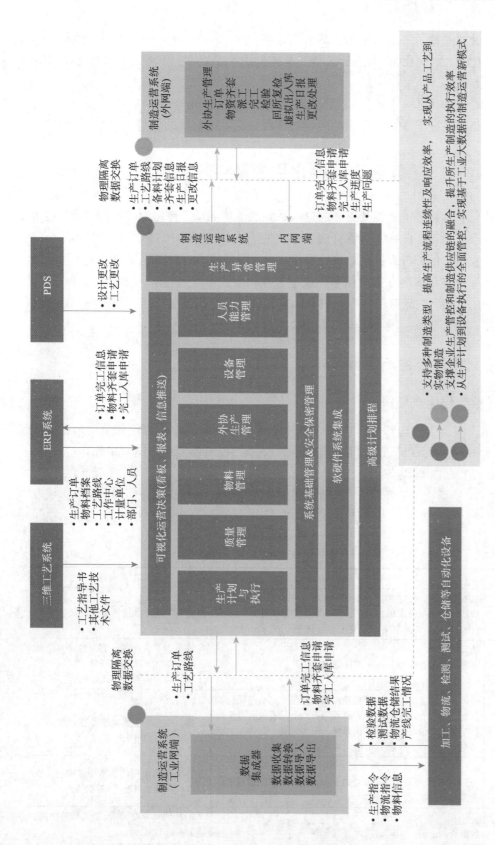

图 6-5 生产运营数字化系统集成图

产信息；PDS 及三维工艺系统中工艺路线、工步物料、工艺参数、检验参数和辅材等信息会抛至 MOM 中。MOM 系统管理整个车间生产作业活动，并将完工信息返回 ERP 系统中。

资料来源：中国知网，《大型电子装备总装数字化工厂制造运营管理系统》

思考： 请描述一下 MOM 整个的运营过程并讨论系统集成的优势。

任务三　数字化供应链生产运营

生产运营就是将各类资源要素，通过一系列的增值活动，转化为产出的过程，包含各类复杂的业务活动。良好的运营管理，可以在投入产出过程中，多个环节及各环节之间不断减少非增值的部分，提高效率、质量水平，降低成本。数字化供应链生产运营是将信息技术和数字化解决方案应用于供应链管理和生产运营过程中，以提高效率、透明度和灵活性的方法。它涵盖了从原材料采购到最终产品交付的整个供应链流程，旨在优化资源利用、降低成本、减少风险，并提供更好的客户体验。

一、数字化供应链生产运营技术

（一）数字化生产场景

数字化供应链生产运营可以应用于多种场景，以提高供应链管理和生产运营的效率、透明度和灵活性。以下是一些应用场景的示例：5G 可促使生产运营增加连接设备、延时降低；IoT、XR 等设备一方面可增强监控覆盖面，另一方面可有效实现互联互通，促使 IT 与 OT 的融合；云计算和 AI 则共同推动积累的数据的高效分析与利用，达成整个生产运营的"智能"。具体场景如表 6-3 所示。

表 6-3　数字化供应链生产运营场景

数字化技术	主　要　现　状	未来主要应用场景
5G	具有高传输、低时延、广连接等功能，为 IoT 等设备连接、数据传输等提供基础，目前已经初步探索 5G 工厂，未来 5G 有望成为工业网络的重要组成与补充	覆盖整个生产制造领域
IoT	各方寻求工业应用与占领市场阶段	有效覆盖"人—机—料—法—环"的全面"监控"，实现该场景 IT 与 OT 的互联互通，助力生产运维规划
XR	硬件上，除了芯片、传感器外，国内外基本没有差距；软件上，微软、Meta 等企业通过投资并购、研发投入等手段在交互、定位等方面布局积累早，更为领先。整体上，产品与应用场景上市场竞争格局均未成，可布局	运维、检测、仿真模拟等各方面
大数据	（1）协议尚未统一，数据互通难； （2）工业机理复杂，工业数据模型难建立，数据治理工作量大且复杂	垂直场景的通用的、适用性强的工业模型得以建立并推广应用
云计算	数据资产上云，实现云端计算与管理	（1）核心计算在云端，边缘计算协同，即云端融合； （2）全域实现安全、隐私计算

续表

数字化技术	主　要　现　状	未来主要应用场景
AI	目前在靠近客户端的应用（如营销、供应链管理等）相对成熟，但在生产端的应用尚处于摸索阶段	（1）整体上，整个生产系统走向自治、智能决策； （2）垂直上，在 AI 检测等细分场景实现成熟应用

以上介绍的数字化生产场景包括 5G、IoT、XR、大数据和云计算，这些生产场景应用在供应链上可实现：

1. 数字化技术应用

使用诸如物联网（IoT）、人工智能（AI）、大数据分析、云计算和区块链等先进技术来实时监测、追踪和分析供应链中的数据。这有助于优化库存管理、生产计划和物流运输等环节。

2. 实时数据共享

不同环节的供应链合作伙伴可以共享实时数据，以便更好地协调计划、响应变化和共同解决问题。这有助于减少信息不对称，提高整体效率。

3. 智能预测和规划

利用数据分析和机器学习来预测市场需求和变化，从而更准确地制定生产计划和库存管理策略。

4. 数字化仓储和物流

使用物联网技术追踪货物在供应链中的位置和状态，优化物流运输路线，减少运输时间和成本。

5. 供应链可视化

通过仪表盘和报表等工具，实时展示整个供应链的状态和绩效指标，帮助管理者做出决策。

6. 灵活性和响应能力

数字化供应链能够更快地适应市场变化和需求波动，有助于更及时地调整生产和库存策略。

（二）数字化生产制造系统

1. 制造执行系统

制造执行系统（manufacturing execution system, MES）是面向车间生产的管理系统。20 世纪 80 年代末，美国先进制造研究机构（advanced manufacturing research，AMR）首先提出 MES 的概念。MES 的定义为：在产品从工单发出到成品完工的过程中，制造执行系统起到传递信息以优化生产活动的作用。

2. 制造运营管理

在智能工厂建设大背景下，生产制造正向数字化制造模式转变，现有分散的多个

MES，已不能支撑制造能力升级与产业发展的需要。结合先进信息技术成果，开展新一代生产管理平台——制造运营管理系统建设。制造运营管理（manufacturing operation management，MOM）在工业 4.0 智能制造应运而生。系统基于端到端的数据流模型，弥补了总装、总调的信息化管理空白，优化业务流程，实现有限资源约束下的自动排程，具备运行态势展示与分析决策能力。

制造运营管理 MOM 边界如图 6-6 所示，MOM 包含了 MES 的功能，并将维护运营管理、质量运营管理和库存运营管理与生产运营联系起来，它详细定义了各类运营管理的功能及各功能模块之间的相互关系，在下游行业的实际应用中，以整体解决方案的方式，对客户的具体需求具有更强的针对性和有效性。MOM 集成了供应链，包括产品库存控制、采购管理，并连接供应商关系管理（SRM）和仓库管理系统（warehouse management system，WMS）。此外它具有比 MES 更强的数据采集功能。制造金字塔是智能制造生态系统的操作系统，而 MOM 是其心脏。在制造金字塔里它上连 ERP，下连网络物理产品系统和现场自动化控制系统。它还与塔外各种工程系统连接，通过这些连接产生实时的制造信息流，在数据驱动下管理着整个制造过程。

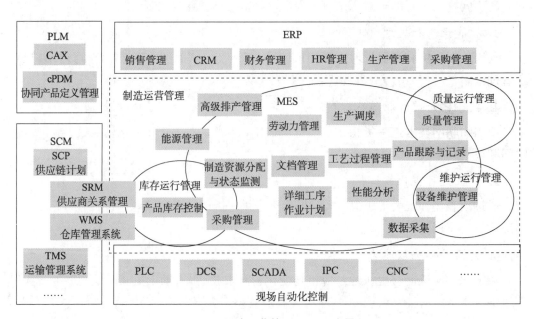

图 6-6　制造运营管理 MOM 边界

制造运营系统（MOM）对传统 MES 进行了进一步的扩展，不仅涵盖 MES 中关注的产品定义、资源计划、生产计划和生产性能等生产核心要素，同时又包含了制造运营过程中的设备全面管控、物料流转、高级计划排程、资源管理、质量控制和智能运营分析等模块。生产运行是整个工厂制造运行的核心，是实现产品价值增值的制造过程；总装车间 MOM 系统依托现有数字化基础，规划 MOM 整体架构，如图 6-7 所示，从而彻底打通从底层数据采集到企业级 ERP 系统的通道。实现生产计划调度安排、物料准时化齐套配送、现场管理、装配过程控制与装配质量管理集成化。

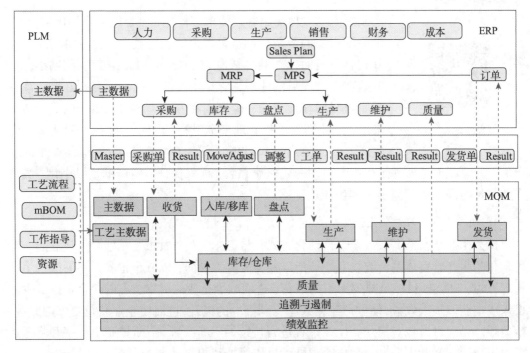

图 6-7　ERP/PLM/MOM 系统架构及数据流

3. 高级计划排程系统（APS）

APS 高级计划排程系统（advanced planning and scheduling，APS）是解决生产排程和生产调度问题，常被称为排序问题或资源分配问题。APS 系统是通过综合考虑产能、工装、设备、人力、班次、工作日历、模具、委外资源、加工批次等约束，主要解决在有限产能条件下，交期产能精确预测、工序生产与物料供应最优详细计划的问题。APS 排程系统制订合理优化的详细生产计划，并且还可以将实绩与计划结合，接收 MES 制造执行系统或者其他工序完工反馈信息，从而彻底解决工序生产计划与物料需求计划难制订的问题，APS 排程系统结合 ERP、MES、PLM 等系统，提供数据支持，高效实现生产计划滚动排产，是企业实施 JIT 精益制造系统的最有效工具。

APS 与 ERP、MES 有什么关系呢？ERP 是企业信息管理系统，主要解决企业协同管理和运营数据问题，企业的财务、销售、采购、研发、生产等，都可以在 ERP 系统下进行运行，通过流程管理、规范管理和数据管理，来提升企业管理效率。MES 生产制造执行管理系统主要解决制造企业车间现场数据采集、监控、自动报工等问题，通过硬件传感器、控制器记录整个生产过程，实现生产管理可追溯性。而 APS 高级计划排程系统是独立于 ERP 和 MES 之外的系统，是一个独立的生产计划模块，主要解决 ERP 需求和 MES 执行之间的协调问题，通过 APS 系统让 ERP 需求成为 MES 可执行性生产计划。

二、数字化供应链生产运营手段

（一）精益生产

精益生产通过制度结构、人员组织、运营方式、市场供求等因素的改变，可以让生

准时制生产

产系统更高效地满足客户需求多样化，核心理念是优化生产流、消除不必要的浪费、创造更多价值。精益生产是在准时制生产基础上发展而来，准时制生产（just-in-time，JIT）是精细生产方式在生产现场的体现，它是围绕减少成品库存、在制品库存和原材料库存形成的一套原则和方法。准时制生产的概念传播较早，它是通过看板管理来实现的。因此，JIT 又被称为无库存生产（stockless production）、零库存（zero inventories）。准时生产的基本手段有适时适量生产、弹性配置作业人数、质量保证、生产批量极小化、缩短作业转换时间、生产同步化和生产均衡化。

1. 精益生产的含义

精益生产是精准高效生产、自动化方式，将"6S"和"看板"相融合，建立起一套科学化的生产管理体系。精益生产是指以顾客需要为导向，以减少浪费、不断改善生产管理方式，其终极目标是减少无谓的浪费，进而减少企业的成本，可以让企业以最少的投入成本获取最大效益，使生产经营效率得到极大的提升，进而使企业获得更多的效益。精益生产是通过对经营模式和生产过程进行持续的不断改善，不断提高生产率和降低运行费用。因此精益生产是一种以追求持续进步、持续提高效率为目标的管理体系。

2. 精益生产与数字化生产的关系

要在精益理念的引导下进行数字化生产的开发实施，首先要对二者的关系进行全面的理解。精益生产是数字化生产的根基，已经成为世界先进制造企业的核心内容，是加速工业转型升级、实现制造 2025 战略的关键环节。数字制造是一个以人为主体的、以机器为单位的综合生产体系。这一技术推动了制造的自动化，并使之朝着数字化、柔性和高度一体化的方向发展。它具有个性化、数字化预测、分析和控制等特点。精益生产是实现数字生产的根本，它解决了生产成本、质量、效率等方面的问题，可以满足企业与客户的个性化的生产需求。以顾客为导向的精益生产模式通过开发、生产、质量和采购的控制来达到生产的数字化。从近年来统计来看，制造业的盈利增长已经出现了下滑趋势。这主要是因为企业销量增速减缓、生产费用快速增加、价格的不断下滑，以及利润的大幅下滑。通过对这些问题的分析，实现企业价值和效益的优化，需要企业开展精益生产。

（二）延迟制造

1. 延迟制造的含义

延迟制造的核心思想是制造商只生产中间产品或可模块化的部件，延迟产品差异化的业务等，最终用户对产品的外观、功能与数量提出要求后才完成产品的最终环节，一般制造企业的产品生产流程包括零部件生产和装配，而基于延迟制造的供应链流程尽量延长产品的标准化生产，最终的产品工艺和制造活动延迟到接到客户订单之后，在这一过程中，通过加上新的产品特征或采用通用模块装配个性化产品来实现定制化。

面向延迟制造的供应链设计要能够做到：建立一个相互联系的信息网络，包括经过挑选的供应商在低库存和快速交货服务中成功地获得平衡；供应商积极参与产品设计以

合理的交货成本，高效地将正确的产品在规定的时间内送到客户手中。客户订单分离点
（customer order decoupling point，CODP）：就是客户订单完成过程（设计过程、制造
过程、装配过程、交付过程与售后服务过程）中定制活动开始的那一点。如图 6-8 延迟
制造的结构体系，延迟点意味着客户需求分离点、库存缓冲点。

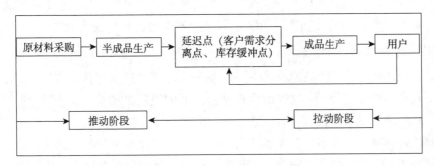

图 6-8　延迟制造的结构体系

2. 延迟制造的模式

延迟制造通常有四种模式，具体见图 6-9 所示。

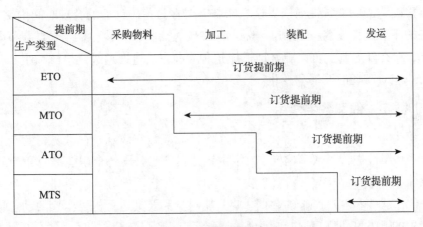

图 6-9　延迟制造的类型

定制设计制造（Engineer to Order，ETO）：在这种模式下，产品的制造和设计是
根据特定客户的要求和规格进行的。每个订单都是独特的，需要根据客户需求进行工程
设计和定制化制造。这意味着产品的制造过程需从头开始，可能需要更长的交付周期和
更高的成本。

按订单制造（Make to Order，MTO）：在 MTO 模式下，产品是根据收到的订单进
行生产的。虽然产品可能具有标准的组件或模块，但是实际的生产过程会根据订单的需
求进行调整。这种模式下，生产通常在订单确认后迅速启动，以满足客户的特定需求。

按需组装制造（Assemble to Order，ATO）：在 ATO 模式下，产品的组装是根据客
户订单的要求进行的，但一些标准组件和模块可能会提前生产并储存。当接收到订单后，
企业会从库存中选择合适的部件进行组装，以满足客户的需求。

按库存制造（Make to Stock，MTS）：在 MTS 模式下，产品是根据预测的市场需求提前生产并储存在库存中的。产品在库存中等待，直到有订单时才进行分配和交付。这种模式适用于市场需求相对稳定的产品，可以减少交付时间，但可能导致库存风险。

这些模式可以根据企业的产品类型、市场需求和策略进行选择。它们都考虑了如何最大限度地延迟最终产品的制造和组装，以便更好地适应市场变化和客户需求。

3. 延迟制造实施的条件

产品可模块化生产：产品模块化可将产品分解为相对独立的模块或部件，这些部件可以在不同产品中重复使用。这样的设计使得产品的组装更加灵活，可以根据订单的需求进行定制组装，适应不同客户的要求。

零部件可标准化、通用化：如果产品的零部件可以在多个产品中通用，或者遵循标准化规范，那么在延迟制造模式下，这些零部件可以提前生产并储存，待需要时再进行组装。可以减少制造过程中的等待时间和工作量。

经济上具有可行性：实施延迟制造需要经济支持。必须考虑生产所需的成本、库存管理成本、交付成本等，确保延迟制造不会增加过多的成本，否则可能影响盈利能力。

适当的交货提前期：延迟制造意味着产品的最终组装或生产被推迟，因此必须确保客户可以接受适当的交货提前期。这意味着需要在订单确认后的合理时间内交付产品。

市场的不确定程度高：如果市场需求存在较大的不确定性，即订单数量和类型可能随时变化，那么延迟制造可以更好地适应这种变化。通过推迟最终生产和组装，企业可以更灵活地应对市场的波动和变化。

（三）数字主线和数字孪生

数字孪生是物理资产、产品、过程或系统的动态数字表示。它对现实世界中对应的特征、条件和属性进行了数字建模。数字主线是贯穿于公司各个职能部门和产品生命周期的信息流，涵盖产品构思、设计、供应链、制造、售后服务等各个环节，乃至外部的供应商、合作伙伴和客户产生的数据，使其能对产品及其运行提供全景的动态信息，赋能数字孪生的开发和更新。

智能制造生态系统的数字主线和数字孪生，其中数字主线贯穿整个产品链和资产链。它包括产品链中的设计数据、工艺数据、工程数据、试验数据、仿真数据、生产数据，以及资产链的设备状态和维修数据的完整的动态信息流。这个信息流赋能制造数字孪生，数字孪生将数据进行各种分析，产生对设计、仿真、生产的洞察，为产品链提供各种决策，从而优化整个生产过程。同时它通过对生产设备状态的监控和分析，对设备提供预测性维护洞察，从而大大减少停机停产。

此外，仿真是智能制造中重要的工具，特别是对于设计、生产高精产品，如飞机发动机而言至关重要。仿真缩短了分析和设计周期，并通过对更多变量的研究来确保更好的优化结果。人工智能支持创建仿真模型和识别趋势。模拟结果不再是只停留在封闭的环境中，而是可以在设备的整个生命周期中方便地共享给其他用途。数字孪生可通过数字镜像重要的数据和行为来促进开发仿真新的功能。在此过程中，它简化了从配置到状态监视和预测的活动。如果需要，这些数据甚至可以在手持设备上访问，如在增强现实技术的帮助下支持工厂的决策。

数字孪生车间是一种未来车间运行新模式，对实现工业 4.0、工业互联网、"互联网 + 制造"、面向服务的制造等先进制造模式具有重大的潜在推动作用。

在数字孪生车间中，实际生产车间与其数字孪生模型利用工业数据总线进行连接，车间的管理者可以在全世界任何一个地方，通过电脑里的车间数字孪生模型掌握实体车间当前的加工任务、加工设备的运转状态、产品的合格率等信息，巡检工人可以头戴虚拟现实头盔，在办公室里身临其境地排查设备故障。此外，伴随着人工智能技术的发展，通过分析车间数字孪生模型所具备的制造数据，可以推算出最优的生产调度方案，并对实际车间内的设备进行控制。这不仅能大幅减少人类脑力和体力劳动的强度，还能显著提高生产安全性和效率。

（四）产品生命周期数字化管理

产品生命周期管理（product lifecycle management，PLM），是智能制造生态系统的核心部件之一。在工程和制造业中，PLM 是一个贯穿整个生命周期的管理产品信息全过程的软件工具。它涵盖需求、设计、工程、制造、生产、支持、维护、处置和再制造。PLM 是工业互联网平台的核心部件之一。它与供应链管理（SCM）的深度融合将促进和赋能双方的数字化转型。现代信息社会迅速发展，产品的落后将导致失去市场占有率及营收的机会；产品的要求与品质不精确导致时间浪费及增加重新设计的成本。任何成功的产品，严谨的产品定义是生命周期的第一步。但是没有可完善的技术来协助管理，在两个不同部门间对产品的认知是失序的。例如，产品文件上的产品功能叙述无法及时更新，导致品质、可用性及客户对产品接受度的降低。于是软件业者发展一套数据库——PLM（产品生命周期管理），来协助公司解决以上问题。

所谓产品的生命周期，就是指从人们对产品的需求开始，到产品淘汰报废的全部生命历程。产品生命周期管理是覆盖了从产品诞生到消亡的产品生命周期全过程的、开放的、互操作的一整套应用方案。企业为了使产品及时上市，打败竞争者，使投资回收率（return on investment，ROI）最大化，产品知识快速移转，从市场研究员到产品经理到产品设计员到技术支援都需要迅速做出响应，因此，PLM 技术就应运而生。

PLM 可以从企业资源计划（ERP）、供应链管理（SCM）、客户关系管理（CRM）系统中提取相关的资讯，并使之与产品知识发生关联，进而使之用于扩展型企业，使从制造到市场、从采购到支持的所有人都能够更快速、高效地工作。这样就允许在公司间的整个网络上共同工作来进行概念设计、产品设计、产品生产、产品维护，对整个网络的操作就像对一个单独的机器操作一样。PLM 允许扩展型企业在公司间共用产品的业务流程和产品知识，包括从提出概念到产品退出市场整个生命周期的各个阶段。

产品全生命周期管理是一种战略性的业务模式，支持产品信息在全企业和产品全生命周期内（从概念到生命周期结束）的创建、管理、分发和使用，它集成了员工、流程和信息等要素。图 6-10 展示了 PLM 的演变过程。

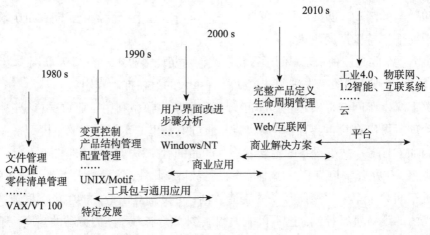

图 6-10 产品生命周期管理演变过程

智能制造示范工厂建设行动

《"十四五"智能制造发展规划》指出新一代信息通信、生物、新材料、新能源等技术不断突破，并与先进制造技术加速融合，为制造业高端化、智能化、绿色化发展提供了历史机遇。站在新一轮科技革命和产业变革与我国加快高质量发展的历史性交汇点上，要坚定不移地以智能制造为主攻方向，推动产业技术变革和优化升级，推动制造业产业模式和企业形态根本性转变，以"鼎新"带动"革故"，提高质量、效率效益，减少资源能源消耗，畅通产业链供应链，助力碳达峰碳中和，促进我国制造业迈向全球价值链中高端。以下是智能制造示范工厂建设行动。

1. 智能场景

推动数字孪生、人工智能、5G、大数据、区块链、虚拟现实（VR）/增强现实（AR）/混合现实（MR）等新技术在制造环节的深度应用，探索形成一批"数字孪生+""人工智能+""虚拟/增强/混合现实（XR）+"等智能场景。

2. 智能车间

覆盖加工、检测、物流等环节，开展工艺改进和革新，推动设备联网和生产环节数字化连接，强化标准作业、可视管控、精准配送、最优库存，打造一批智能车间，实现生产数据贯通化、制造柔性化和管理智能化。

3. 智能工厂

支持基础条件好的企业，围绕设计、生产、管理、服务等制造全过程开展智能化升级，优化组织结构和业务流程，强化精益生产，打造一批智能工厂，推动跨业务活动的数据共享和深度挖掘，实现对核心业务的精准预测、管理优化和自主决策。

4. 智慧供应链

面向汽车、工程机械、轨道交通装备、航空航天装备、船舶与海洋工程装备、电力装备、医疗装备、家用电器、集成电路等行业，支持智能制造应用水平高、核心竞争优势突出、资源配置能力强的龙头企业建设供应链协同平台，打造数据互联互通、信息可信交互、生产深度协同、资源柔性配置的供应链。

资料来源：中国政府网，《"十四五"智能制造发展规划》

思考：智能制造的应用是如此广泛，从"中国制造"到"中国智造"还有多远？

同步实训　数字化生产相关岗位需求调研

实训背景

随着数字化技术在生产领域的广泛应用，生产企业对数字化生产运营岗位人才的需求日益增加。本次调研旨在深入了解生产企业在招聘数字化生产运营岗位人才时的岗位需求和技能要求。

实训目的

通过以小组为单位进行实地调查获取资料的方式，培养学生的团队合作精神，增强学生发现问题、分析问题与解决问题的能力，以及人际交往与沟通的能力。

实训组织

（1）每组 4~6 人，每个小组负责某个行业的若干个生产企业调研，通过资料查找、网络搜索等途径进行数字化生产岗位信息调查、分析和总结；

（2）在各大招聘网站上寻找相关生产企业的招聘信息，了解数字化生产管理岗位的发展趋势和人才需求特点；

（3）总结提炼数字化生产运营岗位所需的关键技能和能力。

（4）展示成果，交流评价。

实训评价

教师对各组做出综合评价，参见表 6-4。

表 6-4　数字化生产相关岗位需求调研评分表

考评人		被考评人		
考评地点		考评时间		
考评内容	数字化生产相关岗位需求调研			
考评标准	具体内容		分值	实际得分
	所选行业企业具有代表性		10	
	数字化生产岗位需求层次分明，数据翔实		30	
	数字化生产关键能力提炼准确		30	
	小组分工明确，组长领导组织有序		20	
	体现数字意识和数字素养		10	
	合计		100	

同 步 测 试

1. MRP 的逻辑原理是什么？
2. 谈一下 MRP、MRPII、ERP 的演变进程？
3. 传统生产管理与数字化供应链生产管理的思想差距都有哪些？
4. 数字化供应链生产运营手段都有哪些？
5. 面向供应链管理的设计主要包括哪些内容？

自
学
自
测

扫
描
此
码

项目 七

数字化供应链物流管理

▶ 学习目标

素养目标	知识目标	能力目标
• 树立数字物流意识，提升运营与管理能力 • 具备数字供应链物流管理背景下的优化调度能力 • 提升以创造性思维和就业创业实践的创新能力	• 了解数字化供应链物流管理的相关概念及内容 • 掌握数字化供应链物流管理的系统及组成 • 体会物流在数字化供应链管理中的地位和作用	• 能分析数字化供应链物流管理的类型 • 能明晰数字化供应链物流管理的体系结构 • 能用所学知识提升数字化供应链在物流管理应用场景中的工作能力

▶ 思维导图

中国数字物流市场呈现高速增长态势

2022年11月25日，《2022中国数字物流发展报告》（以下简称"报告"）正式发布。

《报告》指出，"技术+数据"将驱动物流行业高质量发展、物流数字化与其他产业融合发展进程加快、加快物流数字化转型。

《报告》数据显示，截至2022年10月，经营范围涉及数字物流的企业（包括在业、存续）达到16 000余家。其中，2022年成立的企业数量达到5000余家，占总数的31.97%。

其中，新成立数字物流企业占新成立物流企业的比例从2018年的0.40%增长至2022年的2.02%，占比逐年攀升。

可见，数字化浪潮下，新成立的物流企业积极拥抱数字技术，走数字化创新之路。

《报告》数据显示，2022年，国内头部企业和部分应用情况好、影响力大的数字物流重点项目共计1360个。其中，仅2022年新增重点项目数就达到727个，占比达到53.46%，新增重点项目增长率更是从2021年的59.43%增长至2022年的86.89%。

在近三年数字物流重点项目中，涉及物联网和大数据的项目数量最多，分别为483个和440个；区块链和人工智能位于第二梯队，分别为295个和288个。

我国《"十四五"数字经济发展规划》中也提到，要通过强化技术引领、推动产业融合、完善数字治理、挖掘数据价值，构筑数字发展新优势。物流数字化不仅能够持续优化企业内部结构、提升企业的市场竞争力，也为整个市场环境带来更加安全、高效、绿色、开放的物流生态，助推国民经济稳步攀升。

我国物流行业经过多年的发展，先后经历了机械化、自动化、智慧化的发展阶段。在未来人工智能、物联网、大数据等技术手段的支持下，我国智慧物流行业将迎来快速发展。随着大数据、云计算、人工智能、区块链等新技术加快推广应用，建设高效化的物流体系已成为当今物流行业发展的基本要求。数字物流体系是中国物流产业发展和转型的必由之路，以现代信息技术为标志的数字物流正步入快速发展阶段。

资料来源：央视新闻，《2022中国数字物流发展报告》

思考： 中国数字物流的发展现状如何？

任务一 数字化供应链物流管理认知

物流行业是我国经济的重要组成部分，是社会各行业乃至整个社会运转的大动脉，同时也是很多生产制造企业稳定运转的生命线。如何构建兼具"韧性""协同性"及"可持续性"的物流供应链已经成为众多企业重点关注和深思的话题，而数字化的物流管理正是帮助企业解决以上问题的重要手段。

一、物流与物流管理的基本概念

（一）物流的定义

物流（logistics）原意为"实物分配"或"货物配送"，是供应链活动的一部分，是为了满足客户需要而对商品、服务消费以及相关信息从产地到消费地的高效、低成本流动和储存进行的规划、实施与控制的过程。物流以仓储为中心，促进生产与市场保持同步。物流是为了满足客户的需要，以最低的成本，通过运输、保管、配送等方式，实现原材料、半成品、成品及相关信息由商品的产地到商品的消费地所进行的计划、实施和管理的全过程。

中国国家标准《物流术语》的定义中指出：物流是物品从供应地到接收地的实体流动过程。根据实际需要，将运输、储存、装卸、搬运、包装、流通加工、配送、回收、信息处理等基本功能实施有机结合。

（二）物流管理定义及基本内容

物流管理（logistics management）是指在社会再生产过程中，根据物质资料实体流动的规律，应用管理的基本原理和科学方法，对物流活动进行计划、组织、指挥、协调、控制和监督，使各项物流活动实现最佳的协调与配合，以降低物流成本，提高物流效率和经济效益。物流管理的内容包括三个方面的内容：一是对物流活动诸要素的管理，包括运输、储存等环节的管理（见图 7-1）；二是对物流系统诸要素的管理，即对其中人、财、物、设备、方法和信息等六大要素的管理；三是对物流活动中具体职能的管理，主要包括物流计划、质量、技术、经济等职能的管理等。

二、供应链管理与物流管理的关系

供应链管理（supply chain management），是用系统的观点通过对供应链中的物流、信息流和资金流进行设计、规划、控制与优化，以寻求建立供、产、销企业以及客户间的战略合作伙伴关系，最大程度地减少内耗与浪费，实现供应链整体效率的最优化并保证供应链成员取得相应的绩效和利益，来满足顾客需求的整个管理过程。

供应链管理和物流管理紧密联系。供应链管理的发展起源于物流管理，而其自身的发展又超越了物流管理，现在普遍认为物流管理是供应链管理的一部分。供应链物流管理，是指以供应链核心产品或者核心业务为中心的物流管理体系（见图 7-2）。前者主要

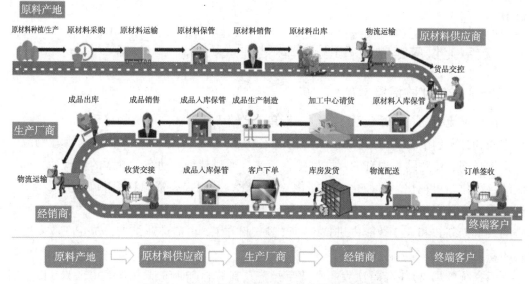

图 7-1　从原材料到终端客户的物流管理全流程

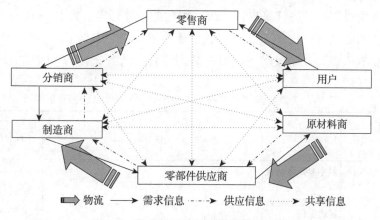

图 7-2　供应链环境下的物流管理系统

是指以核心产品的制造、分销和原材料供应为体系而组织起来的供应链的物流管理。例如，汽车制造、分销和原材料的供应链的物流管理，就是以汽车产品为中心的物流管理体系。后者主要是指以核心物流业务为体系而组织起来的供应链的物流管理，如第三方物流，或者配送，或者仓储，或者运输供应链的物流管理。这两类供应链的物流管理既有相同点，又有区别。

供应链是一个有机的网络化组织，通过成员间的协调与合作可以提高整条供应链的价值和效率。而物流管理作为供应链管理的一部分，在该过程中所起到的作用为对供应链中的物流活动进行统一调度和规划，并及时将信息向各个相关的供应链环节反馈，从而起到规划和协调的作用。首先，物流管理更加侧重于运作层面的管理，偏向于对各项物流活动进行协调；而供应链管理更加偏向于战略层面的管理，偏向于实现各个企业之间的合作与协调，从而提高整条供应链的效率和效益。其次，供应链管理将上下游企业之间的关系转变为合作关系，从而使企业物流之间的对立关系转化为共生关系，便于对整条供应链中的物流、信息流和资金流进行统一的协调和管理，最终提高整条供应链的价值。

三、数字化供应链物流管理及其内容

（一）数字化物流概念

传统物流指的是包括包装、运输、装卸、仓储等活动在内的货物移动过程。物流是在空间、时间变化中的商品等物质资料的动态状态。数字物流（有时又被称为智慧物流），是将物联网、传感网与现有的互联网整合起来，通过精细、动态、科学的管理，实现物流的自动化、可视化、可控化、智能化、网络化，从而提高资源利用率和生产力水平，创造更丰富社会价值的综合内涵。数字物流是以物流互联网和物流大数据为依托，通过协同共享创新式和人工智能先进技术，重塑产业分工，再造产业结构，转变产业发展方式的新生态。

国家统计局 2021 年首次发布《数字经济及其核心产业统计分类（2021）》（以下简称《数字经济分类》），从"数字产业化"和"产业数字化"两个方面确定了数字经济的基本范围，为我国数字经济核算提供了统一可比的统计标准。其中，"供应链管理服务"作为"数字要素驱动业"大类下"其他数字要素驱动业"中类下的小类、"智慧物流"作为"数字化效率提升业"大类下中类被纳入《数字经济分类》（见表 7-1）。

表 7-1 《数字经济及其核心产业统计分类（2021）》节选

代码			名 称	说 明	国民经济行业代码及名称（2017）
大类	中类	小类			
★04			**数字要素驱动业**		
	0407		**其他数字要素驱动业**		
		040701	供应链管理服务	指基于现代信息技术对供应链中的物流、商流、信息流和资金流进行设计、规划、控制和优化，将单一、分散的订单管理、采购执行、报关退税、物流管理、资金融通、数据管理、贸易商务、结算等一体化整合的服务	7224 供应链管理服务
05			**数字化效率提升业**		
	0504		**智慧物流**		
		050401	智慧仓储	指以信息化技术为依托的装卸搬运、仓储服务	59* 装卸搬运和仓储业
		050402	智慧配送	指利用信息化技术开展的邮政、快递服务	60* 邮政业

（二）数字化供应链物流管理与传统物流管理的区别

1. 服务功能不同

传统物流以仓储、运输为主，企业的功能比较单一，仅仅只是对不同地理位置的货物进行传统形式运作，服务意识不强。数字化的到来，使物流服务变得更加快捷、高速且划分细致。通过物流云平台调配集运，借助差异化的配送来实现更高的服务质量。客户还可以根据自己的愿望、需求、价格以及便利性制定个性化的服务。

2. 信息化程度不同

传统的物流企业采用纸张、电话、传真、对讲机等方式传递信息，不仅滞后而且繁琐。物流企业之间往往不通气，整个供应链上不透明，无法进行信息共享。数字化供应链物流，通过借助信息技术、人工智能和互联网让信息处理和传输变得数字化、电子化、网络化。

3. 管理水平不同

传统的物流企业在管理方式上比较落后，各部门之间衔接不当，效率不高。在人力、物力、财力等方面形成不必要的浪费，对库存物资的使用率不高，秩序也比较混乱。数字化供应链物流系统通过统计技术量化管理对象与管理行为，针对物流行业采用大型数据库设计开发一套物流管理系统软件，运行于互联网之上；对物流的整个过程进行数字化描述，更合理地利用空间、优化资源；更高效、可靠地处理货物与人员之间的复杂问题。

4. 资源利用不同

传统物流受地域影响，运输、仓储、货运代理等物流企业大多数在运营上还是各自为政的状态，缺乏对物流资源的系统整合。数字化供应链物流通过资源整合，实现不同企业间物流业务的高效协作，并提供物流信息的实时共享，帮助供应链上下游企业准确了解货物在不同供应链环节的位置和状态，以便低成本、高效率地满足客户需求，提高供应链资源利用率。

5. 服务范围不同

传统物流只是从生产企业到批发企业和零售企业的物流运动，它是点到点或线到线的服务，而且服务工具单一。数字化供应链物流构建的是全产业链、全球化的现代物流业，它提供的是一种门到门的服务，无论使用任何运输工具，通过数字化供应链物流软件都可以实现透明化、衔接化以及成本的低廉化和服务的高效率。

（三）数字化供应链物流管理的功能

数字化供应链物流通过科学管理，实现物流的信息化、自动化和智能化，从而提高资源利用率和生产力水平。目前，在我国物流数字化建设方面，基本实现了物流采购、运输、仓储、配送等物流各环节的信息化运作，以及物流供应链从上游供应商到下游销售商的信息共享。综合来说，我国数字物流发展的主要功能表现在以下方面：

1. 感知及规整功能

运用各种先进技术能够获取运输、仓储、包装、装卸搬运、流通加工、配送、信息服务等各个环节的大量信息。实现实时数据收集，使各方能准确掌握货物、车辆和仓库等信息，初步实现感知智慧。感知之后把采集的信息通过网络传输到数据中心，用于数据归档，建立强大的数据库，分门别类后加入新数据，使各类数据按要求规整，实现数据的联系性、开放性及动态性。并通过对数据和流程的标准化，推进跨网络的系统整合，实现规整智慧。

2. 智能分析及优化决策功能

运用智能的模拟器模型等手段分析物流问题。根据问题提出假设，并在实践过程中不断验证问题，发现新问题，做到理论与实践相结合。在运行中系统会自行调用原有经验数据，随时发现物流作业活动中的漏洞或者薄弱环节，从而实现发现智慧。结合特定需要，根据不同的情况评估成本、时间、质量、服务、碳排放和其他标准，评估基于概率的风险，进行预测分析，协同制定决策，提出最合理有效的解决方案，使做出的决策更加准确、科学，从而实现创新智慧。

3. 系统支持及统一协调功能

数字物流不同于传统物流系统的独立运行，而是要求所有物流环节都能相互联系、互通有无。通过数据共享和优化资源配置，为物流各环节提供最强大的系统支持，确保物流各系统、各环节的协同运作。

4. 自动修正及及时反馈功能

在前面各个功能的基础上，按照最有效的解决方案，系统自动遵循最快捷有效的路线运行。并在发现问题后自动修正，并且备份、记录在案，方便日后查询。物流系统是一个实时更新的系统，反馈是实现系统修正，系统完善必不可少的环节。反馈贯穿于数字化慧物流系统的每一个环节，为物流相关作业者了解物流运行情况，及时解决系统问题提供强大的保障。

（四）数字化供应链物流管理的应用场景

1. 数字化仓储管理

数字化物流可以基于大数据平台和物联网技术，利用精准预测、实时监控、智能配送等技术，实现多元化的仓储决策分析，帮助企业有效管理物流过程中的材料资源，提升企业之间的物流资源流动效率，以实现仓库管理的智能化。物料全过程数字化管理系统，应用人工智能、RFID 射频识别、移动应用等先进技术，对物料作业流程进行全过程闭环管控，使信息流、物流、车流、资金流保持一致，实现物料入库、出库、库存的高效管理，实现作业流程智能化（见图 7-3）。

2. 数字化运输监测

借助数字化物流车辆管理系统，对运输车辆及货物进行全程定位跟踪，可以实现对货物状态、车辆速度、胎温胎压、油量油耗以及刹车次数等的实时监测。在货物运输过程中，将货物、司机以及车辆驾驶情况等信息高效地结合起来，有助于提高运输效率、降低运输成本，帮助货主和客户实时了解运输过程中的一切情况（见图 7-4）。

3. 数字化配送管理

数字化物流系统能够打破时间限制，实现生产和配送信息的实时共享，以实现商品的实时跟踪和管理，为企业降低成本和增强服务质量提供良好的支持（图 7-5）。

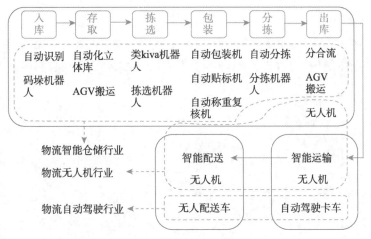

图 7-3　数字化仓储管理流程

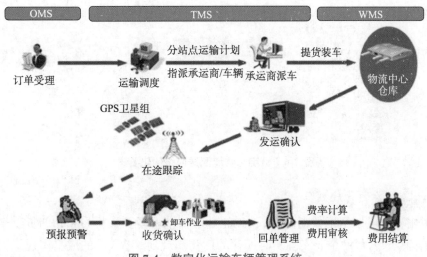

图 7-4　数字化运输车辆管理系统

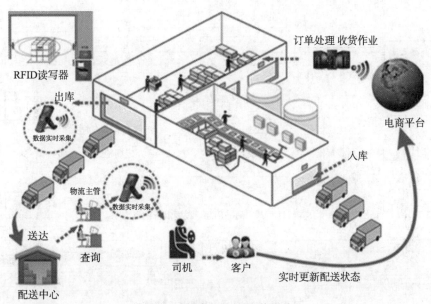

图 7-5　数字化物流配送流程

4. 物流网络优化

数字化物流可以基于大数据和算法，实现物流网络要素的优化（见图 7-6），帮助企业构建精准的物流网络拓扑，改善各环节的物流运作，帮助企业实现物流运营效率的提升。

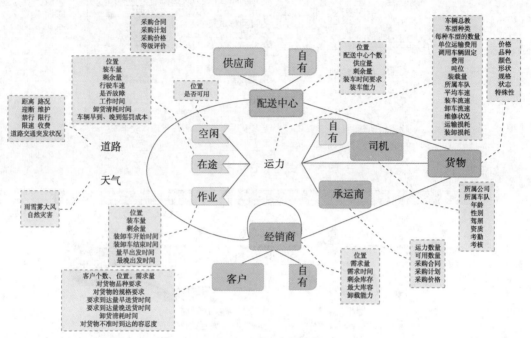

图 7-6 数字化物流配送网络优化要素

5. 仓储现场运营规划

数字化物流可以基于数据分析，帮助企业分析消费者购买行为和仓储货物来源及区域的派送特点，以帮助企业实现实时库存的优化和规划，以较小的成本实现最大的效率（见图 7-7）。

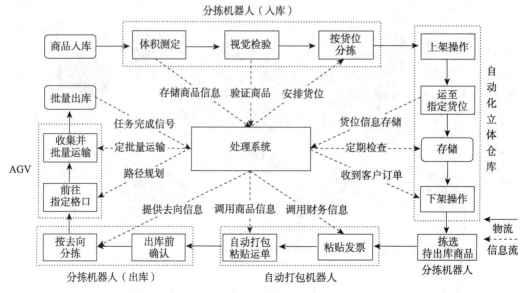

图 7-7 智能化仓储现场运营模式

6. 仓库安全管理

数字化物流可以采用智能芯片和天线，结合实时监测系统，实现对仓库和货物的人身安全管理，帮助企业有效减少人力成本和安全风险，保障仓库安全。

7. 供应商管理

供应商数字化管理是一种通过数字技术和工具来管理供应商和供应链的方式。它包括了整个采购流程，从供应商的选定到付款的处理，其中包括合同管理、采购管理、供应商绩效评估等（图7-8）。

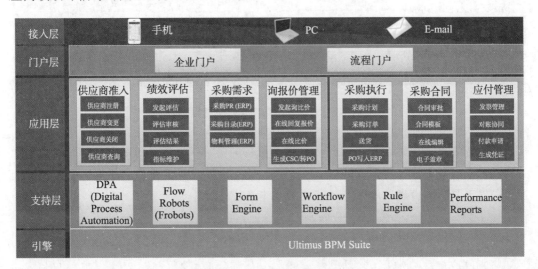

图 7-8　数字化供应商管理系统

数字化供应链物流管理的创新者——京东物流

京东物流，全球唯一拥有中小件、大件、冷链、B2B、跨境、众包（达达）六大物流网络的企业，现拥有 500 多个物流中心、13 个"亚洲一号"大型智能物流中心、1200 万平方米仓库，物流网络覆盖全国 99% 的人口，为客户提供仓储、运输、配送、客服、售后的正逆向一体化供应链解决方案；快递、快运、大件、冷链、跨境、客服、售后等全方位的物流产品和服务；以及物流云、物流科技、物流数据、云仓等物流科技产品，京东物流数字化供应链框架如图7-9所示。

作为数字化供应链的创新者与引领者，京东物流基于"预测—库存—仓储—运输—配送"全链路的智能化，支持复杂网络、庞大库存和海量订单的高效管理，为商家提供线上线下、全渠道、一体化的供应链服务，实现多渠道库存共享、灵活调配与敏捷交付，以此帮助商家提升后台运营效率、降低库存成本，以及提升前台销量。据统计，与京东物流合作的商家中，当渗透率达到 50%~100% 时，有 87% 的商家销量增长超过 100%。

在供应链管理与运作方面，京东物流利用人工智能技术进行销售预测、采购、存货布局以及补货，管理在库 SKU 530 万个，实现数百万个 SKU 的库存周转天数仅用 30 多

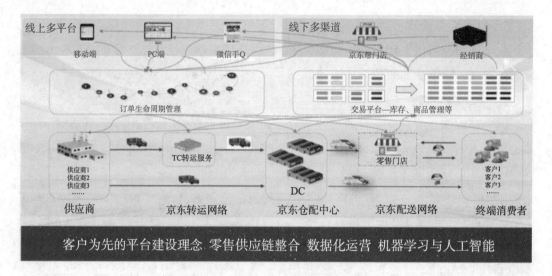

图 7-9　京东物流数字化供应链框架

天；通过智能排产保证了大促期间订单增长数倍的情况下，履约时效仍能保证；基于智慧商品布局，减少拣货区无效跑动 23%；基于动态路区规划实现站点终端派送效能提升 25%；基于智慧路由规划降低了干线运输成本 10% 以上。

资料来源：环球网，《数字化供应链研究报告》

思考： 物流数字化变革为京东物流带来哪些变化？

任务二　数字化供应链物流管理系统及应用

产业数字化是数字经济发展的主阵地，也是数字物流的核心。《"十四五"数字经济发展规划》提出，物流是产业数字化的重点应用行业，要大力发展智慧物流，加快对传统物流基础设施的数字化改造升级，促进现代物流业与农业、制造业等产业融合发展。数字化正在成为物流业高质量发展的支柱。通过"技术+数据"双轮驱动，能够推动物流行业高质量发展，加快物流数字化与其他产业的融合。

一、数字化供应链物流管理系统组成

数字化供应链物流管理系统是在智能交通系统和相关信息技术的基础上，以电子商务方式运作的现代物流服务体系。它通过智能交通系统和相关信息技术解决物流作业的实时信息采集，并在一个集成的环境下对采集的信息进行分析和处理。通过在各个物流环节中的信息传输，为物流服务提供商和客户提供详尽的信息和咨询。

（一）基础数据库系统

建立内容全面丰富、科学准确、更新及时且能够实现共享的信息数据库是企业建立信息化建设和数字物流的基础（见图 7-10），尤其在数据采集挖掘、商业智能方面，需要对数据采集、跟踪分析进行建模，为数字物流的关键应用打好基础。

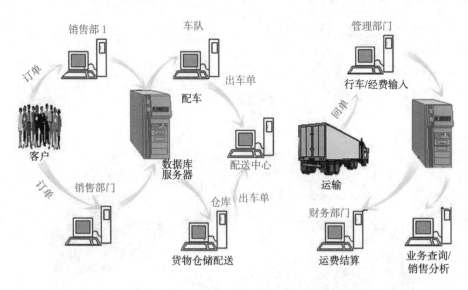

图 7-10　物流基础数据系统流程图

（二）业务流程优化系统

企业传统的物流业务流程信息传递迟缓，运行时间长，部门之间协调性差，组织缺乏柔性，制约了数字物流建设的步伐。企业尤其是物流企业需要以科学发展观为指导，坚持以客户的利益和资源的节约保护为出发点，运用现代信息技术和最新管理理论对原有业务流程进行优化和再造。企业物流业务流程优化和再造包括观念再造、工作流程优化和再造、无边界组织建设、工作流程优化（主要指对客户关系管理、办公自动化和智能监测等业务流程的优化和再造）。

（三）信息采集跟踪系统

信息采集跟踪系统是数字物流系统的重要组成部分。物流信息采集系统主要由射频识别系统（RFID）和传感器数据处理中心（Savant）系统组成。每当识读器扫描到一个电子编码系统（EPC）标签所承载的物品制品的信息时，收集到的数据将传递到整个 Savant 系统中，为企业产品物流跟踪系统提供数据来源，从而实现物流作业的无纸化。

物流跟踪系统则以 Savant 系统为支撑，主要包括对象名解析服务和实体标记语言，包括产品生产物流跟踪、产品存储物流跟踪、产品运输物流跟踪、产品销售物流跟踪，以保证产品流通安全，提高物流效率。当然，创建信息采集跟踪系统，要先做好数字物流管理系统的选型工作，而其中信息采集跟踪子系统是重点考察内容（图 7-11）。

（四）车辆人员智能管理系统

车辆调度管理提供送货派车管理、安检记录等功能，对配备车辆实现订单的灵活装载。在车辆管理方面管理员可以新增、修改、删除、查询车辆信息，并且随时掌握每辆车的位置信息，监控车队的行驶轨迹，同时可避免车辆遇劫或丢失，并可设置车辆超速告警以及进出特定区域告警。监控司机、外勤人员实时位置信息以及查看历史轨迹;划定告警区域，进出相关区域都会有告警信息，并可设置电子签到，并最终实现物流全过程可视化管理。实现车辆人员智能管理，还要能做到高峰期车辆分流控制系统，避免车辆闲置等（见图 7-12）。

图 7-11　基于 WSN 和 RFID 的农产品冷链物流监控追踪系统

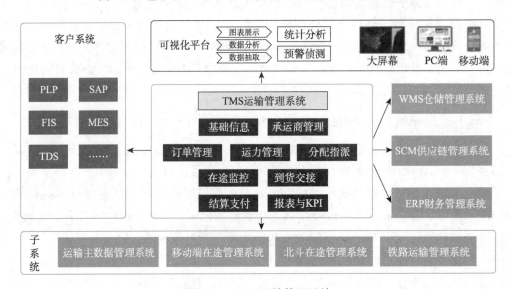

图 7-12　TMS 运输管理系统

（五）智能订单管理系统

推广数字物流的重点就是要实现智能订单管理（见图 7-13），一是让公司呼叫中心员工或系统管理员接到客户发（取）货请求后，录入客户地址和联系方式等客户信息，管理员就可查询、派送该公司的订单；二是通过 GPS/GPSone 定位某个区域范围内的派送员，将订单任务指派给最合适的派送员，而派送员通过手机短信来接受任务和执行任务；三是系统还要能提供条码扫描和上传签名拍照的功能，提高派送效率。

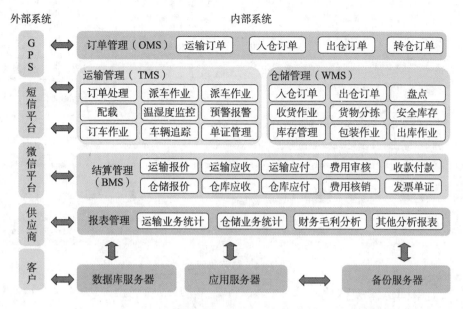

图 7-13 智能订单系统

（六）制定危机管理应对机制系统

数字物流的建设不仅要加强企业常态化管理，更应努力提高危机管理水平。企业尤其是物流企业应在物联网基础上建设智能监测系统、风险评估系统、应急响应系统和危机决策系统，这样才能有效应对火灾、洪水、极端天气、地震、泥石流等自然灾害，以及瘟疫、恐怖袭击等突发事件对数字物流建设的冲击，尽力避免或减少对客户单位、零售终端、消费者和各相关人员的人身和财产造成的伤害和损失，实现物流企业健康有序地发展。

二、数字化供应链物流管理运行机理

数字化供应链物流管理的应用是系统工程，单一环节、单一部门的数字化无法实现管理与决策的数字化。传统物流向数字供应链物流转型升级的关键是实现底层要素、中间运营和顶层管理决策的数字化（见图 7-14）。数字化管理依赖于物流基础设施的自动化和智能化，智能化决策由大数据、云计算等技术手段决定，智能化管理与决策之间通过信息传输保障了互联互通。

（一）底层要素数字化

底层要素数字化指通过各类传感技术的应用，将物流活动中的商品状态、车辆位置、人员、作业效率等要素实现数字化和自动采集，是实现物流智慧化的基础环节。底层要素数字化的基础是物流信息化和标准化，主要体现在托盘、车辆、物流周转箱、产品包装等标准化以及条形码技术、信息平台接口、物流作业流程等技术的标准化上。在此基础上，基于智能设备、感知技术、互联网等技术建立感知交互系统，在物流仓储、包装、运输、配送等各个环节实现对物流信息的实时采集和传输。

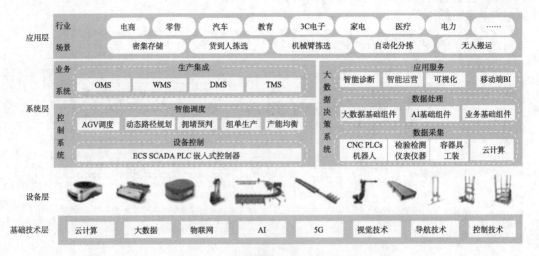

图 7-14　数字物流技术

（二）中间运营模型化

通过底层要素数字化，系统采集和储存了海量的物流数据，这些数据信息量大、源点多、动态性强。通过对物流数据进行建模，形成对管理和决策有价值的信息，这一过程即中间运营模型化。一个智慧物流系统通常会在选址决策、配送路径优化、库存管理、客户需求预测等方面进行建模，将业务运营规则固化到系统中，并通过计算模型寻找数据的规律实现运营规则的不断优化，为智能决策提供依据。例如，在电商物流中，通过综合分析包装纸箱规格、产品尺寸等信息，以最大化地利用包装空间为目标，建立包装计算模型。

（三）管理决策智能化

管理决策智能化是指利用大数据、云计算等技术将收集到的数据通过建模、分析和处理，自动形成决策命令，并将指令下达给执行对象和决策者。智慧物流决策建立在人工智能、大数据与边缘计算基础上，模仿人类思维执行物流分析功能，基于物流成本、时间、社会效益等其他方面进行方案制定和风险评估，正确、快速、自动地呈现出经营决策结果，为决策提供指导建议，提高物流整体运营效率。数字物流可以实现多方面的智慧决策，如运输路径的自动优化、集装箱装箱方案制定、客户信用的智能评级、供应链一体化解决方案设计等。

三、数字化技术在物流管理中的应用

传统的物流模式流程下，物流的各个环节信息相互割裂，缺乏数据共享，限制了业务协同的效率，同时割裂的环节也使得管理者缺乏系统的观点去看待整个物流过程。在数字化供应链管理视角下需要构建全链条物流服务的网络体系，实现上游原材料、中游生产、下游消费的运输和库存协调，以及运载工具、仓储设备、装载容器等资源的优化配置。而数字化的应用使众多新技术与管理元素，横贯物流自动化装备、物流机器人、AI 决策等新兴技术，纵连物流仓储、配送全环节，正好有利于构建全程物流服务网络，促进供应链的上下游高效协同。

（一）基于物联网推动全流程数智化——物联网

物联网技术实现了物与物之间的互联和物流过程的可视化、透明化,物联网技术目前在货物监控、资产管理、车队管理与货品跟踪相关领域应用较为广泛与成熟(图7-15)。相关企业也相继推出货物可视化追踪、仓库资产盘点及维护、冷链温度监控等智能解决方案。基于物联网构建的物流信息平台实现的物流服务模式,是将物联网技术应用到包括原材料采购、生产制造、包装再加工、出库入库、装卸搬运、仓储运输及物流配送等物流服务在内的物流业务运作过程和解决方案制定中,同时采取信息化的方案和手段进行综合优化和处理,从而提高智慧物流系统对于各项物流资源的整合能力,并在上下游企业物流供应链范围内实现物流信息资源的共享和高效率运作,实现企业与政府之间、物流企业之间、企业与客户之间的物流信息和物流功能共享,以优化物流业务流程和实现物流运作过程的智能化和可视化,从而达到智慧物流服务的全面和高效。

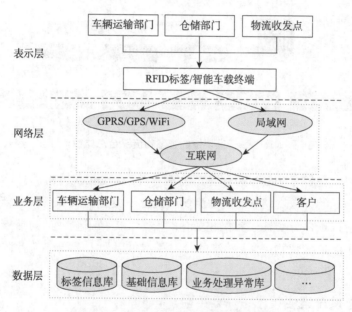

图 7-15 基于物联网智慧物流管理架构

（二）业务数字化应用技术——区块链

区块链技术实现了物流过程中信息的可靠传递、资金的可靠流转,目前在资金多方协作下的数据隐私保护、代采代购、存货质押场景中货物资产化和数字化、全球货运信息共享等场景下应用较为成熟与广泛(见图7-16)。在物流与供应链上应确保交易安全、数据产权和追根溯源。区块链是一种在对等网络[也称点对点网络,是无中心服务器、依靠用户群(peers)交换信息的互联网体系,可以减少传统网络的传输节点,降低资料遗失的风险]环境下,通过透明和可信规则,构建可追溯的块链式数据结构,实现和管理事务处理的模式,具有分布式对等、链式数据块、防伪造和防篡改、透明可信和可靠性等五个方面的典型特征。区块链的开放、共识,可以使物流车队、仓库和一线物流服务人员等参与方都可以充当网络中的节点,实现物流过程信息的透明性和真实性；区块链的共识机制可消除对可信中介方的依赖，同时也能避免因网络攻击造成的系统瘫痪。

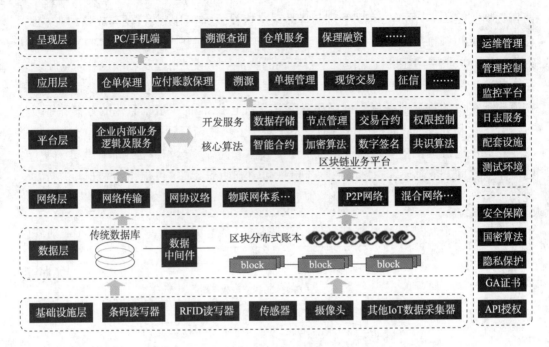

图 7-16   基于区块链的智慧物流平台总体设计

物流上下游企业各有一套信息闭塞的物流系统，通过区块链可以打造一个既透明又充分保护各方隐私的开放网络，提高物流供应链上下游企业的风险控制能力。区块链不可篡改的特性可以确保分类账、数据和资金的安全，提高了企业的财务安全。可追溯的特性帮助物流企业追溯货物来源，共享的分类账本可以让上下游参与者在任何时候查看商品出处。

（三）物流系统集成技术——云平台

在智慧物流中，系统集成技术主要包括云物流平台、物流集成网络、数据推送技术和文档存储技术（见图 7-17）。云物流平台是各智慧物流系统集成技术的综合产物，这个平台以物流集成网络、数据流集成技术、信息流集成技术、物流业务流程集成技术及物流服务集成技术等为基础。

（四）经营智慧化应用技术——数字孪生与元宇宙

数字孪生，也被称为数字双胞胎，是对物理世界实体或系统的数字化表达，简单的理解，就是在虚拟世界中，"复制"真实物理世界中的事物。将物流的物理维度和信息维度整合，并通过 AI 等技术让智能物流走向更高层面。价值在于通过模拟物理世界的运转流程，从中预判趋势和风险，为决策提供依据。数字孪生与元宇宙目前尚且没有得到广泛应用。当前，供应链物流管理处于数字化转型的初级阶段，如数字基础设施、数字标准规范和数据安全保护尚未健全，难以落地元宇宙应用。但是，在个别业务（如港口、码头）应用场景中，数字孪生、虚拟现实、增强现实、仿真计算等技术要素已经得到一定的应用探索，来解决物流行业经营中的决策和管理问题（见图7-18）。

图 7-17　系统集成技术——云物流平台

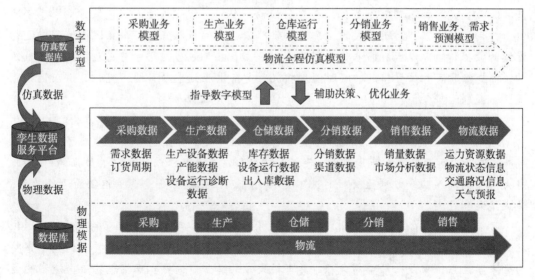

图 7-18　供应链数字孪生模型

数字孪生技术在物流行业的应用

1. 仓库和分拣中心的数字孪生

获得仓库和配送中心的数字孪生可能会对物流基础设施的设计、运营和优化产生重大影响。数字孪生可作为该设施的 3D 模型，并具有升级后的技术，可以查看在封闭空间内完成的移动和包装工作。仓库数字孪生可以支持设施的设计和布局，使公司可以优化空间利用率并模拟产品、人员和物料搬运设备的移动。

2. 外包装的数字孪生

一个物理产品通常包括产品本身以及外包装，经过物流运输的产品则需要再加一层外包装。小件货物通常会集中放入一个更大更坚固的盒子里来满足长途运输中的标准化管理。比如，适用于铁路运输，海运的集装箱，适用于工厂间运输零配件的板条箱。目前的技术可以通过扫描外包装上的条形码来追踪"包装盒"的历史足迹。另外再通过记录使用时长和日常检查来判定该包装能否继续使用。数字孪生可以帮助缩短判断时间，并提供更科学的方案。借助 3D 扫描成像工具，能快速建立外包装的数字孪生。通过和预先设定标准模型进行对比，迅速识别是否存在凹痕和裂缝等潜在问题。再结合历史足迹信息，就能提供有关何时应该修理或进行报废处理的决定。除此之外，通过汇总历史数据，也有利于发现在运输过程中哪个地方最容易发生事故，从而有针对性地对这几个地方进行改善，精益供应链。

3. 运输过程中的数字孪生与地理信息的数字孪生

我们可以对一些高价值货物的运输过程进行数字化跟踪，全程记录货物的温度、湿度环境和撞击/碰撞情况，从而判断承运人是否按照约定的条件对货物进行了保护。一旦货物损坏，也有足够的证据支持理赔。此外，将远洋货船本身作为数字孪生建模和跟踪对象，有助于监控其运输时效，防止船舶抛锚、火灾等事故。运输敏感的、高价值的产品时，如药品和精密电子元件，通常会加带一个能监视温度变化、包装方向、感受冲击和振动的传感器。最新一代的传感器提供越来越多的数据点，可以在运输过程中进行连续的数据传输。以 roambee 传感器为例，根据 roambee 官网所示，它无须网络基础架构，就能传输实时位置信息、实时温度状况，支持供应链中项目级可见性、供应链控制塔、多式联运场景。

4. 物流枢纽的数字孪生

在物流枢纽中，物流行为的众多要素都杂糅在一起，并且这些要素超越了单一企业范畴。例如，运输工具卡车、船舶、飞机，订单和信息系统，以及机动性最强的——人。当大量数据涌入，多方利益交融时，不完善的信息系统就会严重影响枢纽的运作效率，造成错误和延迟。

目前数字孪生尚未在物流中获得广泛应用，至少未实现物流全流程的数字孪生。但在特定环节，许多关键的支持技术已经到位。但是，将各个环节的数据整合到一个完整的数字孪生系统中是一项非常复杂、具有挑战性的工作。想要真正实现物流全流程的数字孪生，需要大量的资金投入，创新研发团队的人力投入。

资料来源：搜狐网，《物流数字孪生白皮书（2024）》

思考： 数字孪生等新技术对物流发展的影响表现在哪些方面？

任务三　数字化供应链物流管理发展趋势分析

数字物流的建设，已成为推动物流业供给侧结构性改革的重要引擎。尽管中国物流服务水平有了很大提升，但从物流全链服务、地区以及行业来看，互联网+物流、数字化物流、智慧物流水平尚且不够平衡，物流服务质量改善空间较大。此外，随着智慧物流的深入发展，现有物流体系、结构、能力与快速变化需求不相适应的问题也仍十分突出。交通运输、仓储、配送、快递、信息等物流资源分割、服务能力弱，面对不同规模、业态和地域的电子商务需求以及快速变化的商业模式，传统物流从量和质两个方面均需要大的提升。

一、数字化供应链物流管理发展面临的问题

当前，国内产品由"制造业大国"向"制造业强国"转化。在此背景下，使得企业对于数字供应链下需求逐渐由单一化向多元化转变，对于物流供应链流程的可靠性、敏捷性、风险可控和精细化管理提出了更高的要求。这对当前的物流供应链发展提出了新的挑战。基于数字化供应链的发展，无论是物流产品还是物流效率，都还有着宏大的数字化、自动化的提升空间。当前我国的数字化供应链物流管理正面临以下问题。

（一）数字化物流的平台化问题

在积极推动数字经济健康发展的宏观背景下，以数字化为基础的物流平台正展现出无穷魅力和巨大的发展潜力。但与此同时，也暴露出诸如虚构业务、虚开发票等灰色交易甚至出现行业垄断、数据安全等重大问题。但是数字物流信息平台必将成为企业晋级的必需，基于软件平台建立的迭代性特性，技术平台都会依照应急物流的高要求来设计和部署。

（二）数字化物流的智能化问题

基于 5G 的商业应用会加大提升，势必会加速传统供给链转型升级。随着互联网技术和智能应用飞速发展，区块链、大数据和云计算等技术必将加速物流产业数字化转型。基于无人化的数字物流将会极大发展，对与其相匹配的数字化物流技术的需求也会增加，对数字物流技术的深度应用与牢靠性提出更高要求。

（三）数字化物流的柔性化问题

在数字物流系统建立中，柔性将作为必要要素，具体包括战略级物流中心或节点的多功用性，对多种业务的兼容性，对紧急业务的容纳性；其次还包括增设部署的柔性与便利性，在较短时间内完成物流产能的快速补充，这对规划、软件与智能硬件的交融都提出了更高要求。

（四）数字化物流的鸿沟问题

这是一个最关键的问题。中国疆土面积宏大，而且东西部经济发展落差较大，特别是互联网作为基础设备相对不够完善，物流政策法规也存在"政策鸿沟"，经过相关数字技术补偿信息不对称所带来的发力不均将是将来数字物流发展需要处理的重点问题。

二、数字化供应链物流管理发展阶段

数字化供应链物流管理发展进程中数字化不是终点而是过程，首先第一步是实现业务数字化；第二步是流程自动化；第三步是决策智慧化。在数字化供应链推动下，物流链条上物流企业的业务由交易撮合向客户黏性更强的方向转变，业务也从单一运输向数字化供应链服务转变（见图 7-19）。

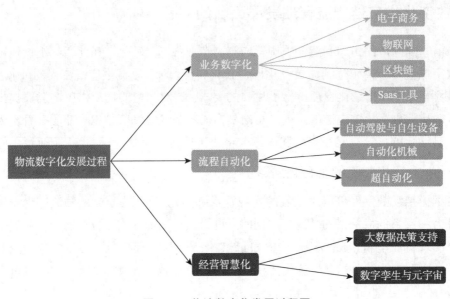

图 7-19　物流数字化发展过程图

（一）业务数字化

实现供应链数字化物流管理的第一步是业务数字化，业务数字化是物流数字化转型的基础阶段。业务数字化阶段主要是利用电子化、信息化的方式去传递和保存物流信息，实现物流业务的在线受理，物流节点的全面可视，信息、资金的可靠流转等。例如，运去哪平台推出的一站式国际物流在线服务平台，帮助托运人、货运代理通过平台快速得到端到端的综合物流解决方案与报价，实时锁定舱位，在线下单，在线履约，以及船期预测、物流追踪，箱货管理等一站式全链路履约服务；海通智运推出的可视化追踪平台对于干线运输中的中欧班列、海运自有箱等业务场景，可以实现全天候的物流信息追踪；普洛斯推出的数字仓单方案构建存货的数字化资产体系，多维度进行风控验真，提升仓库运营方资产管理能力，解决资金方的控货痛点等问题。

（二）流程自动化

实现物流数字化的第二步是流程自动化，流程自动化是物流数字化转型的过渡阶段。流程自动化阶段是在业务数字化的基础上，利用自主机器设备、数字机器人、自动驾驶等相关技术来实现物流链条全流程操作的自动化，将人们从烦琐、重复的工作中解放出来。例如，菜鸟推出的仓库自动化分拣方案，为仓库提供自动化管理，实现智能搬运、拣选、分拣，从传统的"人找货"模式转变为"货找人"模式，减少人员不必要的行走，减轻劳动强度，并且提高拣选准确度；壹沓数字机器人可以帮助企业实现快速弹性部署、打破时空限制，"7×24 小时"远程高效工作的数字化劳动力，小到人事、财务、IT 运维等部门局域实施，大到实现企业全局布局，可以实现部门级或企业级的数字员工覆盖。

（三）经营智慧化

实现物流数字化的第三步是经营智慧化，经营智慧化是供应链物流管理数字化转型的高级阶段。经营智慧化阶段是在流程自动化的基础上，利用人工智能、大数据、数字孪生等相关技术在无须人工干预的条件下实现智能决策、自主运行，并能够柔性应对突发情况。例如，超大型集装箱码头数字孪生管控系统，采用高保真建模、虚实融合、港口数据关联谱图、效率预警引擎等技术，实现了码头运行情况复现、生产指标监测、机械配置优化、智能决策验证与故障预判等功能。相关成果已应用到上海、大连、南通等地的集装箱码头；基于大数据、人工智能技术，可实时追踪全球 6000 艘在途集装箱船全年运行轨迹，形成数亿级航行轨迹数据库，并通过全球 1200 个港口构建数字电子围栏，动态监测大量船舶入港、离港时间，分析计算，精准预测船期。船期预测可实现 7 天内预测误差率平均小于 24 小时，预测精准度及覆盖范围大幅提升，帮助国际物流供应链高效规划出运计划，降本增效。

三、数字化供应链物流管理发展趋势

《"十四五"现代物流发展规划》指出强化物流数字化科技赋能。并谋划了智慧物流发展的新路径：加快物流数字化转型、推进物流智慧化改造、促进物流网络化升级。在将来的数字化供应链物流管理部署中，突破碎片化，推进物流节点的多功用性和多业务兼容性能，增强运力部署的弹性，构建整体衔接、部分可调整的柔性网络，将成为数字供应链物流管理的立身之本。那么在数字经济、数字技术、数字物流三个层面，中国数字化供应链物流管理未来发展的趋势如下。

（一）供应链物流数字化加速推进

5G、区块链、物联网、大数据等数字技术，在供应链范畴的应用场景将越来越丰富，作为供应链环节中的商流、物流、信息流、资金流的"四流"之一，供应链数字化物流管理将占领主导位置（见图 7-20）。在数字化物流发展中，物流行业可以利用先进技术将货物更准确、更快速地运输到指定的位置，提高了效率，可以更快地满足客户需求。

1. 物流大数据发展

随着物流行业的数字化转型，物流大数据已经成为很重要的一部分。目前，物流大数据已经成为行业的重要组成部分，大大小小的物流企业都开始了数据采集和分析的工作，并建立了物流数据库。

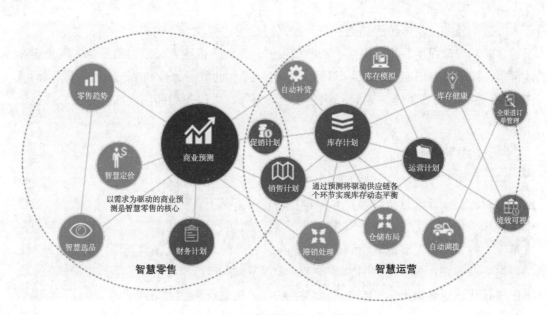

智慧零售

以需求为驱动的商业预测是智慧零售的核心

智慧运营

通过预测将驱动供应链各个环节实现库存动态平衡

图 7-20   大数据驱动的智能预测

2. 物流智能化发展

在物流行业，传统的人工物流管理逐渐被智能物流管理所取代。物流信息化系统软件、无人机配送等技术在物流行业中应用广泛，以机器代替人完成任务已经成为行业热点。

3. 物流服务升级

在数字化物流发展中，物流服务将在智能化支持下逐步走向更为完善。当前，物流服务业越来越注重客户需求，为客户提供个性化的物流方案，以提高客户满意度。

（二）物流全链路实现在线协同

互联网平台将把供应商、制造商、物流商、销售商等衔接在一起，完成供应链数据的即时、可视、可感知、可追溯，全面提升供应链协同效率，推进数字化供应链物流管理开展。"速度决定高度"在物流行业尤为关键，为提高服务水平，整个物流链路基于人工智能，形成组织数字化和在线高效协同，将成为大势所趋。通过服务设备、服务人员、服务节点在线互联，实现货物实时定位，状态实时查询，信息实时共享，问题实时沟通。物流链路上的各个环节不再单打独斗，而是实现了短链协同；信息不再层层传递，而是通过物流全链路的数字化和可视化，实现订单跟踪，异常监控，及时交互，让退货、拦截、催件、投诉等变得高效。

（三）数字化物流生态重构

数字物流的新业态、新形式、新场景，以数据流带动完整的供给链系统革新，构成全产业链上下游和金融机构跨界交融的"消费＋商业＋金融"数字化生态体系（图 7-21），由数字化转型所带来的模式变革及价值增量将重构物流与供应链行业的产业结构，进而构建全新的行业生态。

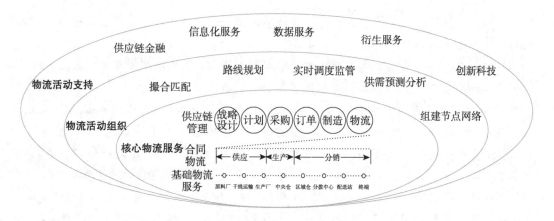

图 7-21　数字化物流生态圈

物流生态圈同其他产业生态圈一样,从本质看都包含一个核心企业或主体以及相关产业或组织。伴随物流数字化的发展进程,数字物流、智能物流、智慧物流所依赖的物流生态圈不尽相同。数字物流阶段,得益于数字技术的广泛应用,物流企业上下游产业组织的高效率协同合作得以实现,物流数字化生态圈初步形成。智能物流阶段,数字物流技术与跨领域新兴技术的融合应用,使得以物流企业为核心的产业链协同更加紧密,物流数字化生态圈逐步完善。智慧物流阶段,通过物联网与大数据、云计算、人工智能等先进技术深度融合,新的产业结构与产业分工格局形成,产业发展方式向更高效率转变,与相关产业的协同合作达到新高度,物流数字化生态圈蓬勃发展。

(四)机器人流程超自动化

超自动化是机器人流程自动化(robotic process automation,RPA)技术的进一步发展,包含 RPA、AI、iPaaS、低代码、流程挖掘等前沿技术,用于实现端到端的业务自动化。超自动化广泛应用于高度人工化的场景,包括客户管理、款项支付、接受订单和客户数据更新等场景。RPA 是具有人工智能(AI)和机器学习功能的软件来处理以前需要人类执行的大批量、可重复的任务。这些任务可能包括记录和交易,计算和查询的维护。RPA 可以节省成本、提高效率,并提高准确性。RPA 对物流业充满希望,特别是目前,物流业依靠大量的文书工作和大量的手动输入的数据来操作和进行日常运输交易。生成和处理正确的文档是耗时且单调的工作,已成为 RPA 爆发的成熟时机。RPA 的潜力将随着流程的标准化以及智能自动化(可以处理非结构化和结构化数据)变得更加复杂。员工不再需要查找信息即可将其输入系统,从而大大消除了人工干预的需要。

"数字＋物流"——建设物流强国的发展方向

物畅其流,通达天下。随着物流业与互联网高效融合,我国物流业进入融合创新发展新时代,呈现出结构调整加快、融合速度加深等特点,立足更高程度、更大范围、更深层次推动物流提质增效降本的目标，向数字化转型、智慧化改造、网络化升级，成为推动物流行业发展的"先手棋"。

数字化就是物流企业抵达现代化需要攀越的高峰。无人仓、无人码头、无人配送等技术装备加快应用，数字仓库、智慧园区等新基建推广建设加快推进……"互联网+物流"的出现，将原本独立的运行体系串联起来，使得物流业在科技加持下得到质的飞跃。物流企业必须抓住数字经济本质，构建自身核心竞争体系，提升整体物流运作效率。

物流产业，链接千行百业，是产业数字化的"大动脉"。它就像是一条链，其数字化水平可以触发各个产业数字化的进化，甚至关系到整个经济运行的效率和韧性。

建设物流强国是一项复杂的、巨大的系统工程，有诸多重大任务，但关键的任务是：构建强大智能绿色的国家数字物流系统；打造连接世界的全球物流体系；推进物流现代化。强大、智能、绿色国家物流系统的构建，有利于消除"信息孤岛"效应，提升全社会物流资源互联互通与综合协同的能力，有利于为生产、流通、消费、各次产业、人民生活提供更优的物流服务，有利于为用户创造价值、为企业提升能力、为社会节约资源、为国家赢得竞争优势，为经济、社会、生态乃至军事提供强大的物流保障。

建设物流强国，就要打造中国连接世界的全球数字化物流体系，服务于中国的全球生产网络和贸易网络及世界各国的发展。全球物流体系由"四梁""八柱"构成，"八柱"，即国际铁路运输网络、国际公路运输网络、国际航空运输网络、国际海运网络、国际管道网络、国际邮政快递网络、国际仓储网络和国际配送网络；"四梁"，即全球物流信息系统、全球物流标准体系、全球物流政策体系和全球物流运营体系。全球数字物流体系的建设，将大大增强中国连接世界的能力，支撑中国实现"全球买、全球卖、全球造、全球运、全球递"，也为全球供应链的稳定、安全提供重要支撑。

物流业贯穿于第一、二、三产业，衔接从生产到消费的全过程，是支撑国民经济发展的基础性、战略性、先导性产业。物流是实体经济的有机组成部分，推动物流高质量发展是经济社会高质量发展的基础，也是经济社会高质量发展的源泉。大力发展数字物流，加强数字物流基础设施建设，推进物流要素数字化，对于建设数字中国、打造物流强国都具有重要的现实意义。

资料来源：搜狐网，《共话数字物流新未来　共谋数实融合新实践》

思考： 数字化物流管理体系构建对国家经济发展的重要性表现在哪些方面？

同步实训　数字货运物流企业发展现状调研

实训背景

数字货运物流产业是以新一代信息技术为支撑、以数据资源为关键要素、以互联网平台为重要载体，通过数字技术与货运物流行业深度融合，推动货运物流数字化转型，重构产业发展模式的新型产业形态。数字货运物流是货运领域产业数字化、数字产业化、数字化治理、数据价值化的统一。通过对行业内外的驱动因素和前沿观察进行分析，回归底层商业逻辑，对数字货运物流行业进行全面、系统的思考，从商业模式的视角解读新经济下的物流生态，帮助物流企业洞察行业趋势，探索行业机会，把控行业脉络。

实训目的

掌握数字化物流和数字货运的概念和实施情况，了解数字货运物流发展现状，增强学生发现问题、分析问题与解决问题的能力，以及人际交往与沟通的能力。

实训组织

（1）学生分组：每 6 人为一组，每组选出组长 1 人。
（2）选取一数字货运物流企业，收集资料或开展调查，分析其数字化实施情况。
（3）结合数字货运物流企业发展现状，分析其存在的问题，并寻求解决途径。
（4）分享报告，教师点评。

实训评价

教师对各组做出综合评价，参见表 7-2。

表 7-2　数字货运物流企业发展现状调研评分表

考评人			被考评人	
考评地点			考评时间	
考评内容	数字货运物流企业发展现状调研			
考评标准	所选企业具有典型性		分值	实际得分
	调研数据翔实内容		20	
	问题分析具体详尽		25	
	解决途径具有可操作性		35	
	体现数字物流的创新意识		20	
	合计			

同 步 测 试

1. 分析物流管理与供应链管理的关系。
2. 结合自己的理解，预测数字化供应链物流管理发展趋势。
3. 数字化供应链物流管理的内容包括哪些？
4. 数字化供应链物流管理的主要技术组成有哪些？
5. 数字化供应链物流管理主要应用哪些现代技术？

自学自测      扫描此码

项目 八

数字化供应链绩效监测与优化

学习目标

素养目标	知识目标	能力目标
• 了解国家政策导向、行业发展趋势 • 结合国家数字化战略、循环经济价值理念明确数字化供应链绩效评价的核心价值 • 培养自我职业素养，树立民族责任感和绿色可持续发展理念	• 了解数字化供应链绩效评价流程 • 掌握数字化供应链绩效评价体系 • 掌握数字化供应链绩效评价模型 • 掌握数字化供应链绩效评价方法	• 能够应用所学知识进行数字化供应链绩效评价体系构建 • 能够结合所学知识进行数字化供应链绩效评价 • 能够应用所学知识提升数字化工作能力

思维导图

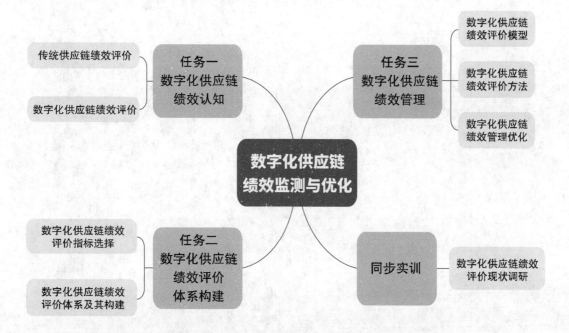

对标世界一流，国资委公布"三个标杆"企业

2020 年 6 月 13 日，国务院国资委正式印发的《关于开展对标世界一流管理提升行动的通知》明确提出，到 2022 年，国有重点企业基本形成系统完备、科学规范、运行高效的中国特色现代国有企业管理体系，企业总体管理能力明显增强，部分国有重点企业管理达到或接近世界一流水平。

2023 年 3 月，国务院国资委印发通知明确提出，按照对标世界一流管理提升行动工作安排，自 2021 年至 2022 年底，按照选育结合、适时评估、动态调整的基本原则，分层分类总结提炼管理提升成功经验，创建管理标杆企业、标杆项目和标杆模式。国资委下一步将与各中央企业、各地国资委建立常态化工作联系机制，全程督促指导，并对入选企业、项目及模式适时开展评估评价工作，重点指导和推动"三个标杆"相关企业持续提升管理水平，切实发挥示范带动作用，努力打造一批充分体现新时代国有企业特点的优秀管理品牌。加快建设世界一流企业，加强基础学科人才培养，加快建设一批产品卓越、品牌卓著、创新领先、治理现代的世界一流企业，在全面建设社会主义现代化国家、实现第二个百年奋斗目标进程中实现更大发展、发挥更大作用。

资料来源：新华网，《对标世界一流 国资委公布"三个标杆"名单》

思考： 国资委公布"三个标杆"企业评价标准如何得来？

任务一　数字化供应链绩效认知

随着信息技术的不断发展,越来越多的企业开始借助数字化技术对供应链绩效进行全面的管理。数字化供应链绩效实施可以帮助企业更好地了解供应链运行情况,及时发现和解决潜在问题,以此来降低供应链运营成本、提高供应链运营效率,同时确保供应链的安全可靠。

一、传统供应链绩效评价

(一)供应链绩效评价含义

供应链绩效评价是指供应链整体运作效率和业务流程的动态评价。一般来说可以用两个特性指标来衡量,一是从质量、成本、服务、可靠性、订货提前期等方面来评价产品的性能;二是对需求变化和未能预见的供应链中新事件做出的反应。

(二)供应链绩效评价流程

传统供应链评价流程通常包括六个步骤,具体见图 8-1 所示。

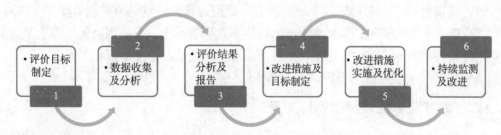

图 8-1　传统供应链绩效评价流程

1. 评价目标的制定

企业需要确定供应链评价的目标和范围,以及需要评价的指标和标准。这需要企业考虑到其所处的行业、市场竞争环境以及企业自身的情况,确定评价目标和范围,如供应商质量、物流效率、库存水平等。

2. 数据收集及分析

数据收集是评价的关键环节,企业需要收集供应链的各类数据,包括采购、生产、物流、质量控制、库存等各方面的数据,然后对收集到的数据进行分析,确定供应链绩效的问题。

3. 评价结果分析及报告

评价结果的分析和报告也是评价的重点,在评估完成后,企业需要对评价结果进行总结和报告。评价报告需要呈现评价结果和问题,为制定改进措施和决策提供依据。

4. 改进措施及目标制定

企业需要根据评价结果,制定相应的改进措施和目标。这些措施可能包括修改供应链网络、优化库存管理、提高物流效率、改善供应商选择和管理等。

5. 改进措施实施及优化

企业需要实施改进措施,并在实施过程中对改进效果进行监测和评估。如果改进措施达到预期效果,企业应该继续保持,并寻求更进一步的优化。

6. 持续监测及改进

持续监测和改进是评价过程的重要组成部分。企业需要采用不同的方法,如周期性地对供应链进行评价、收集客户反馈、根据监测结果调整策略来不断地改进供应链的绩效。

总之,传统的供应链评价过程需要企业通过收集数据、进行评价、制定改进措施、实施改进和持续监测和改进等步骤,来评估供应链的绩效和问题,寻求优化和提升。

二、数字化供应链绩效评价

(一)数字化供应链绩效评价的含义

数字化供应链绩效评价是指围绕供应链的目标,企业利用物联网、大数据、区块链、人工智能等信息技术,在构建以客户为核心、价值为导向、数据为驱动的动态、协同、可视、智能、可持续发展的新型供应链网络生态发展过程中,企业围绕客户需求制订数字化供应链转型规划,对供应链整体、各环节(尤其是核心企业运营状况以及各环节之间的运营关系等)所进行的事前、事中和事后分析评价。

(二)数字化供应链绩效评价流程

数字化供应链绩效评价是通过收集、分析和利用供应链的数据来评估供应链绩效的方法。数字化供应链评价可以帮助企业更好地理解供应链的运作状况,发现问题和机会,并可以制定相应的改进措施和计划。数字化供应链评价需要企业与供应链中各个成员之间进行数据共享和协同,以实现整个供应链的优化和提升。数字化供应链绩效评价流程见图 8-2 所示。

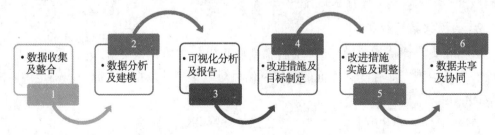

图 8-2　数字化供应链绩效评价流程

1. 数据收集及整合

数字化供应链绩效评价需要收集和整合供应链的各类数据,包括采购、生产、物流、质量控制、库存等各方面的数据。收集的数据可以包括订单量、库存量、运输时长、退货率等相关数据。

2. 数据分析及建模

通过对收集到的数据进行分析，可以建立数学模型和算法，评估供应链的各项指标和绩效。这些分析可以包括运输速度的分析、库存量的分析、供应商质量的分析等。

3. 可视化分析及报告

数字化供应链绩效评价的结果可以通过可视化分析和报告的方式来呈现。这包括制作仪表盘、报表和图表，以便于企业对评价结果进行理解和分析。

4. 改进措施及目标制定

通过数字化供应链绩效评价，可以发现供应链中存在的问题和瓶颈，为企业制定改进措施和目标提供依据。这些改进措施可以包括供应链网络的重构、库存管理的优化、物流运作的升级等。

5. 改进措施实施及调查

数字化供应链绩效评价需要对改进措施实施跟踪和监测。企业需要逐步实施改进措施，收集和分析数据，评估改进措施的效果，并根据实际情况不断优化和调整。

6. 数据共享及协同

通过数字化供应链绩效评价，企业可以将数据共享和协同安排在供应链的各个成员之间。可以帮助企业更好地理解整个供应链的运作情况，从而更好地制定决策和改进措施。

任务二　数字化供应链绩效评价体系构建

根据数字化供应链绩效评价的基本内涵，结合我国企业数字化供应链发展现状，明确数字化供应链绩效评价指标选择的要求。

一、数字化供应链绩效评价指标选择

（一）指标选择要符合企业发展战略

在面对众多的供应链绩效考核指标时，不少企业往往会选择超出实际需要的指标，尤其是在企业成功试点了一两项关键绩效指标、取得了供应链运作能力和绩效的提高时，更容易出现这种倾向。对基于历史绩效评估并基于以往运作经验的企业而言，能够提供供应链流程因果关系的数据非常关键。企业倾向于获取所有流程的因果关系数据，以"订单完成周期"为例，大多数企业使用较宏观的绩效指标，评估从客户订单输入开始直至发运、交货完成的总时间。客户订单经过无数道"关卡"，从接受客户订单，订单核实、订单输入、计价、信用核查、订单下达、分拣、包装到发运，企业需要评估各道"关卡"之间的耗时。然而，从外部客户的角度来看，客户只关心从下订单开始到收到货物的总耗时，而对企业如何履行订单的详细流程并不感兴趣。因此，评估每道"关卡"之间的耗时并没有多大意义，选择那些从接收客户订单到订单下达这样跨度较大的"流程"反而比较合适，评估结果揭示出绩效问题，可以再进一步细化问题点的"流程"。因此，企业指标体系的选择应该根据需要进行设计，并根据供应链流程考核的要求及时进行调整。

（二）考核重点和流程要体现动态性

企业绩效考核的指标应随着考核重点和供应链流程范畴的不同而有所不同。例如，关注业务功能的考核、关注整个企业的考核、关注跨企业的供应链绩效考核的关注点不同，采用的绩效指标也应有所不同，具体见表8-1。

表 8-1　绩效指标关注点的绩效问题

供应链关注点	绩 效 问 题	绩 效 指 标
关注业务功能	缺乏职能政策/流程及基本运营管理，导致了不可预期的产品质量和供货问题	特定职能部门的绩效指标
关注供应链流程	虽然具备了最优化职能部门的质量、成本和时间的流程、系统和管理原则，但没有实现跨企业绩效的最优化	职能部门内外的特定流程绩效指标
关注整个企业	供应链流程与所有子流程及各管理层次相整合相一致，展示出世界级的绩效水平和持续改进	跨职能流程的绩效指标
关注跨企业供应链	内部流程与外部流程一体化，使企业合作伙伴能够专注于客户服务、供应链伙伴、核心能力及创造价值	跨企业流程及指定外部流程的绩效指标

如表8-1所示，企业考核的重点和供应链的流程范畴不同绩效考核指标也会发生变化。例如，企业重点关注跨企业供应链时，所对应的内部流程与外部流程的一体化，使企业合作伙伴能够专注于客户服务，要做好伙伴、核心能力及创造价值，并关注与之对应的绩效指标。

（三）指标选择要体现数智性

供应链绩效考核指标的选择除了要服从于企业战略、供应链战略之外，还必须考虑均衡且体现数字化企业特征，一般可以从以下4个层面考虑。

1. 业务在线

应在目标范围内，推动与供应链相关的所有业务操作及业务管理上线运行，实现业务全流程、端到端各环节覆盖、全品类覆盖、全组织覆盖的全面数据化。

2. 集成协同

应建立供应链管理平台以及相关的业务及管理系统，所有系统之间应实现高度集成或一体化建设，以达成供应链相关主体的线上协调、协作。

3. 数据驱动

应充分挖掘和利用数据关键要素，以现代信息网络为主要载体，推进实体经济与数字技术融合应用，变流程驱动为数据驱动，提高全产业链协同效率，加速全要素数字化转型。

4. 生态智能

应构建数字化连接、智能化决策、自动化执行的供应链生态，形成全场景服务能力，培育数字化供应链新模式、新业态。

二、数字化供应链绩效评价体系及其构建

依据供应链关键绩效种类与指标，结合企业实际需求构建供应链绩效指标体系，在线采集并测算供应链绩效指标数据，并对绩效指标进行实时监测和可视化展示，监测的绩效指标需覆盖企业内部供应链管理相关部门和人员、供应链合作伙伴以及供应链整体运营状况。

数字化供应链绩效评价体系构建以基本目标要求为导向，按照战略、行动、成效三个部分来细化对规划、保障、能力、场景、成效、贡献等六个维度的分析，通过收集、获取、验证企业提供的文件、资料、数据、系统、平台、清单、列表、标准、证书等资料，依据评价体系和每个维度的分级标准，对企业供应链数字化程度或成果进行客观全面的评价。根据数字化供应链绩效评价体系构建思路，形成以下体系。由三个一级维度、六个二级维度、二十个三级维度组成，如表 8-2 所示。

表 8-2　数字化供应链绩效评价体系

一级维度	二级维度	三级维度
战略	数字化战略规划	战略规划制定
		目标与计划
	战略落实保障	资源和机制保障
		组织保障
行动	能力建设行动	智能协同能力
		业务承载能力
		技术承载能力
		安全防护能力
	业务场景应用行动	需求与计划数字化场景
		采购寻源数字化场景
		履约执行数字化场景
		供应资源数字化场景
		仓储物流与废旧物资处理数字化场景
		质量管理数字化场景
		品类管理数字化场景
		风险管理数字化场景
成效	数字化成效	供应链全业务在线率
		供应链数字化效能
	数字化贡献	行业引领示范作用
		新业态培育创新

（一）战略评价体系构建

企业应从制订战略规划开始，明确供应链数字化的目的、方向、范围，做好总体及分阶段的规划，制定近、中、远期要达到的目标，以及为实现上述目标的保障措施。

1. 数字化战略规划

数字化战略规划评价主要包含战略规划制定、目标与计划两个方面。战略规划制订包含总体战略及规划、数字化战略及规划、供应链数字化规划三个细分指标；目标与计划包含企业数字化目标与计划、供应链数字化目标与计划两个细化指标，具体含义见表 8-3 所示。

表 8-3　战略规划制定绩效评价体系

评价维度	细分指标	依据/内涵
战略规划制定	总体战略及规划	企业总体战略与规划中应涵盖企业的数字化战略，企业战略规划中应明确企业未来数字化转型发展的目标方向
	数字化战略及规划	作为企业总体战略规划的一部分，企业数字化战略应涵盖采购供应链领域的数字化
	供应链数字化规划	供应链数字化规划作为企业数字化战略规划的组成部分，应明确供应链领域数字化转型发展的目标方向，并制定完善的发展路径、实施举措和推进步骤
目标与计划	企业数字化目标与计划	企业应按照其数字化战略规划确定的目标方向，制订分年度或分阶段的工作计划，明确每一年度或每一阶段要达成的目标
	供应链数字化目标与计划	按照采购供应链数字化规划进行分解，制订分年度或分阶段的采购供应链数字化执行计划，并将采购供应链数字化平台或信息系统与企业其他信息系统实现集成互联，实现企业内部跨部门、跨板块的业务协同

2. 战略落实保障

战略落实保障评价主要包含资源和机制保障、组织保障两个方面。

（1）资源和机制保障

资源和机制评价主要包含机制保障、预算/投资两个方面。机制保障包含落地执行机制、执行评价机制两个细分指标；预算/投资评价主要包含预算与战略衔接、供应链数字化投资两个细化指标，具体含义见表 8-4 所示。

表 8-4　资源和机制保障绩效评价体系

评价维度	细分指标	依据/内涵
机制保障	落地执行机制	建立供应链规划落地实施的执行保障机制，包括机制建设、制度保证、人财物预算及计划安排、定期的检查评价等，实现规划落地执行的闭环管理
	执行评价机制	建立战略执行评价机制，分年度或分阶段地开展规划落地和计划执行情况的跟踪评价（规划后评价）
预算/投资	预算与战略衔接	企业制定年度预算时，应做好与企业战略规划的有效承接和紧密衔接；供应链部门在制定部门年度预算时，应做好与采购供应链发展规划的有效衔接
	供应链数字化投资	企业的年度预算安排中，应覆盖供应链数字化系统平台开发建设的相关投资预算，并落实供应链数字化系统平台开发建设的投资计划

（2）组织保障

组织保障评价主要包含组织机构保障、流程制度建设、人才储备与激励三个方面。组织机构保障包含领导机构、专责部门两个细化指标；流程制度建设评价主要包含制度建设、流程建设两个细化指标；人才储备与激励评价主要包含队伍建设和激励措施两个细化指标，具体含义见表 8-5 所示。

表 8-5　组织保障绩效评价体系

评价维度	细分指标	依据/内涵
组织机构保障	领导机构	企业应设置领导机构来牵头推进采购供应链数字化建设与运营工作
	专责部门	企业应指定专责部门来负责具体实施采购供应链数字化建设与运营、运维工作
流程制度建设	制度建设	为保障采购供应链数字化工作的实施，企业应制定相关的制度办法和管理策略
	流程建设	为保障采购供应链数字化工作的实施，企业应制定完善、规范的采购供应链业务流程体系、业务规则、接口规范
人才储备与激励	队伍建设	为保障供应链数字化工作的实施，企业应建设与之相适应的专业人才队伍，包括但不限于数字化管理人员、运营人员、研发人员和运维人员（自有或第三方）队伍等
	激励措施	企业应制定采购供应链数字化相关专业人才的招聘、管理、培养、培训、发展、激励机制和措施，保持人才队伍的稳定性和技术能力成长性

（二）行动评价体系构建

战略确定之后即应采取行动付诸实施，即按照战略规划、战略目标、实施范围制定相应的工作计划，并组织实施。行动内容包括为落实战略所采取的供应链组织能力建设、供应链数字化设施建设，并在规划确定的全部范围内，推进供应链业务场景数字化应用等各项工作。

1. 能力建设行动评价

能力建设行动评价体系构建主要从智能协同能力、业务承载能力、技术承载能力、安全防护能力 4 个方面的评价着手。

（1）智能协同能力评价

供应链的数字化能力应以可视化和协同智能为表征，采购供应链平台应当具备流程、监管等方面的智能协同操作能力，以及多终端数据可视化能力。智能协同能力评价体系，如表 8-6 所示。

表 8-6　智能协同能力评价体系

评价维度	细分指标	设置依据/内涵
智能协同能力评价	流程协同	企业供应链数字化平台应当能够支撑各主体在平台内进行信息及数据的高效流转，应当具备可以进行流程协同的能力
	数据洞察	企业供应链数字化平台应当能够支撑对采购业务的数据统计分析查询并能够可视化展示，应当具备强大的数据分析洞察工具
	智能监管	企业供应链数字化平台应当支撑对采购业务事前、事中、事后的全流程智能化监管；应与内外部系统进行多样监管数据的对接
	多端应用	企业平台的应用端应当支撑 PC 端、移动端、大屏展示端、自助终端等多种终端设备的接入及联动

（2）业务承载能力评价

供应链的业务在线目标需要有相应的平台，业务承载平台的信息化、数字化程度不同，对供应链业务的承载能力也是不同的，业务的数字化实现需要以平台的数字化功能建设为前提（表 8-7）。

表 8-7　业务承载能力评价体系

评价维度	细分指标	设置依据/内涵
需求与计划管理能力	需求管理	供应链数字化平台应具备在线搜集、提报和自动归集采购需求的能力；应当对接各项支持需求在线分析和智能预测的数据
	计划管理	供应链数字化平台应支持在线编制和管理采购计划；应支持借助相应数据自动生成计划模板；应能够给计划的编制审核提供智能分析决策数据
采购寻源管理能力	招标管理	平台应具备招标全流程在线化能力；可以推荐招标策略、资审方式、评审方式、评分因素等内容；应具备智能化的开评标业务能力；系统应具备合规性自动判断、自动管控等功能
	非招标管理	平台应具备招标采购方式以外的全采购方式在线化能力；应与上下游系统和内外部系统联通；应当可以灵活配置并推荐采购策略；应接入供应商画像数据；应当形成内外部价格数据库；系统应具备智能推荐功能
	商城直购	平台应建设采购电子商城或网上采购商城，商城应支持商品自动上下架、自动审核、全过程自助维护、商品价格管理等；应与供应链上下游系统无缝对接；应具备可视化分析能力及智能商品识别、比价等功能
采购执行管理能力	订单管理	供应链数字化平台应具备全流程订单在线管理能力；应与供应链上下游系统无缝对接；应接入相关数据和算法，支持自动下单、自动拆单、自动订单优化
	合同管理	平台应具备全在线化合同起草编制及签订能力；应与供应链上下游系统对接；应具备智能预警、智能编制、智能审核等功能
	档案管理	平台应具备档案数据全在线化存储及管理能力；应支持对全链路档案自动归集；应具备对档案知识自动抽取功能
仓储物流与废旧物资处理能力	出入库管理	平台应具备出入库流程全在线化能力；应与供应链上下游系统进行对接；应具备商品的一码关联、自动上架功能；应可将入库单与仓位自动匹配；应支持出库单与拣货机器人的自动匹配或具备有无人货柜等产品
	库存与储备管理	平台应具备全在线库存管理、维护能力；应支持与供应链其他系统对接，与供应商库存对接；应支持库存商品的一码查询、自动盘点；应与计划、在途等数据进行实时对接；应具备安全库存的管理、预警及预测推荐能力
	采购供应链数字化	平台应支持全在线维护、管理物流配送信息；应与外部实时物流数据对接；应支持对物流状态信息的实时分析及可视化展示；应具备自动调度功能
	废旧物资处置	平台应具备拆旧换新、坏件返修、废旧物资鉴定、回收、入库、保管、评价、处置的全在线化能力；应支持在线招标或拍卖等方式处置；或与产权交易中心实现对接
供应商管理能力	供应商准入与退出管理	平台应支持供应商信息的自动补全、自动审核、自动风险提醒；支持对供应商的分级准入；支持基于内外部数据的供应商画像；支持供应商风险管理和黑名单淘汰管理
	供应商分类与分级管理	采购供应链数字化平台应支持对供应商基于采购品类的分类推荐及管理；支持对供应商的分级推荐及管理
	供应商评价与考核管理	平台应与质量、财务等系统对接；应支持在线供应商的评价与考核评价；支持自定义供应商绩效评价、考核模板与报告；支持对绩效评价指标得分的自动推荐
在线支付与供应链金融能力	在线支付与供应链金融服务能力	平台应支持在线支付、在线保证金收取及退还；应支持电子保函、保单、保证保险等服务，以及商业保理或投标贷、中标贷、履约贷、信用贷等金融服务；推荐进行行业综合性金融服务平台建设
采购支撑管理能力	模板管理	平台应支持全在线化模板编制、协同、管理；应将历史数据接入模板编制；推荐进行行业标准模板的沉淀
	专家管理	平台应具备专家入库、审核、维护、管理的全在线化能力；应具备对专家数据全维度分析及应用能力；应建立专家共享平台和专家管理标准模板
	场地管理	采购供应链数字化平台应支持场地信息的全在线维护、管理查询；应当与物联网设备进行联通；应当支持对场地内人员的智能分析

（3）技术承载能力评价

采购供应链的集成、协同、数据驱动、智慧化等目标都需要有相应的技术承载能力作为依托，良好的技术承载能力是实现采购供应链数字化的基础和保障。技术承载能力评价主要从多（业）态适配能力、数智支撑能力、敏捷持续能力、兼容扩展能力等几个方面展开，具体见表8-8所示。

表 8-8　技术承载能力评价体系

评价维度	细分指标	设置依据/内涵
多（业）态 适配能力	采购方式适配	应支持在线自助配置采购方式；应支持采购方式的自动推荐及优化
	采购规则适配	应支持在线自助配置采购规则；应支持采购规则的自动推荐及优化。采购规则是指采购策略的适用范围（如计划内采购还是计划外采购）、采购组织形式（如自行采购还是委托采购）、是否需要报备、合同要求（如采用标准合同还是自行拟定合同）等内容
	业务流程适配	应支持在线自助配置业务流程；应支持业务流程的自动推荐及优化
	审批流程适配	应支持在线自助配置审批流程；应支持审批流程的自动推荐及优化
数智支撑 能力	数据治理能力	应支持对内外部结构化数据、非结构化数据的全量采集、存储，挖掘处理；应建设成湖仓一体的数据平台；应支持 BI 及报表，应当有可对内对外的数据指标、模型、报告
	数据要素资产化能力	应有数据要素的资产化案例内容，如价格库等；数据要素资产化案例应对行业产生了较大影响
	数据穿透能力	采购供应链平台应不存在"数据孤岛"；采购供应链平台应支持数据的循环利用；应支持与外部系统的无差别化数据交换
	数据共享能力	应支持以数据共享平台的形式交换、共享数据；应支持对数据的个性化订阅
	主数据能力	应当建设成全企业统一在用的主数据体系；应当形成涵盖采购品类、采购标准、供应商信息、合同标准的数据标准体系；应支持与外部数据标准的智能映射
	算法模型能力	应支持对各类算法模型的研发及利用；应当有算法模型闭环开发管理的平台
敏捷持续 能力	低代码开发能力	应支持业务功能的低代码开发；应支持业务功能的图形化配置
	中台化能力	系统应采用模块化设计，应当建设成业务中台、数据中台、技术中台等中台体系；系统应支持自动扩容
	微服务能力	系统应采用微服务架构；系统应支持高可用；系统应采用分层式设计
	容器编排能力	系统应支持虚拟化技术；系统应支持容器化编排；系统应支持负载均衡；系统应支持故障转移
	持续集成能力	系统应支持多种发布模式；系统应采用 DevOps 技术工具；系统应支持前端代码分部构建
兼容扩展 能力	平台开放能力	系统应支持第三方配置化接入；系统应支持对接入能力的动态扩展
	信创兼容能力	系统应支持国产主流的操作系统、数据库、中间件、浏览器及硬件
	云原生能力	系统应兼容主流的云原生平台及组件

（4）安全防护能力建设

供应链的数字化还应以平台的系统安全、网络安全、数据安全为前提，形成强大的安全防护能力，规避各种潜在的风险，具体见表8-9所示。

表 8-9 安全防护能力建设绩效评价体系

评价维度	细分指标	设置依据/内涵
网络安全能力	防火墙	系统应满足《防火墙安全技术要求和测试评价方法》（GB/T 20281-2020）各级别要求
	入侵检测	系统应满足《网络入侵检测系统技术要求和测试评价方法》（GB/T 20275-2021）各级别要求
	灾难恢复	自建机房环境或云环境应有明确的灾难恢复供应商/服务商或自我实施保障
系统安全能力	等级保护	系统应通过《信息安全等级保护管理办法》等级认证
	访问控制	系统应支持基于角色和权限的访问控制；应支持对非法操作的追踪记录及限制
	操作日志	系统应记录有用户访问信息、操作信息和系统运行状态信息等数据
	系统运维	应当有系统运维制度、流程、规范等内容；应配备系统运维团；应采用系统运维辅助工具
数据安全能力	数据采集安全	应制定有数据分级分类采集规范；应当有采集人员、采集流程管理制度；应当采用了技术手段鉴别数据源
	数据传输安全	对重要数据传输时应采用加密措施；应当形成应对数据泄露风险的处置措施
	数据存储安全	对数据存储介质应当进行加密及监控；应当进行数据备份并能够快速恢复
	数据处理安全	应当有数据处理的脱敏方案；应当形成数据处理监控的审计措施；应使用数据处理日志记录工具
	数据交换安全	应当使用数据交换平台工具；应支持对数据交换内容的实时监控留痕
	数据销毁安全	应当有数据安全销毁的技术处置措施

2. 业务场景应用行动评价

（1）需求与计划数字化场景

企业应充分应用供应链信息系统或数字化平台开展需求计划和采购计划管理，实现从总部到所有下属单位、所有品类采购需求计划管理的数字化、自动化、智能化支撑，包括采购需求收集、采购需求预测、采购需求预测绩效跟踪、采购计划编制等数字化应用场景，具体见表 8-10 所示。

表 8-10 需求与计划数字化场景绩效评价体系

评价维度	细分指标	设置依据/内涵
需求管理数字化	需求收集	评价企业基于供应链信息系统或数字化平台开展采购需求收集的数字化应用程度，包括从总部到所有下属单位、所有品类采购需求收集、采购需求整合、采购需求与生产计划联动等数字化应用场景
	需求预测	评价企业基于供应链信息系统或数字化平台开展采购需求预测执行的数字化应用程度，包括从总部到所有下属单位、所有品类采购需求预测执行周期管理、采购需求预测模型应用与管理等数字化应用场景
	需求预测绩效跟踪	评价企业基于供应链信息系统或数字化平台开展采购需求预测绩效跟踪的数字化应用程度，包括从总部到所有下属单位、所有品类采购需求预测准确率跟踪、采购需求预测偏差管理等数字化应用场景
计划管理数字化	计划编制	评价企业基于供应链信息系统或数字化平台开展采购计划编制和供应需求匹配的数字化应用程度，包括从总部到所有下属单位、所有品类企业采购计划编制的内外部协作流程等数字化应用场景

（2）采购寻源数字化

企业应基于已建成的供应链数字化平台或采购寻源系统、电子招标系统、非招标系统等信息化、数字化设施开展采购寻源工作，包括从总部到所有下属单位、所有品类的寻源策略管理、寻源执行与寻源绩效管理、采购合同谈判等数字化应用场景，如表 8-11 所示。

表 8-11　采购寻源数字化绩效评价体系

评价维度	细分指标	设置依据/内涵
寻源策略管理数字化	品类寻源策略	评价企业基于采购供应链信息系统或数字化平台开展基于品类的采购寻源策略管理的数字化应用程度，包括基于所有品类的寻源策略模型、成本分析、寻源绩效跟踪等数字化应用场景
	供应市场分析	评价企业基于采购供应链信息系统或数字化平台开展供应资源和供应市场分析的数字化应用程度，包括从总部到所有下属单位、所有品类的供应市场分析等数字化应用场景
寻源执行与寻源绩效管理数字化	采购寻源执行	评价企业基于采购供应链信息系统或数字化平台开展供应资源选择的数字化应用程度，应用范围应覆盖总部及所有下属单位和所有需求品类，包括企业通过招投标、询比价、竞价、全网寻源等多种方式选择供应资源等数字化应用场景
	采购合同谈判	企业应基于采购供应链信息系统或数字化平台开展采购合同谈判，评价采购合同谈判的数字化应用效果，应用范围应覆盖总部及所有下属单位的所有采购合同
	寻源绩效管理	企业应基于采购供应链信息系统或数字化平台开展寻源绩效管理，包括采购经办人工作效率分析，寻源过程周期分析等数字化应用场景，应用范围应覆盖总部及所有下属单位和所有需求品类

（3）履约执行数字化

企业应充分利用供应链信息系统或数字化平台开展采购履约执行，实现总部及所有下属单位采购履约执行过程的全面在线化，如表 8-12 所示。

表 8-12　履约执行数字化绩效评价体系

评价维度	细分指标	设置依据/内涵
采购申请管理数字化	采购申请管理	评价企业在采购申请管理方面的数字化支撑效果与业务应用情况，应用范围应覆盖总部及所有下属单位和所有需求品类
采购订单管理数字化	采购订单执行	评价企业在采购订单执行方面的数字化支撑效果与业务应用情况，包括目录式采购、电商化采购等采购订单执行的数字化应用场景
	采购订单协同	评价企业在采购订单协同方面的数字化支撑效果与业务应用情况，包括总部及所有下属单位的内部协同及供应商协同
	采购订单验收	评价企业在采购订单验收方面的数字化支撑效果与业务应用情况，包括总部及所有下属单位的订单
	采购订单财务协同	评价企业在采购订单的财务协同方面的数字化支撑效果与业务应用情况，包括总部及所有下属单位采购订单的对账、发票、付款、结算、供应链金融等数字化应用场景
采购执行绩效管理数字化	采购执行绩效管理	评价企业在采购执行绩效管理方面的数字化支撑效果与业务应用情况，包括采购订单履约时效、订单服务情况等数字化应用场景
采购合同管理数字化	采购合同管理	企业应基于采购供应链信息系统或数字化平台线上进行合同起草、合同编制、合同签订与合同归档，充分体现合同起草、合同编制、合同签订与归档的数字化应用效果，应用范围应覆盖总部及所有下属单位的所有合同

（4）供应资源数字化

评价企业在供应资源管理方面的数字化应用水平。企业应充分利用供应链数字化平台或供应资源管理系统/供应商管理系统的作用，实现覆盖企业总部、所有下属单位，包含供应商管理、许可供应品类管理、供应商动态量化考核及结果应用等涉及供应资源全生命周期的数字化管理，如表 8-13 所示。

表 8-13　供应资源数字化绩效评价体系

评价维度	细分指标	设置依据/内涵
供应资源细分数字化	供应商关系管理	评价企业能够利用信息系统或数字化平台，基于供应商关系进行不同角色定位管理：交易、长期合作、战略联盟，根据业务需求进行供应商协同（信息共享机制与平台），基于品类进行供应商分类（基于 ABC 维度分析与分类），根据供应商绩效评价进行持续改善
供应资源周期数字化管理	供应商准入	企业充分利用信息系统或数字化平台实施供应商认证准入的过程，范围覆盖企业总部、所有下属单位的所有供应商，包括供应商基本信息的收集，供应商相关资质的认证，以及供应商准入评价的执行等。也包括对不同类别供应商、采用不同标准的差异化供应商管理
	供应商终止	企业充分利用信息系统或数字化平台实现供应商终止的过程，包含供应商终止流程的制定，终止后的后备供应商选择，如何处理供应商切换，基于公司供应商风险管控和供应策略，如何实现价值最优等
供应资源协同数字化	供应资源计划协同	企业应基于信息系统或数字化平台实施供应资源与公司计划协同，包含供应商协同策略的制定，供应商协同规划，预测与补货计划，与不同类型供应商的协同机制分类，协同计划组织的职能和考核绩效跟踪等数字化应用场景
	供应资源订单协同	企业应依托采购供应链数字化平台开展供应资源订单协同，包含企业采购记录与供应商订单协同，基于协同计划分解到交货计划，基于采购品类分类（ABC/XYZ）制定不同的订单协同策略等数字化应用场景
供应资源绩效管理数字化	供应资源绩效管理	企业应充分利用信息系统或数字化平台开展供应商绩效策略管理，包含供应商绩效管理模型的定义，根据供应商分类，采用不同的绩效管理策略，绩效策略需要随着采购战略的迭代不断调整优化
	供应资源绩效评价	评价企业在信息系统或数字化平台中开展供应商资源绩效评价的应用水平，包含供应商评价方案的制定，涵盖从指标设计到数据收集直至汇总、分析以及结果沟通；供应商评价结果将作为供应商绩效改进和供应商差异化管理策略制定的依据
供应资源优化数字化	供应资源评审	评价企业基于信息系统或数字化平台开展供应商评审的应用水平，包含供应商评审的格式和频次，供应商评审流程的制定，供应商评审体系的构建
	供应资源持续改进	评价企业借助信息系统或数字化平台实施供应商管理的持续改进过程，包含构建供应商评价、评审及反馈机制，快速构建供应商多维度的指标评价报表，不断迭代供应商目录，保持优质供应商的比例，基于供应商评价、评审的结果，在采购决策中制定供应商合同和配额比例

（5）仓储物流与废旧物资处置数字化

企业应充分应用供应链信息系统或数字化平台开展仓储物流管理，仓储物流的数字化应用包括仓储数字化和物流运输数字化两方面。企业应充分利用供应链数字化技术、自动感知技术或数字化平台，全面实现出入库、收发货、库存管理，以及运单管理、运输计划的自动化和信息化，实现物流运输轨迹可视以及路径优化、仓储布局优化等，实现废旧物资处置数字化，如表 8-14 所示。

表 8-14　仓储物流与废旧物资处置数字化绩效评价体系

评价维度	细分指标	设置依据/内涵
仓储管理数字化	收货入库管理	企业利用仓储数字化系统开展收货管理的数字化应用程度,包含基于供应商预发货清单安排收货计划、基于收货物资的体积和重量、使用频次合理安排转储计划,在收货过程中考虑批次管理和序列号管理
	内部作业管理	企业利用仓储数字化系统开展货位管理的数字化应用程度,包括根据不同物资存储容积、重量、使用频次,来确定货位仓储类型,使用物联网新技术,来定位物资货位,统计物资货位生命周期,基于物流情形,定期调整货位类型和参数
	库存与储备管理	企业开展库存与储备管理的数字化应用程度,包含不同物资的库存分级分类管理、安全库存管理、储备定额管理、联储联备等数字化应用
	拣货出库管理	企业利用仓储数字化系统开展拣货出库管理的数字化应用程度,包含拣货出库过程中需要考虑的批次规则、拣货批次批量货物类型、转储订单的时间优先级等,实现拣货出库效率最大化
物流运输数字化	运单管理	企业基于物流运输系统开展运单管理的数字化应用程度,包含根据运单类型、运单优先级管理运单、运单状态过程管理、运单异常管理,以及运单与销售订单、采购订单的协同联动
	运输计划与调度	企业基于物流运输系统进行运输计划与调度的数字化应用程度,包含考虑运输资源的类型、运输能力、运输路线、运单优先级、运输计划的进度监控和轨迹可视、运输计划中的异常订单管理、运输路径的优化、仓储布局的优化,以及运输计划与发货计划、生产计划的协同联动
	运费管理	企业基于物流运输系统进行运费管理的数字化应用程度,包含运费核算、运费凭证的校验和审核、运费凭证的统计、基于运费凭证的支付方式
废旧物资处置数字化	废旧物资处置	企业应充分利用供应链数字化平台或信息化系统,实现拆旧换新、坏件返修、废旧物资集中处置的数字化支撑,包括废旧物资信息发布、废旧物资竞价拍卖、废旧物资交割等数字化应用场景

（6）质量管理数字化

企业应充分利用供应链信息系统或数字化平台开展质量管理,实现物资质量全生命周期管理的数字化,包括质量管理策略的数字化、质量事件管理的数字化等应用场景,如表 8-15 所示。

表 8-15　质量管理数字化绩效评价体系

评价维度	细分指标	设置依据/内涵
质量策略管理数字化	质量数字化策略	企业应充分利用数字化平台开展质量数字化策略制定,包含规划和制定企业执行各类质量管理标准,为质量管理提供全面、完整的管理工具,管理供应商合同的技术标准,质量管理的解决方案库建设,构建质量持续性改进的机制等数字化应用场景
	质量数字化流程	企业应充分利用数字化平台开展质量数字化流程运营,包含质量管理平台的建设,质量检测检验申请提报、审批的全过程,产品质量数据采集,针对产品质检检测结果进行检验判定等数字化应用场景
质量事件管理数字化	质量事件过程协同	企业应充分利用数字化平台开展质量事件全过程协同管理,包含与供应商、用户方协同对采购货物接收时的质检,采购流程质量控制,质量投诉处理,转储货物检测,库存到期检测等数字化应用场景
	质量事件结果处理	企业应充分利用数字化平台开展质量事件结果处理,包含标准采购货物不合格,委外采购货物不合格,货物到期不合格,对不合格货物转移至待检区的处理全过程

7）品类管理数字化

企业应充分应用信息化或数字化手段开展品类管理，实现品类管理策略、品类管理分析、品类管理应用的全面数字化，如表 8-16 所示。

表 8-16　品类管理数字化绩效评价体系

评价维度	细分指标	设置依据/内涵
品类管理分析数字化	品类支出分析	企业利用供应链数字化平台或信息化系统开展品类开支分析，包括采购金额、采购数量等，通过品类支出指标的量化分析识别品类改善机会点，并为品类管理策略的制定提供参考
	品类需求分析	企业应充分利用供应链数字化平台或信息化系统对品类的不同层次的商业需求进行分析，既包含质量、成本、交期等基本运营方面的需求，也包含联合流程改进、战略合作、产品创新等方面的高阶需求，通过指标分析能够识别品类改善的机会点，并为品类管理策略的制定提供依据
	供应环境分析	企业应充分利用供应链数字化平台或信息化系统对品类的市场环境进行分析，包括企业供应资源在行业内的竞争情况，品类的市场行情、价格库，与主要竞争对手的对标分析等，通过指标分析能识别品类供应环境的风险点和机会点，为品类管理策略的制定提供依据
品类管理策略数字化	品类策略制定	企业应充分利用供应链数字化平台或信息化系统，基于对品类开支、商业需求、供应环境等方面的充分分析，制定品类管理策略，包括明确品类的定标与供应目标、寻源策略、定价策略、供应商管理策略等
	品类策略执行	企业应充分利用供应链数字化平台或信息化系统，按照品类管理策略执行相应的采购项目，实施相应采购行为
品类管理应用数字化	品类管理绩效	企业应充分利用供应链数字化平台或信息化系统，结合采购组织的绩效目标，衡量品类管理绩效的数字化水平
	品类管理绩效改进	企业应充分利用供应链数字化平台或信息化系统，对品类管理进行总结与复盘，持续改善品类绩效

8）风险管理数字化

企业应充分利用供应链数字化平台或信息化系统，实现供应链风险管理的数字化，包括交付风险、成本风险、质量风险、违法违规风险等数字化应用场景，如表 8-17 所示。

表 8-17　风险管理数字化绩效评价体系

评价维度	细分指标	设置依据/内涵
供应风险管理数字化	交付风险	充分利用供应链数字化平台或信息化系统识别和管理交付风险
	成本风险	充分利用供应链数字化平台或信息化系统识别和管理成本风险，包括供应链成本上涨、采购组织成本目标无法达成或供应链成本控制失效等方面的风险分析和管控
	质量风险	充分利用供应链数字化平台或信息化系统识别和管理质量风险，包括采购产品或服务等质量风险管理，如外观不良、功能缺陷、性能不达标等
监管风险管理数字化	违法风险	充分利用供应链数字化平台或信息化系统识别和管理采购违法风险，包括对采购行为存在违反招标投标法或当地法律法规要求的风险，如出口管制法、反贿赂法、招标投标法、电子招标投标规范等
	内控风险	充分利用供应链数字化平台或信息化系统识别和管理采购内控风险，包括采购人员在业务活动中违反公司流程制度的要求，识别工作人员的违规行为等
	可持续性运营风险	充分利用供应链数字化平台或信息化系统识别和管控可持续性运营风险，包括供应链运营过程中对社会、经济、环境的不良影响等方面的风险

（三）成效评价体系构建

企业应建立供应链数字化成效度量指标、供应链绩效指标，形成相应计算模型，以验证供应链数字化场景应用效果。依托供应链数字化管理平台获取指标要素的相关数据，通过计算模型，测算供应链数字化成效和对供应链绩效改进的贡献，以便调整供应链数字化相关措施，持续推进供应链数字化行动。

1. 数字化成效评价

（1）供应链全业务在线率

供应链全业务在线率评价指标主要包含业务全程在线率、组织上线率、品类上线率、供应商动态量化考核在线率等细分指标，具体见表 8-18 所示。

表 8-18　供应链全业务在线率评价体系

评价维度	细分指标	设置依据/内涵
供应链全业务在线率	业务全程在线率	实现供应链业务从需求提出到需求满足的全流程端到端各环节全面上线，实现业务的全面数据化
	组织上线率	实现从总部部门到下属业务板块、各分子公司、控股公司的采购供应链业务全部上线管理、操作，实现业务全面数据化（涉及军工等特殊要求需要保密的除外）
	品类上线率	实现从总部部门到下属业务板块、各分子公司、控股公司采购供应链业务所需品类全部纳入线上管理和业务操作，实现业务全面数据化（涉及军工等特殊要求需要保密的除外）
	供应商动态量化考核在线率	实现所有供应商的所有考核评审项目在线动态量化考核，包括但不限于准入评审、年度评审、季度评审（如有）、合同（订单）履约评审、即时评审等

（2）供应链数字化效能

供应链数字化效能评价指标主要包含供应链业务操作自动化、供应链集成协同化、供应链决策预测智能化等细分指标，具体见表 8-19 所示。

表 8-19　供应链数字化效能绩效评价体系

评价维度	细分指标	设置依据/内涵
供应链数字化效能	供应链业务操作自动化	实现在集团或被评价企业层面全流程各环节业务的自动化处理，包括但不限于需求的自动归集汇总、自动分发，预算自动控制、基于规则的订单自动下达、招采环节的响应要素自动评审、供应商相关市场信息的自动搜集、出入库自动感知、库存自动盘点、自动计量等
	供应链集成协同化	运用一体化的供应链数字化平台或集成化管理系统，并与供应商、需求用户、相关管理部门的信息系统或数字化平台集成共享，实现从线下沟通到数字化时代的系统集成、线上交互、商务协作、价值创造和生态共赢等集成协同
	供应链决策预测智能化	基于统一的业务数据标准和业务流程模板，为供应链各环节研究建立了辅助决策、预测数字化模型，通过数据模型的智能、仿真分析驱动供应链业务运行、提供业务优化与商业模式创新建议等。包括但不限于基于品类的需求预测模型、安全储备模型、供应商评价模型、智能评标模型、供应数据全链路分析模型等，协同供应链上下游企业数据信息实现智能决策、预测和优化

2. 数字化贡献评价

（1）行业引领示范作用

行业引领示范作用评价指标主要包含数字化发展模式领先度、供应链数字化标准制定细分指标，具体见表 8-20 所示。

表 8-20　行业引领示范作用绩效评价体系

评价维度	细分指标	设置依据/内涵
行业引领示范作用	数字化发展模式领先度	形成路径清晰、功能完整的供应链数字化发展模式和数字化成果，值得行业内其他企业学习借鉴，受到同行认可
	供应链数字化标准制定	在供应链数字化领域积极参与国家标准/团体标准的制定，将企业供应链管理及供应链数字化的理念、模式融入标准制定中，服务社会

（2）新业态培育创新

新业态培育创新评价指标主要包含产业数字化带动、数字产业化带动两个方面。产业数字化带动评价指标主要包含供应链数字化带动、网络协同制造带动等细分指标；数字产业化带动评价指标主要包含数字技术服务产业带动、数字经济生态带动等细分指标，具体见表 8-21 所示。

表 8-21　新业态培育创新绩效评价体系

评价维度	细分指标	设置依据/内涵
产业数字化带动	供应链数字化带动	在数字化供应链运营过程中带动供应商开展网上销售，如供应商配合企业开展电商化销售或设立电商化销售部门、电商化岗位等，从而提升整个产业链、供应链的流通、运营效率
	网络协同制造带动	在主要设备、物资的采购过程中，将企业的供应链数字化能力延伸至供应资源端，影响和带动供应商，从产品设计、生产计划、质量要求等方面与企业开展网上制造协同，达成供应端与企业采购需求的高效配合
数字产业化带动	数字技术服务产业带动	企业供应链数字化平台或信息系统积极采用或推动研发新的数字技术、数字化功能，对其他企业有较强的借鉴或参考价值，推动供应链数字化新技术的开发或应用推广
	数字经济生态带动	企业借助数字技术或依托供应链数字化平台，构建供应链数字化生态，将供应链生态体系下的各要素融入企业供应链数字化平台，协同提质增效，带动数字化价值向产业生态扩张

新通 SSCPM 评价体系

新通 SSCPM 是由研发者历时三年，潜心研究，联合 23 位行业专家，调动了全球最顶尖高科技企业（如亚马逊、华为、思科、IBM、富士康、捷普等世界 500 强企业）供应链专家、CSR 智库、利益相关者的资源，共同合作产生的、具有实操价值的实证研究成果——《全球高科技企业可持续供应链绩效评价体系》。新通 SSCPM 评价体系通过运用 MCDA 多准则决策分析方法 MACBETH 构建了一个绩效评价的智能决策模型，运用 AI 和供应链的复合知识体系，实现了系统最优的决策算法，该模型是全球高科技领域首创，覆盖细分行业包括：电子信息、生物医药、航空航天、新材料、高科技服务、新能源与节能、资源与环境、智能制造和自动化。

新通 SSCPM 构建了一套包括经济、环境、社会和运营四个维度的 23 个指标和权重指数，形成可持续供应链绩效评价的多准则、多维度评价模型，经过多案例验证，这套方法和体系可以有效地评估企业的供应链绩效，精准地为企业的供应链把脉问诊。新通 SSCPM 作为一套实用的供应链评价工具，可以为企业的战略决策提供重要参考。新通公司将此科研成果和方法论进行商业转化，帮助全社会各行业企业更好地进行供应链绩效管理的数字化转型、供应链的精细化管理和供应链的大数据运营，实现中国企业的高质量发展，构建新发展格局，提升国际竞争力，引领全球行业产业链、企业供应链、价值链的发展。新通 SSCPM 供应链绩效评价体系具备一定的弹性和动态性，可以根据不同行业、不同企业规模和不同发展阶段的特点进行模型修正和指标调整，帮助企业从可持续发展的战略高度对供应链进行全方位评价，提出改善建议，推动公司整体的管理优化和持续改进。新通 SSCPM 评价指标科学、客观、系统化、数字化、智能化、可采集、可跟踪、直观可视，最大程度地规避了人为偏好的主观判断，实现精准化、精细化的供应链管理，数据量化评价指标可以推动企业绩效管理的数字化转型和企业供应链可视化，AI 在供应链管理中得到实际应用。

通过新通 SSCPM 全方位的绩效评价，可以加强公司内各部门之间的协同与跨部门间的协作，此外核心企业还可以将供应链绩效评价标准传递给产业链上下游生态合作伙伴，对不同行业、不同类型的供应商进行全方位的评价和排名，筛选出战略供应商、优质供应商以及风险供应商，强化企业间的合作与共赢。通过新通 SSCPM 的衡量、评价和分析，可以精准地发现管理弱点，促进企业的可持续发展和长期运营。此外，新通 SSCPM 还可以帮助上市公司展现供应链的可持续发展能力，将供应链的绩效，如绿色、双碳、环保减排、社会责任等指标公开透明化，完美呈现给公众和利益相关者，有利于政府和行业的 ESG 监管，并满足全球化的合规要求。

新通 SSCPM 不仅可以帮助大型企业对供应链进行跟踪和监管，还可以帮助政府或行业监管机构对行业、对产业链的供应链发展状态进行实时动态跟踪和监管，制定与供应链发展状态契合的产业政策，也可以帮助企业对产业链生态圈上下游合作伙伴和竞争对手进行供应链的产业洞察、市场分析等。企业管理的任何数据都需要进行管理、深度分析和客观评价，新通 SSCPM 可以有效地利用企业的现有数据源和数据资产，通过数字化的绩效管理系统实现数据资产的专业挖掘和深度分析，为未来企业管理的智能化发展打下坚实的数据基础。

资料来源：Tong 供应链管理，《新通 SSCPM——引领供应链绩效管理的数字化转型（AI＋供应链）》

思考： 不同的评价体系对企业发展有何影响？

任务三　数字化供应链绩效管理

企业可以依据数字化供应链运行情况、投入产出、协同水平、价值创造等构建供应链绩效分析模型，基于模型对供应链综合绩效进行量化评价和对比分析；依据供应链绩效监测和评价结果，对企业供应链管理相关部门和人员，外部供应商、经销商、服务商、客户等供应链合作伙伴，以及供应链整体运营状况等进行量化考核，实现数字化供应链绩效管理。

一、数字化供应链绩效评价模型

（一）CSCMP 模型

CSCMP 作为物流和供应链领域权威的专业协会之一，提出了"供应链管理流程标准"，我们称之为"CSCMP 模型"。CSCMP 模型在计划、采购、制造、交付和回收五个主要供应链流程的基础上增加了一个执行，总共为六个部分。

CSCMP 每个主要流程都包括很多次级流程，其流程框架结构如图 8-3 所示。

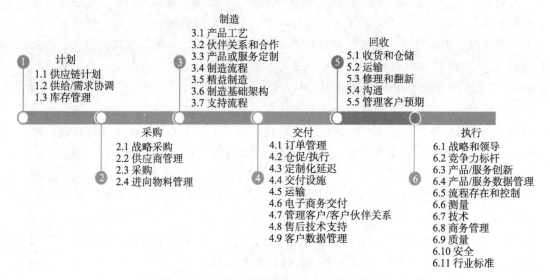

图 8-3　CSCMP 模型供应链管理流程标准结构

从某种程度上说，CSCMP 模型是为尽可能多的行业提供一个通用的参考指南，帮助企业评估目前的流程，助其迅速掌握各环节的最佳实践效果并结合企业成本情况，找到适合自身发展的最佳运作方式。

此外，CSCMP 模型的应用，还需要考虑全球化的问题。应用者在引入国际物流的过程和实践时，在不同的地理范畴中，可能需要增加一些本标准没有包括的流程。

（二）GSCF 模型

道格拉斯·M.兰伯特（Douglas M.Lambert）是美国俄亥俄州立大学运输与物流专业的首席教授，也是战略物流学的奠基人。作为供应链管理的思想领袖之一，他率先提出了"供应链管理不是物流的代名词"的科学论断，一直将供应链管理作为一门全新的学科展示给世人。早在 1992 年，兰伯特教授在 3M 公司的一位高管的鼓励下，成立了一家供应链研究中心。该中心在 1996 年更名为"全球供应链论坛"（GSCF），并提出了 GSCF 模型。

GSCF 模型将供应链成员分成核心公司、核心公司供应链的成员公司和核心公司供应链的非成员公司三个层次，将供应链流程划分为被管理的流程连接、被监督的流程连接、未被管理的流程连接和非成员流程连接。GSCF 模型凸显了在整个供应链过程中整合各个供应链成员企业的功能，而不是管理单一企业的供应链。在对供应链成员和连接进行分类的基础上，GSCF 模型将供应链管理流程分为 8 个部分：客户关系管理、客户服务管理、需求管理、订单履约、制造过程管理、供应商关系管理、产品开发及定制化、退货管理，具体如图 8-4 所示。

图 8-4　供应链管理流程

二、数字化供应链绩效评价方法

针对传统供应链绩效评级管理中的问题和缺陷，出现了不同的供应链绩效评价方法，如 ROF 法、SCOR 法、平衡供应链计分法（balanced SCM scorecards，BSC-SC）和智能可视化评价等。

（一）ROF 法

该方法由 Beamon 于 1999 年提出，为避免传统绩效评价中出现的问题，他提出了三个方面的绩效评价指标，可以反映出供应链的战略目标：资源（resources）、产出（output）以及柔性（flexibility）。资源评价和产出评价在供应链绩效评价中都已经得到了广泛的应用，而柔性指标则在应用中比较有限。这三种指标各自都具有不同的目标。资源评价（成本评价）是高效生产的关键，产出评价（客户响应）必须达到很高的水平以保持供应链的增值性，柔性评价则要达到在变化的环境中快速响应。它们之间是相互作用、彼此平衡的。

Beamon 认为，供应链评价系统必须从这三个方面进行评价：

- 资源评价包括库存水平、人力资源、设备利用、能源使用和成本等方面。
- 产出评价主要包括客户响应、质量以及最终产出产品的数量。
- 柔性评价主要包括范围柔性和响应柔性两种。

（二）SCOR 法

供应链运作参考模型（supply chain operations reference，SCOR）是由供应链理事会

（Supply Chain Council）提出来的。SCOR 体现了"从供应商的供应商到客户的客户"的供应链管理思想，覆盖了从订单到付款发票等所有客户的交互环节、供应商的供应商到客户的客户的所有物流转运、所有的市场交互、总体需求的了解和每个订单的执行。与此同时，供应链运作参考模型还提供了涵盖整个供应链的绩效评价指标。

1. 物流绩效

物流绩效也成为企业必不可少的竞争利器，国际市场竞争压力迫使物流配送的提前期越来越短。SCOR 从以下 3 个方面进行评价：从接到订单至发运的提前期、订单完成率、订单的响应速度。

2. 生产柔性与供应链提前期

生产柔性被定义为非计划产出提高 20%的生产时间；供应链循环期/提前期则被定义为"内部零库存生产或外包的平均时间 + 生产完成到交货的平均提前期+预测提前期"。实现以上优化必须保证和供应商的有效联系与共同改进，以提高整体绩效。

3. 物流成本

物流成本主要包括整体的物流管理成本和订单管理成本，涵盖了从内部原材料的采购、供应开始，到半成品、产成品的制造、包装、搬运装卸、仓储、运输，以及在消费领域发生的验收、分类、仓储、保管、配送、回收等所有的成本。

4. 资产管理

供应链资产管理主要包括库存、厂房、资金和设备，可以通过库存占销售产品成本的比率和现金周转率以及净资产收益率来表示。此时的现金周转率是指从原材料的现金投入到客户端的现金收回的平均日期。

（三）平衡计分法

平衡计分法的概念反映在一系列指标间形成平衡，即短期目标和长期目标、财务指标和非财务指标、滞后型指标和领先型指标、内部绩效和外部绩效之间的平衡。管理的注意力从短期目标的实现转移到兼顾战略目标的实现，从对结果的反馈思考转向对问题原因的实时分析。平衡计分法从以下四个角度出发，代表了三个主要利益相关的群体——股东、客户、员工，确保组织从系统观的视角反映战略的实施。平衡计分法具有四个主要的特征。

1. 客户角度

企业为了获得长远、出色的财务业绩，就必须创造出客户满意的产品和服务。平衡计分法给出了两套绩效评价方法：一是企业在对客户方面期望达到的绩效所采用的评价指标，主要包括市场份额、客户保有率、客户获得率、客户满意度等；二是针对第一套指标的各项进行细分，逐层细分，制定出评分表。

2. 内部流程运作角度

这是平衡计分法突破传统绩效评价的显著特征之一。传统绩效评价虽然加入了生产提前期、产品质量回报率等评价，但是往往仅停留于单一部门绩效上，仅靠改造这些指标，只能有助于组织生存，而不能形成组织独特的竞争优势。平衡计分法从满足投资者和客户需要的角度出发，从价值链上针对内部的业务总流程进行分析，以更好地满足或超越客户的需求。主要包括运作质量指标、时间指标、弹性指标和目标成本指标。

3. 改进学习角度

这为其他方面的绩效突破提供手段。平衡计分法实施的目的和优势之一就是避免短期行为，强调未来投资的重要性。同时并不局限于传统的设备改造升级，更注重员工系统和业务流程的投资。平衡计分法注重分析满足客户需求的能力和自身现有能力的差距，将注意力集中在内部技能和能力上，这些差距将通过员工培训、技术改造、产品服务得以弥补。主要包括新产品开发循环期、新产品销售比率、流程改进效率等。

4. 财务角度

企业各个方面的改善只是实现目标的手段，而不是目标本身。企业所有的改善都应通向财务目标。平衡计分法将财务方面作为所有目标评价的焦点。如果说每项评价方法是综合绩效评价制度这条纽带的一部分，那么因果链上的结果还是归于"提高财务绩效"。Kaplan 和 Norton 从产品/服务生命周期的相关阶段选择评价指标，包括成长期、持续期、收获期。成长期的指标包括销售量、新加盟客户及流程改进；持续期分析投资回收期、现金流、EVA；收获期则基于现金流分析，包括收益量等。

BSC 在这四个方面的主要目标以及其相互关系可以如图 8-5 所示。

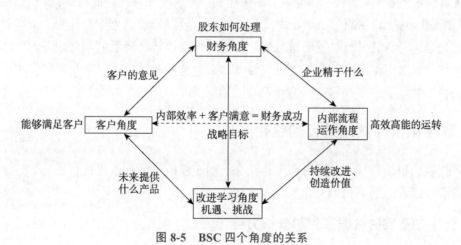

图 8-5　BSC 四个角度的关系

（四）智能可视化评价

供应链绩效智能可视化评价是基于数字化供应链管理平台构建的一种供应链绩效评价方法，通过将供应链各个环节的数据进行汇总、分析和可视化展示，以帮助企业快速识别供应链中的问题和瓶颈，明确改进方向和措施，提高供应链的效率和绩效。

1. 数据采集和整合

数字化供应链管理平台实时采集供应链各个环节的数据，并进行整合和处理。例如，采购环节的数据包括供应商评价、采购交易、采购成本、采购周期和采购成功率等；生产环节的数据包括生产计划执行、设备利用率、产品满足率和生产成本等；物流环节的数据包括仓储成本、配送准时率、物料转移率和库存周转率等；质量环节的数据包括产品缺陷率、客户投诉率、客户满意度和采取的纠正措施等。

2. 数据分析和挖掘

通过数据分析和挖掘，对供应链绩效进行建模和预测，识别供应链中的问题和瓶颈。例如，分析采购环节的数据，可以发现某些供应商交货不及时、质量不稳定，导致交货周期长，成本增加。分析制造环节的数据，可以发现某些生产订单超时，导致产品满足率降低，客户投诉增加。分析物流环节的数据，可以发现某些仓库库存高，库存成本增加，缺货率高，配送准时率降低。

3. 数据可视化展示

将供应链绩效数据以可视化的方式展示出来，如仪表盘、图表、报表等形式。例如，在仪表盘上显示供应商交货周期、生产订单执行率、配送准时率和库存周转率等关键指标，以及它们的变化趋势和预测结果。将这些指标的数据以折线图、柱状图等形式展示出来，便于快速发现潜在问题和趋势变化。

4. 绩效评价和改进分析

通过集中展示供应链绩效数据和指标，企业可以对供应链的绩效进行评价和改进分析。例如，对于交货周期长、成本增加的供应商，可以考虑寻找新的供应商或与其谈判，帮助其改进。对于订单超时、满足率降低的问题，可以考虑优化生产计划、提高设备利用率和加强生产管理等。对于配送准时率降低、库存周转率降低的问题，可以考虑优化物流网络、提高库存准确率和配送可靠性等。通过这些改进措施，企业可以实现供应链绩效的提升和优化，提高客户满意度和企业竞争力。

三、数字化供应链绩效管理优化

依据供应链绩效监测、评价和考核结果，制定供应链绩效改进优化措施，持续优化供应链业务活动、协同机制和生态体系。

（一）加强实时数据采集和分析力度

数字化供应链可以通过物联网、RFID、传感器等技术实现供应链各环节数据的实时采集和传输，进而进行数据分析、可视化展示和绩效评价。例如，可以通过物流信息系统实现物流信息的实时跟踪和共享，提高物流配送的效率；通过数字供应链平台实现采购需求、计划和库存等数据的实时共享，实现生产计划和采购计划的精准控制

（二）加快供应链数字化转型

数字化供应链可以通过数字化转型，实现供应链的自动化、智能化和可视化，提高供应链效率和绩效。例如，可以通过智能仓储系统、机器人等技术实现仓储管理的自动

化和智能化，提高库存管理效率和准确度；通过可视化的供应链管理平台，实现供应链数据的实时监控和管理，提高供应链风险管理和效率。

（三）强化供应链协同和合作

数字化供应链可以通过供应链协同和合作，提高供应链各环节之间的协同和资源共享，提高供应链效率和绩效。例如，可以通过协同配合、信息共享等方式，实现供应链各参与方之间的协同和协作，提高生产、采购和物流的效率。

（四）提高数据安全和风险管理

数字化供应链在优化绩效的同时，需要注意数据安全和风险管理问题。例如，通过加强数字化供应链平台的数据安全保护和风险控制，降低供应链数据泄漏和网络攻击等风险。

（五）提高供应链智能化决策水平

数字化供应链可以通过供应链智能化决策支持，提高供应链管理的科学决策水平，优化绩效。例如，可以通过供应链智能化分析平台，实现对供应链数据的分析和预测，为供应链决策提供科学的依据和支持。

总之，数字化供应链绩效优化需要综合运用技术手段、管理方法和决策支持，加强供应链协同和合作，降低供应链的风险和成本，提高供应链的效率和绩效。

中国移动数字化供应链加速成型

6月15日，中国移动发布"2022年可持续发展报告"，这是中国移动连续17年发布可持续发展报告。报告以"领航信息文明 赋能高质量发展"为主题，围绕"至诚尽性，成己达人"的履责理念，通过"数智创新""包容成长""绿色发展""卓越治理"四条主线展现中国移动准确把握数字经济时代价值，推动数字经济和实体经济融合发展走深走实，做强企业基本面，着力赋能经济、社会、环境数智化转型，实现高质量、可持续发展。报告连续第10年获得"中国企业社会责任报告评级专家委员会"五星以上评价，首次获得"五星佳"最高评级。

中国移动已形成1个采购共享中心、5个大区物流中心、超过50家分支机构的两级专业服务体系。"横向归口、纵向集中"的两级采购管理机制，覆盖了全集团各单位，统一规范了全集团采购专业语言，实现"书同文、车同轨、行同伦"。供应链管理系统（SCM）覆盖了全集团所有单位，实现了从需求收集、采购实施到仓储物流的全流程管控，并与ERP、合同、报账实现系统贯通，以"一码到底"打通了从投资立项到计划、采购、下单、仓储、工建、交维、转资、退服及逆向物流的每个环节。系统中的大数据平台，目前已构建42个场景，控制产品质量风险3000余例、拦截围标串标行为560起、带动产业链整体效率提升30%。

在2023年中国移动5G发展大会上，中国移动携手合作伙伴启动了"5G绽放计划"，加速实现"百、千、万、亿"5G 赋能行业总目标，在全国打造百个 5G 龙头标杆，每领域落地超千个 5G 精品项目，服务超万家 5G 用户，带动万亿级经济价值增长。通过需求共同挖掘、产品共同打造、项目共同交付、价值共同创造，不断引领 5G 技术创新、攻克行业发展难点，一个更团结、更高效、更强壮的生态链将迎来更全面的共赢。

资料来源：齐鲁壹点，《中国移动发布 2021 年可持续发展报告》

思考：中国移动数字化供应链发展是以什么评价体系推进成功的？

同步实训　数字化供应链绩效评价现状调研

实训背景

随着全球制造业的蓬勃发展，数字化供应链管理在制造业中逐步发展起来，成为一种新的管理模式。市场竞争不再是单个企业之间的竞争，而是供应链之间的竞争。因此，数字化供应链管理绩效评价，对企业数字化转型发展尤为重要。数字化供应链绩效评价是指围绕供应链的目标，对供应链整体、各环节所进行的事前、事中和事后分析评价。数字化供应链企业绩效评价指标应该能够恰当地反映供应链整体运营状况以及上下游节点企业之间的运营关系，是供应链管理的重要内容，对于衡量供应链目标的实现程度及提供经营决策支持都具有十分重要的意义。

实训目的

掌握数字化供应链绩效的评价内容、评价体系。

实训组织

（1）自由组合成小组，每组 3～4 人。
（2）网络调研中国移动等知名企业的供应链评价体系。
（3）构建一套供应链评价体系分析构建理由及合理性。
（4）以小组为单元整理成 PPT，全班共享。

实训评价

教师对各组做出综合评价，参见表 8-22。

表 8-22　数字化供应链绩效评价现状调研评分表

考评人		被考评人		
考评地点		考评时间		
考评内容	数字化供应链绩效评价现状调研			
	具体内容		分值	实际得分
考评标准	PPT 演讲兼具逻辑清晰、表达流畅		10	
	数字化供应链评价体系科学合理、层次分明		30	
	调研数据详实，数据处理方法得当		30	
	结论明确，且具有启发性		20	
	体现数字化供应链绩效评价特征		10	
	合计		100	

同 步 测 试

1. 简述传统供应链绩效评价流程。
2. 数字化供应链绩效评价体系构建的维度有哪些？
3. 数字化供应链绩效评价模型有哪些？阐述其内容。
4. 简述平衡计分卡的四个维度和特征。
5. 简述数字化供应链绩效评价优化措施。

自学自测　　　　扫描此码

项目 九

数字化供应链风险管理

学习目标

素养目标	知识目标	能力目标
· 树立风险意识，加强供应链风险识别和防范 · 树立安全意识，加强数字化供应链的安全管理 · 树立法治意识，确保数字化供应链的合法合规	· 了解数字化供应链风险管理的概念 · 掌握数字化供应链风险的类别及内容 · 体会数字化供应链风险管理在现代企业管理中的重要作用	· 能及时发现供应链管理中潜在的风险因素，采取相应的风险管理措施 · 能对风险进行评估和优化，采取相应的措施进行风险控制 · 能协调供应链各环节共同应对风险，提高整个供应链抵御风险的能力

思维导图

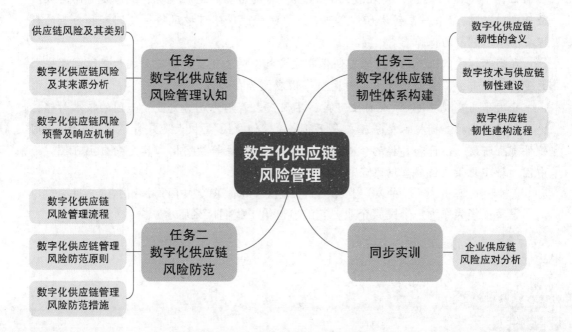

MetaERP 对中国数字供应链有多重要？

2019 年 5 月 16 日，美国商务部将华为及其 68 家附属关联公司列入"实体清单"，全面禁止华为在未经美国政府批准的情况下从美方获得元器件和相关技术及服务。

ERP 系统相当于华为的中枢神经，是支撑华为业务运转的底层支柱，一旦无法运行，公司可能会陷入全面瘫痪。面对美方的强力扼杀，华为并没有一味地消沉下去，而是不断提高自主研发能力。2023 年 4 月 20 日，华为宣布实现自主可控的 MetaERP 研发，并完成对原有 ERP 系统的替换。华为突破封锁，"活"了下来。

ERP 系统是华为数字供应链的底层运转机器，掌握着生产、制造、财务、库存、采购等流程的命脉，已经支撑了华为 20 多年的发展历程，每年涉及数千亿元产值的业务，掌管跨越了 170 多个国家的高效经营。离开了 ERP 系统，企业的供应链管理就像是无源之水、无本之木，只能够"手抄本、鸡毛信管工业生产"，效率极其低下。

美国将华为列入"实体清单"，全面禁止美国公司向华为出售软件和技术、提供更新和维护服务，就是抽掉了支撑华为数字供应链大厦的基层支柱，使华为面临着系统停运、业务停摆、供应瘫痪的致命风险。

据介绍，MetaERP 实现了全线自主可控。采用云原生技术、元数据多租技术与实时智能技术，使系统更稳、响应更快、数据更准；首创配线架工具，实现了 300 多个应用一键切换；首创超大数据量业务快速迁移方法，4 小时完成了 708 亿行异构数据平滑迁移。

作为企业的底层信息化支撑，ERP 系统涵盖了企业的大量核心数据，是企业日常经营的必备"武器"。美欧厂商在我国高端 ERP 市场占据的绝对优势，就像是"面对敌人敞开大门"，将带来一系列诸如信息泄露、系统停供等不可控风险，使国家和企业的数据安全得不到有力保障。

在国际环境风云变幻、全球贸易保护主义抬头的当下，数据安全成为保障国家安全的重要组成部分，全面推进中国自主数字供应链势在必行。

此次华为实现 ERP 系统自主可控，不仅代表着华为成功突破了美国的技术封锁，更是中国长期被美国技术垄断压在身下的一次"翻身仗"，极大地鼓舞了国产 ERP 应用软件自主研发、设计和替换的信心，有助于 ERP 软件等数字化工具走向自主可控，为中国的数字化供应链转型增添了一层自主的保障。

资料来源：掌链，《华为冲破美对其供应链关键扼杀 MetaERP 对中国数字化供应链多重要？》

思考：华为作为一个民族企业，它的事迹给了我们什么启示？

任务一　数字化供应链风险管理认知

一、供应链风险及其类别

（一）供应链风险的含义

随着经济全球化的发展，组织越来越依赖于复杂的供应链网络，每个组织都置身于可能会危害供应链业务的不同种类的风险之中。在环境多变、需求多样、竞争激烈的大背景下，供应链的多参与主体、跨地域、多环节的特征，使供应链容易受到来自外部环境和供应链上各实体内部不利因素的影响，形成供应链风险。

供应链风险是指在特定客观条件下，在特定期间内，由风险因素引起的风险事件的发生。供应链风险会影响供应链的正常运行，导致损失的产生，它影响和破坏了供应链安全运行，从而无法达到供应链管理的预期目标，造成供应链效率下降、成本增加，是导致供应链网络失效和解体的不确定因素。

（二）供应链风险的类别

传统的供应链管理给企业带来经济效益，同时也带来了一些风险。其原因在于供应链并没有改变其内部的节点企业在市场中的独立法人特性，更没有消除其潜在的利益冲突，本质上是一种介于企业与市场间的虚拟企业。在其系统内部，各节点企业通过非完全契约的方法实现企业之间的合作，用信息共享的方法提高对最终顾客核心需求的反响速度，因而具备了企业管理的强制性和市场交易中的灵活性，但是各种风险也日益凸显。主要包括以下几方面。

1. 系统风险

系统风险是指由供应链自身系统结构决定的、使供应链系统不能有效发挥其功能而遭受损失的可能性。系统理论认为，供应链是一个由许多独立的企业主体环环相扣构成的非线性复杂系统，正是由于这种复杂性，所以供应链具有独特的系统动力结构，这种结构决定了供应链系统的不确定性，导致了系统的紊乱，并带来了风险。

2. 管理风险

供应链作为一种扩展型虚拟企业，它是介于市场与企业之间的一种组织形式，打破了传统企业的边界。但这种虚拟的组织形式不仅不能像传统企业集团那样有效约束成员企业的有限理性和机会主义行为，还增加了各节点企业以及相关企业之间的不信任性，这些在某种意义上增加了管理的风险。

3. 信息风险

在供应链系统中，由于从上游到下游节点企业数目众多，要使供应链能够快速响应最终用户的需求，就要求供应链必须建立一条贯穿所有节点企业的信息高速公路。而且各个企业都要把与供应链运营有关的信息实时地传送到信息高速公路上，并进行信息的集成，使成员企业能在实时状态下知道与自己相关的信息，同时能进行快速响应。从理论上讲，新型计算机技术的运用可以实现供应链的信息共享，但是问题在于供应链的节点企业往往会从自身利益出发，将与自身相关的信息当作商业机密加以隐藏，不愿与其他企业共享，这就造成了各企业内部的信息系统虽然很先进，但只是一个个"信息孤岛"，供应链当中的信息不能顺畅地流通，导致了信息不对称与信息阻塞，信息风险也随之产生。

4. 市场风险

企业目的最终的实现取决于其产品市场价值的实现，马克思将这一过程称为"惊险一跃"，只有当最终产品进入市场变成了货币流通时，供应链才可以推进价值流的回溯。其中相关的各个节点企业才能获得必要的价值补偿，供应链才得以循环往复地推进下去，因此供应链如何识别最终顾客的核心需求就是整个供应链管理成功的关键。然而由于供应链自身的种种缺陷，导致了最终产品与底层客户需求之间总会出现偏差，所以经常出现其产品不被市场接受、价值也变得难以实现的局面，这就是所谓的市场风险。

除了上述风险分类之外，还有其他一些供应链风险分类方法，如图 9-1 所示，还可以根据影响因素将供应链风险分为政治风险、经济风险、技术风险和法律风险。

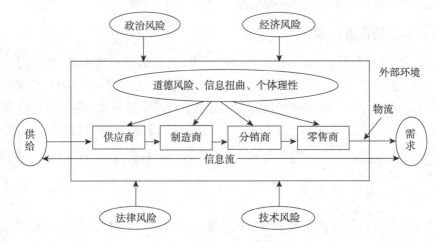

图 9-1　供应链风险类别

供应链风险，对于企业来说是一个重大挑战，越来越庞杂的供应链关系网使其中的不确定因素超出了人工管理所能控制的范围，数字化供应链管理是优化风险管理的必备手段，供应链数据的分析应用也已成为供应链风险防控以及制胜的关键。

二、数字化供应链风险及其来源分析

（一）数字化供应链风险管理的定义

供应链风险管理通常涉及四个过程：供应链风险的识别、评估、处理和监控。然而，由于供应链的复杂性，这些流程可能不足以确保为所有可能发生的情况做好准备。因此，以原因为导向的供应链风险管理的概念往往与供应链弹性的概念相结合，旨在确保供应链能够应对风险问题并及时处理。供应链弹性被定义为供应链在面对变化时持续、适应或转型的能力。随着信息技术的不断普及和发展，数字化供应链风险管理逐渐被企业所重视。

数字化供应链风险管理是指依托数字化供应链管理平台，开展供应链风险动态感知、超前预警、评估诊断和联动处置，运用信息技术实现全链运行的可视化、协作的平台化，通过数据分析预测，来强化对供应链的整体把控力，从而消除不确定因素带来的供应链风险。

（二）数字化供应链风险来源

随着数字化进程的加速，供应链也变得越来越依赖数字技术。然而，这种依赖同时也带来了各种风险。以下是一些主要的数字化供应链风险来源。

1. 技术风险

技术风险包括网络安全漏洞、病毒攻击、系统故障等，这些风险可能会对数字化供应链的稳定性和可靠性造成影响。

2. 数据安全风险

数据安全风险包括数据泄露、数据丢失、数据篡改等，这些风险可能会对企业的商业机密和客户隐私造成严重的影响。

3. 信任缺失风险

由于数字化供应链的复杂性，各参与者之间的信任关系尤为重要。如果某一环节出现信任问题，可能会对整个供应链产生影响。比如，供应商的服务质量、交货时间、价格波动等，这些风险可能会对数字化供应链的运作和效益造成影响。

4. 物流风险

物流风险是指供应链在物流运输中出现的各种风险，如交通拥堵、天气恶劣、运输事故等。数字化供应链需要以物流企业的视角，通过对运输车辆的 GPS 定位，分析运输过程，建立供应链物流事件库，实现对资源调度与行程管理、运输过程监控等方面的精准管控。

5. 法律风险

随着数字化供应链的发展，相关的法律法规和合规性要求也越来越多。企业需要了解和遵守各种法律法规和合规性要求，以避免任何潜在的法律风险，具体包括数据隐私、知识产权等。

6. 环境变化风险

各种环境变化，如政治不稳定、自然灾害、经济动荡等，都可能对供应链产生影响。例如，政治不稳定可能会导致物流中断或运输成本上升，自然灾害可能会破坏供应商的生产设施，导致供应中断。

以上仅是数字供应链风险的来源分析，实际上，还有很多具体和细分的风险，需要根据企业的实际情况进行具体辨别和解决。为了确保供应链的稳定性和可持续性，各参与者需要认真、全面、准确、实时地识别和评估各种风险，并采取有效的管理和控制措施。同时，还需要建立良好的应急响应机制，以应对突发情况，保证数字化供应链的稳定和可靠。

三、数字化供应链风险预警及响应机制

随着全球化和市场竞争的加剧，供应链不稳定性成为企业面临的重要风险之一。因此建立数字化供应链风险预警和响应机制已经成为企业应对风险的重要方式。

（一）运用大数据技术进行供应链风险分析

大数据技术是指在海量、复杂、异构的数据中获取有价值的洞见或知识的技术。供应链因为涉及众多物流、采购、生产、交付等中间环节，导致其复杂性和不确定性增加。大数据技术因其具备对数据的处理能力和对隐含关联规律的挖掘能力，可以极大地提高供应链风险预警和处理的效率和精度。

1. 数据收集

数字化供应链可以对供应链中的各种数据进行收集，如生产数据、交易数据、物流数据、质检数据等。通过收集这些数据，可以对整个供应链进行全面的监控，从而发现存在的深层次风险。

2. 数据分析

数字化供应链可以通过探索性数据分析和数据挖掘找出供应链中存在的潜在问题，可以预测供应链中的风险和危险因素，从而帮助企业提高供应链的透明度，使其健康运转。企业利用物联网、传感器等技术采集供应链各环节的数据，进行分析和挖掘，了解供应链的运行情况，进而识别供应链中的瓶颈和应急风险（图9-2），制定更加有效的解决方案。

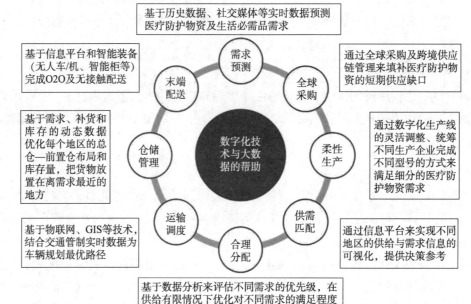

图 9-2　大数据进行应急供应链风险管理

3. 数据可视化

数字化供应链可以将收集到的海量数据通过可视化手段展示出来，具有直观性和可读性，使得企业的管理层能够更好地理解供应链中存在的风险和危机。

（二）建立数字化供应链风险预警机制

数字技术可以用于建立供应链风险预警机制。通过建立风险指标体系、构建预警模型和实施实时监控，形成全面的供应链风险预警体系。

1. 建立风险指标体系

通过收集大量的供应链数据，建立综合的供应链风险指标体系，从而能够对整个供应链的风险进行评估和分析。企业可以根据风险指标体系的分类情况，确定不同的预警级别（如图9-3）。

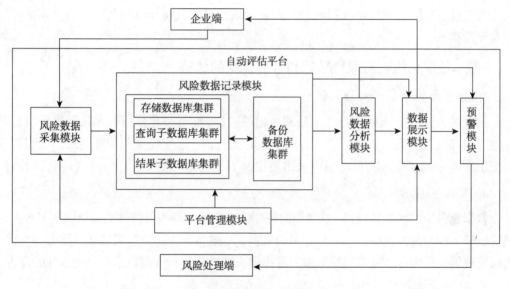

图 9-3 大数据风险预警系统

2. 构建预警模型

在建立风险指标体系的基础上，构建不同的预警模型，以实现对风险的预警。例如，建立基于时间序列分析、机器学习和人工智能等技术的预测模型。这些模型可以在实际生产过程中实时应用和改进。

3. 实施实时监控

通过数字供应链的数据可视化和实时监控功能，企业可以实时监控供应链中的各个环节。当有风险出现时，可以及时发出预警信号，从而能够快速响应和处理风险事件。

（三）数字化供应链响应机制

当风险事件发生时，企业需要迅速做出响应，以减少对供应链运营的影响。对于企业而言，建立高效的供应链响应机制至关重要。数字化供应链可用于快速定位和分析风险点，并提供定制化的解决方案。

1. 建立紧急预案

当风险事件发生时，企业需要有一套紧急预案，以建立适当的响应机制。在此基础上，企业可以通过数字供应链管理，快速识别风险点，并制定相应的应对方案。

2. 提供定制化解决方案

不同的企业面临的供应链风险不同，因此，如何快速响应并制定应对措施是至关重要的。通过收集全球各地的供应链数据，企业可以进行规律分析，并基于不同的风险点，提供定制化的解决方案。

3. 协调统筹

在响应风险的过程中，企业需要协调和统筹所有相关方，如供应商、客户、物流协调员等。通过数字化供应链风险管理，企业可以通过有效协作和统筹，帮助企业更好地应对风险事件。

（四）数字化供应链风险预警和响应机制的优势

1. 加速数据收集和处理

传统的方法通常需要人员人工处理大量的数据，而数字化供应链风险管理可以自动化地收集和处理数据，从而减少人力成本和时间开销，这使得企业能够更准确地监测和预测供应链中的风险，为风险事件做出更快速、更精确的响应。

2. 发现深层次风险

数字化供应链风险管理高、大、全的特性使供应链管理人员能够更加全面地了解整条供应链的运作情况，包括产品质量、采购成本、运输情况等。通过对数据的探索和分析，可以发现供应链中存在的深层次风险，并提前采取措施进行处理以避免风险事件的发生。

3. 数据可视化

数字化供应链管理可以通过图形、表格、数据报告等形式将海量的数据转化为有意义的信息，将企业的管理者从琐碎的数据中解放出来，从而能够更加直观地了解供应链状态和风险情况。企业管理者能够通过实时更新的数据与图表了解当前供应链状态，优化风险预警和响应机制，以便快速而准确地做出决策。

4. 个性化预警

数字化供应链风险管理通过分析供应链中的数据，可以帮助企业根据自身的供应链特点和风险情况定制化预警方法和指标，并制定相应的应对方案。这种个性化预警和响应机制可以更准确地适应企业实际情况，从而更有效地控制风险。

数字化供应链风险预警和响应机制越来越被企业和管理层重视，这种解决方案可以更加灵活地应对各种供应链问题和风险的突发，提高响应的准确性和速度。在未来，企业将会更多地利用数字技术优势，建立更加完善和智能的供应链风险预警和响应机制，衡量安全、可靠和高效的供应链生态环境。

数字化时代企业供应链面临的困境

在时代的巨变中，传统企业的经营与管理模式，已经慢慢地失去竞争能力，数字化时代下，制造/商贸企业在供应链上正面临着几个困境。

（1）整个商品市场从高速度转向高质量发展，制造商渴望形成稳定的产销链路，寻求优质且稳定的下游批发伙伴，帮助高质量产品快速抢占市场，迎合市场契机。

（2）市场变化快，导致业务调整频繁，如何减少企业负重，实现轻资产、零库存、快速交付、大步快走的目标，成为生产、贸易企业的首要任务。

（3）面对挑剔的终端用户，传统、单一的服务难以满足千人千面的客户需求，供应链上各企业需借助下游合作商做好商品市场服务，从而加深用户对产品的信赖程度。

在这样的市场环境下，企业需要在此基础上通过数字化手段，实现物流、资金流、信息流"三流"合一，打破传统式的管理。

企业间讲究利益共创、信息共享，通过加大合作，减少商品中间流转环节，降低运输与库存维护成本，同时通过联合库存管理，减少库存积压风险，为客户提供高质量的产品，达到降本增效、提质控险的目标。

要实现对下游合作伙伴的精细化管理，需要以零售商为抓手，获取终端用户动向，根据大数据标签分析，实现市场趋势精准分析，为新品研发起到关键决策作用；同时与下游企业互相促进，相互赋能，达到服务好客户的最终目标。

资料来源：数字化企业网，《数字化时代，企业在供应链上正面临的几个困境》

思考：如何利用数字化供应链管理思想解决企业面临的问题？

任务二　数字化供应链风险防范

一、数字化供应链风险管理流程

数字化供应链风险管理是为提高数字化供应链管理的运营效率、降低企业供应链的运营成本而采取的一种管理方法。它是基于数字技术应用、智能化管理和协同配合的一种高效的供应链管理模式（具体流程见图 9-4）。

图 9-4　数字化供应链风险管理流程

（1）风险识别：识别供应链中可能存在的风险，对风险进行分类和描述。

（2）风险评估：评估风险的可能性、影响程度和优先级，确定风险管理的重点。

（3）风险控制：制定风险控制策略，包括预防措施、应急措施和监控措施，以降低或消除风险。

（4）风险监测：持续监测供应链过程，及时发现异常和风险，进行风险预警和应对。

（5）风险报告：定期或实时报告供应链风险情况，提供决策支持。

（6）风险优化：根据实际情况和需求，不断优化风险管理策略和流程，提高供应链风险管理的效率和效果。

以上步骤形成了一个完整的数字化供应链风险管理流程，企业可以根据自己的实际情况进行具体实施和调整。通过这个流程，企业可以有效地进行数字化供应链风险管理，保证供应链的稳定性和安全性，提高供应链的效率和效益。

二、数字化供应链管理风险防范原则

（一）坚持全链协同、效率至上的原则

随着企业数字化建设的不断深入发展，协同已不仅仅局限于企业内部各部门之间信息、资源、业务的协同，更要将客户、供应商、分销商和其他合作伙伴一起纳入进来，实现更大范围的信息、资源、业务的协同。优秀的供应链协同管理，能够可视化地把控市场需求变化，敏捷地进行需求预测修正、订货批量决策、价格波动、短缺博弈、库存平衡和应对环境变化等方面博弈的结果，有效地把控生产、供应、库存管理和市场营销的不稳定性。

数字化供应链风险管理能够全面覆盖供应链中的所有环节和节点，包括生产、采购、物流、库存、销售等各个领域，避免出现遗漏和缺陷。数字化供应链风险管理能够提供整合性的解决方案，包括技术、管理、运营等方面的支持，帮助企业全面提升供应链风险管理水平和效率。

（二）坚持大数据感知、敏捷调控的原则

如今的市场已经不再是厂家生产什么，客户就购买什么，而是客户需要什么，厂家就生产什么。这就要求企业拥有对市场做出快速反应的能力，如果各部门之间存在壁垒，各主管人员只尽责于自己的岗位，申报审批流程设置烦琐，业务人员缺少供应链整体概念，造成执行效率低下，那么企业完全不具备对市场变化快速反应的能力，往往就会丧失商机。数据与认知运算等数字技术能帮助企业对产品和服务的未来需求提供精准、深入的理解和感知，实现从"描述需求"到"预测需求"的转型，确保所有的合作伙伴都在一个共同的计划体系下运营。

（三）坚持实时分析、主动规避的原则

数字化供应链可以为企业提供随时在线（always-on）的服务，企业通过对供应链上各个环节的数据进行实时获取与分析，更好地支撑企业进行前瞻性的决策，从而更精准、更敏捷地把握市场先机，及时调整业务，保障企业获得最大收益。大数据与云储存技术

可以帮助企业清晰、透明地勾勒出供应体系全景图，展现出与各个关键部件供应商的层级关系，从而识别出关键的供应路径。在企业与多级供应商信息交互的过程中，对供应商的库存、产能、质量等信息进行监控，主动进行风险管理，保证供应的连续性。

（四）坚持智能优化、富有韧性的原则

企业为了保证日常生产的稳定运转，需要存储一定的安全库存。当原料库存量过多时，则占用流动资金比例过高、成本大，影响企业经营效率；当原料库存量过少时，则会有缺货的风险发生，影响生产设备的正常工作，导致无法提供额定的产品而不能履行销售合同。这就要求需求预测、采购计划、询价议价、订单签署、物流跟踪与验收入库，每一个环节都需要充分的数据支撑和科学的分析，以及高效的信息传递和可视化监控，以保障供应。完成整个供应链从固定到弹性的转型，有助于应对全球化背景下日益复杂的环境并支持多市场分类，促使企业对其端到端运营建立起准确的模型，对成本、服务、风险和持续性等多方面进行优化，在成本和客户满意度之间找到最优的平衡点，打造敏捷、快速响应、持续改进的供应链。

（五）坚持数据支撑、抗风险性的原则

抗风险性指供应链抗击突发性冲击的能力。由于供应链不同环节的参与者遭到冲击后的恢复能力不同，传统链条式的供应链管理难以实现全价值链条对风险的快速响应能力。数字化模式下的供应链风险管理可以通过成熟的供应链管理平台与数智化技术，汇集多层次的生产、物流、分销、需求等数据，全面梳理与监测供应链生态场景下的潜在风险点，完善生态伙伴应急管理机制，撬动全供应链生态的抗风险能力。

三、数字化供应链管理风险防范措施

数字化供应链风险管理的目的是让供应链能够应对多变环境中的不确定性，确保供应链的稳定性和可持续性。

（一）建立健全信息共享规则，保障信息数据安全

数字化供应链风险管理中最大的问题就是数据安全，供应链上的企业越多，信息安全风险越大，因此如何保障企业和金融机构数据安全，界定各类数据的开放范围和权限是当前数字化供应链风险管理中极其重要的问题。国家要在法律层面为数据安全构建法律保障，完善相关的法律法规，严格界定各类数据的开放范围和权限，同时严厉打击泄露数据的行为，为保障信息数据安全保驾护航。要实现供应链风险管理的数字化，首要任务就是先要建立完备而可靠的供应链风险数据库。风险数据库应从供应链的外部和内部分别收集和储存供应链的历史风险数据与实时风险数据，形成企业的"风险大脑"，为进一步的风险分析、监控与报告提供基础，从而支持后续的数据驱动型决策过程，为风险决策提供必要的数据支持。为此，企业应组织商业与技术方面的专家为风险数据库的建立提供支持。

（二）进行供应链风险模拟和动态监控

在数字化供应链风险管理中，首先企业可以通过数据挖掘技术在大量历史数据的基础上对特定环节的风险进行分析与模拟。企业通过模拟可以发现系统中潜在问题，实现对供应链风险及其原因的预判，提早识别出相关的风险因素并加以控制，从而在早期阶段遏制风险的发生或减少其可能带来的损失。供应链风险模拟的对象应包括风险发生的概率和可能产生的损失等，为后续采取决策提供数据支持。

其次是通过 RFID 和物联网等技术，企业可以对产品生产、物流等环节的状态进行集中的动态监控，实现供应链的透明化管理，减少因时间和空间距离而产生的信息误差和滞后，更加快速而准确地定位供应链风险因素并加以追踪。而随着通信技术的进步，尤其是近年来 5G 技术的发展，企业可以进一步实现对供应链各个环节中风险状态的实时监控，随时随地掌握第一手的数据，进一步减少由于信息滞后而可能导致的损失。

（三）获取全面信息和及时响应

面对变幻莫测的市场与外部环境，数字化供应链平台以其永远在线、高速运行、实时信息共享的特点，有效地把控市场需求变化，敏捷地进行需求预测修正，即时对生产、供应、库存管理等环节同步信息，以实现信息的全面即时获取和传达共享。

借助数据挖掘、风险模拟和实时监控，数字化供应链风险管理可以做到对风险自动进行动态响应并在第一时间做出相应的风险应对决策。区别于传统供应链风险管理模式，数字化供应链风险管理模式下的决策模式是由数据驱动的，具有更强的时效性与客观性。实时动态决策可以更加迅速地对供应链风险进行应对和处理，及时减少风险发生的可能性或者风险可能带来的损失。从客观数据出发的数据驱动与决策，减少了人工判断可能存在的误判风险，从而减少牛鞭效应等风险的产生。

（四）保持供应链供需平衡和流程可视

数字化供应链平台链接上下游，将客户与供应商等角色拉进供应链体系中，供需双方之间形成良好的对话机制。根据客户的需求和反馈制订相应的生产计划、库存管理、配送计划等，以实现供需之间的动态平衡。数字供应链管理平台通过供应链中各个部分的传感机器、设备获取实时信息，实现供应链全链运行的可视化，以更好地对供应链进行实时监控，精准管理交货期，避免出错。

（五）建立一体协同全链共振体系

1. 供应商管理

高效管理供应商，协调好供应商关系，是生产顺利进行的保障。通过数字化供应链平台，实现对供应商的全面动态管理，可对供应商的注册准入、认证、交易管理、绩效评估、违规处理、退出等过程进行有效管理，实现对供应商实力、能力的全面把握，加强原料供应保障。建立与供应商和其他合作伙伴之间的信任和合作关系是数字化供应链管理中的重要环节。

2. 合同关系管理

制定明确的合同，明确双方的权利和义务，避免模糊或争议，确保合作顺利进行。一是加强信息共享：与供应商和其他合作伙伴共享重要的供应链信息和数据，提高供应链的透明度，增强双方的了解和信任。二是建立专门的沟通渠道：建立专门的沟通渠道，如定期会议、电话、电子邮件等，确保双方能够及时沟通和解决合作中遇到的问题。三是建立互利共赢的合作模式：在合作中，要建立互利共赢的合作模式，共同实现供应链的整体目标，从而增强双方之间的信任和合作关系。四是加强培训和知识共享：通过培训和知识共享，增强供应商和其他合作伙伴的能力，提高双方的合作水平和信任度。五是建立长期合作关系：与供应商和其他合作伙伴建立长期稳定的关系，共同成长和发展，增强双方之间的信任和合作深度。

3. 全过程物流管理

通过数字技术实现供应链的全链可视，数据、影像的实时传送，实现各环节的实时监控，包括订单、原料、运输、库存、产品、销售全过程的全流程监控、追溯和调控，确保对供应链物流的真实把控。通过数字化技术管理库存，实现实时库存管理和补货；通过数字化技术管理订单，实现订单的实时跟踪和状态更新；通过数字化技术管理物流，实现物流的实时跟踪和状态更新，全面提高供应链的可靠性和灵活性。

4. 共同目标管理

供应链协作需要上下游企业之间加强合作与沟通，而合作企业作为一个个独立单元，相互之间存在天然的利益矛盾。数字化供应链平台利用平台化优势，通过对全链运行效率的提升、总体成本的降低，实现供应链整体效益的全面提升，使供应链上的企业共同提升收益，这种获益是来自全链协同优化，而不是合作企业之间的相互博弈。

（六）提升供应链反应敏捷掌控市场的能力

1. 分析预测

通过对供应链运行数据的收集、整理和分析，管理者能够对供应链全链以及每个环节进行系统的、全局的、客观的、实时的把握，从而得到供应链全链最优决策，维护供应链的健康高效运行，并使供应链变得更"智慧"。

2. 柔性能力

当下市场环境变化快、客户需求趋于个性化，对柔性生产能力的要求越来越高，通过数字化供应链平台，可以利用更直接、更敏捷的反应速度获得需求信息、制定生产计划、与各部门协同进行设计、采购、运输、生产、销售，并获得市场反馈。能够以更智能的形态、更优化的资源配置方式，应对柔性生产的需求。

3. 应变能力

应变能力体现为供应链能否敏捷地应对不断变化的环境的能力。数字化供应链平台通过快速感知和响应市场，减少企业在供应链上下游产品和服务中的调研成本和时间成本，全面调动多方资源并协调运行以减少资源成本、提升运行效率，以强大的数据能力和业务协同能力实现敏捷应变。

数字化转型中如何降低供应链网络风险

随着越来越多的企业走向数字化，针对全球供应链的网络攻击范围也在快速增长。距今，供应链数字化进程已走过十多年，受疫情影响，其所面临的网络风险也更加多样。

2022 SonicWall Cyber Threat Report 显示，2022 年上半年，全球恶意软件攻击数量增长了 11%，达到 28 亿次，这意味着每个企业在 2022 年平均遭受恶意软件攻击 8240 次。虽然攻击主要集中在金融领域，但其影响辐射至全球各行各业。如今，地缘政治力量加速重塑全球网络前线，已经不存在绝对安全的行业或国家。对此，普华永道（PwC）英国网络业务合伙人 Sean Sutton 表示，"目前对供应链弹性的关注更加突出，这给许多企业抛出了新问题，即他们的供应链有多大的弹性。"

2022 年 IBM Security《X-Force 威胁情报指数》显示，2021 年，制造业受到的攻击频率和数量已经超过了金融保险行业，成为当年受攻击最多的行业（高达 23%）。Sutton 认为，在供应链中，任何网络攻击都有可能给企业带来毁灭性打击。例如，对生产设施的直接攻击，将影响组织的运营技术，导致工厂关闭；除此之外，对供应商的攻击等外部因素，也可能对公司运营产生重大影响。考虑到这种情况，Sutton 表示，当前，一些企业已开始以数据导向的方式，更好地了解外部因素如何破坏其供应链。通过对某些预设场景进行建模，管理层可以制定出应对措施，或判断企业是否能够承受相应风险。但受技术门槛影响，目前，这些只存在于高度数字化的公司（拥有实时数据，可以绘制出风险情景）。

供应链中网络风险不可避免，但了解网络威胁、积极采取补救措施并持续监控风险趋势和状况，可以将风险所带来的影响降至最低。与此同时，为了应对不断演变的网络风险的威胁，政府也需要加大打击网络罪犯的力度。

资料来源：搜狐网，《网络攻击不断，企业应如何评估数字化供应链中的风险》

思考：供应链中网络风险所造成的危害性有哪些？

任务三　数字化供应链韧性体系构建

党的二十大报告提出，"着力提高全要素生产率，着力提升产业链供应链韧性和安全水平"。产业链供应链稳定畅通既关系到我国能否更好适应经济全球化发生的新变化新趋势，又关系到我国能否保持并发挥自身优势，增强产业竞争力，在激烈的国际竞争中谋求更大发展空间。为构建具有中国特色的现代化产业体系，实现经济可持续的高质量发展，必须加深对产业链供应链的认识，强化产业链供应链韧性，保证国家经济安全运行。构建韧性的数字化供应链是防控风险的关键所在。

一、数字化供应链韧性的含义

数字化韧性是一个多维度和多学科的概念，源于心理学和生态系统，逐渐应用到了供应链管理领域。在学术研究中，一般认为供应链韧性具备如下特点：

第一，韧性是企业的一种应对中断风险时的动态能力，强调企业的响应能力。

第二，韧性除了具备对中断风险发生时的响应能力，还具有抵御风险的能力。

由此可以看出，供应链韧性是供应链稳健性和可恢复性的综合体现，即面对中断时的抵御能力和快速恢复能力，其中包含了两个因素：

（1）抵御能力。在发生重大灾害和中断时，供应链系统能够完全规避风险或者以最小的损失平稳度过，使中断造成的破坏最小化的能力。

（2）恢复能力。当供应链发生中断时，能够快速反应并找到有效恢复路径，恢复稳定状态的能力。

从上述供应链韧性的定义可以看出，供应链韧性是要在控制力和脆弱性之间寻求匹配，也就是需要根据供应链的状况通过相应手段实现风险可控。过于强调供应链风险可控而不顾供应链实际运行的状况，会增加供应链实施成本，侵蚀企业利润。同样，过于强调供应链灵活而不关注风险管理，也将会增加供应链脆弱性和中断的可能性。因此，控制力和脆弱性匹配的区域是供应链韧性区域，在这一区域内，既能够形成抵御能力，又能够产生恢复能力。

二、数字技术与供应链韧性建设

在实现供应链韧性过程中，数字技术发挥着至关重要的作用，这不仅是因为数字技术增强了供应链可视化，而且描述型和预见型的数字分析，能够更好地预测供应链运营状况，及时有效地采取各种措施，以应对各种可能产生的风险。

数字技术与供应链韧性的关系主要表现在两个方面：一是数字技术对供应链运营的影响以及对风险控制的作用；二是在供应链韧性建设过程中数字技术能发挥的作用（见图 9-5）。

首先，一些数字技术显著地改进了供应链运营效率，降低了各类因素可能产生的潜在风险，增强供应链韧性。这些技术对供应链韧性建设的影响是多方面的，主要包括由大数据驱动的先进分析能够提升促销质量，更好地实施需求预测，增强供应链透明度，从而降低需求变动，针对性采用一些权变计划，应对各种可能的风险，确保供应链高质量稳定运行。由 IoT、智能设备、机器人、增强与虚拟现实等技术构成的工业 4.0 能够实现低成本的定制化生产、个性化的产品和更高的市场灵活性、缩短交货时间、更高效率的产能利用，从而能够有效组织供应链生产和流程、削减供应链层级、有效缩短供应链运营时间、降低需求风险。增材制造（3D 打印）能够增强供应柔性，有效控制零部件和原材料库存，降低传统采购中潜在的需求或供应风险。由射频识别、传感器、区块链等技术驱动的现代追踪与追溯技术能够实现实时识别、实时追踪流程状况，增强供应链运营中数据的及时性和真实性，从而降低信息中断导致的风险，更好地协调供应链各参与主体和环节，提升供应链运营效率和及时应对风险变化的能力。显然，各类数字技术对供应链运营的影响，都将是供应链韧性建设中重要的特征和要素。

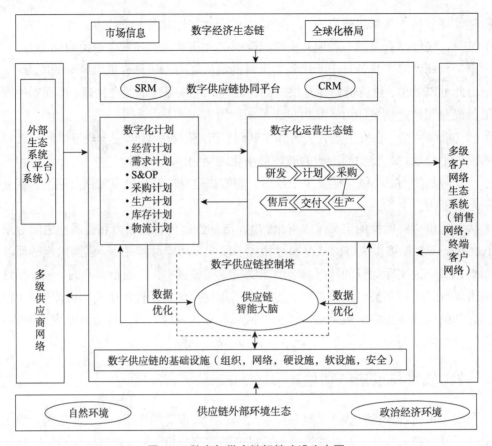

图 9-5 数字与供应链韧性建设生态圈

其次，供应链韧性建设中面临的挑战和障碍也可以通过数字技术来缓解。这些挑战和障碍包括：第一，由于单源供应使得供应风险增加，而建设多源供应或增加备选供应商会提升管理的代价、复杂性和成本。在此状况下，数字化技术能够减少供应链层级和供应链数量。此外，先进的追踪与追溯系统能够实现实时的供应链协调，大数据分析则能增强采购流程的质量管理。第二，由于库存不足而导致供应链中断风险，为了应对这种情况就需要增加库存、转移风险，而这一举措又会增加企业管理的代价和成本。面对这种挑战，数字化技术能够减少供应链中的库存。同时，先进的追踪与追溯系统又能够适时地控制和管理库存。第三，由于资源与能力刚性往往导致供应链及时响应外部风险的能力不足，而延迟生产并非在任何条件下都能实现。在这种挑战下，数字化技术能够提升企业供需计划和生产的柔性；第四，由于供应链的复杂性导致供应链协调管理成本上升，采用权变性的计划虽然能在一定程度上降低复杂性带来的挑战；但是这类计划本身就面临着难以设计和制定的问题。而先进的追踪与追溯系统能够实现实时的协调，有利于权变计划的制定、实施，数字化技术更能够解决供应链复杂沟通协调问题。

虽然数字技术有利于供应链韧性建设，或者说供应链韧性建设中数字技术是重要的手段和途径。但是，任何一种特定的数字技术在带来上述益处的同时，也会产生相应的新风险，如大数据分析有可能因为增加了协调的复杂度，加之数据安全问题，从而增加了供应链风险中的"涟漪效应"（见图 9-6）。

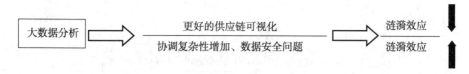

图 9-6　供应链风险中的"涟漪效应"

三、数字供应链韧性建构流程

数字供应链韧性体系的建设不是简单地应用数字技术来降低供应链风险,而是将数字技术融入到供应链韧性体系的全过程,确立数字供应链韧性管理整体框架。克里斯托弗和佩克为韧性供应链开发了一个初始框架,这个初始框架包括了四个部分:一是可以在中断之前将韧性建立在系统中(即供应链设计);二是通过高水平的协作来识别和管理风险;三是建立韧性能力,对于不可预见的事件能够快速作出反应;四是确立良好的风险管理文化。

这一框架为数字化供应链韧性建设提供了主要原则和指引方向,特别是在数字技术的渗透下,这四个方面共同构成了更为柔性、敏捷、实时地应对风险的供应链韧性管理体系。

(一)开展数字化供应链韧性规划

供应链规划指的是企业根据内外部环境要素重新调整和安排供应链运营模式,在数字供应链韧性建设的过程中,将韧性管理纳入供应链运营模式中至关重要,这不仅涉及确立供应链韧性的管理领域和要素,同时也涉及采用什么样的战略姿态来建立、管理韧性。在管理供应链韧性的过程中,有三个层面:一是物理层面上的供应链模拟与调整;二是网络层面上的供应链信息管理;三是分析决策层面联结物理与网络两个层级的供应链分析与优化体系(如图 9-7 所示)。

物理层面上的供应链模拟与调整立足于实际供应链运作,对运营活动和流程能够及时有效地配置、调整和管理,以保证供应链高效率运行,形成良好的柔性与韧劲。显然,对供应链各个环节的资源、能力以及经济主体进行合理的协调、整合和配置,是实现这一目标的重要途径,因此,对实际供应链运营的情景进行规划,确立各种情景下应对方式和资源能力调度非常重要。

网络层面上的供应链信息管理则更加关注伴随实体运作而形成的信息数据管理,诸如采购供应环节中的相关数据、生产制造中的运营数据、物流服务中的商品数据以及销售活动中的销售数据、促销数据等。这就涉及如何通过行之有效的信息化系统和数字技术获取、清洗、整合、分享这些数据。

分析决策层面的供应链分析优化则是供应链韧性建设的关键,它是将网络层面整合的数据以及物理运营的状况进行结合,预测、优化、模拟、实时控制运营流程和活动,以实现供应链持续、稳定、有效运行的目标。

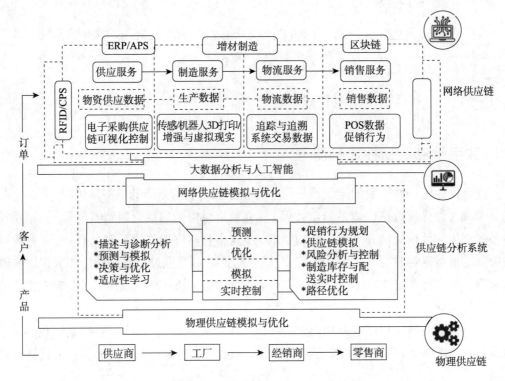

图 9-7　网络及物理供应链中韧性管理活动

（二）协同数字供应链风险识别与管理

在合理规划供应链韧性管理后，建立协同化的数字供应链风险识别和管理体系是建设韧性供应链的必由之路。对此，很多研究和实践都提出了一些框架体系，以实现协同数字供应链风险管理。较为代表性的风险识别和管理框架是由罗曼和林德罗斯提出的整合型供应链风险管理体系，该体系涵盖了供应链风险管理的三个维度：一是风险分析管理的单元；二是风险或不确定性的类型；三是风险管理的流程阶段。

第一个维度关注分析单元的复杂性，第二个维度则涉及风险和不确定性的类型（战略、运营、差略），第三个维度涉及风险管理活动的层级，包括风险判断与分析、风险评价、风险管理（包括通过分享、传递、削减、规避等各种手段来降低风险）以及商业持续管理。该框架提供了一个整合性的供应链风险管理，但是缺乏关注数字化对于风险管理的作用。

为此，德国国家科学与工程学院发表了一项研究，提出了供应链工业 4.0 成熟化阶段，即要实现有效的供应链风险管理。建设韧性化的供应链需要实现几个方面的数字化，这包括计算机化（通过 IT 系统的支持免除重复性工作的负担）、连接性（系统是结构化的互联的）、可视性（能够获取数据并且管理决策是基于数字的）、透明性（公司理解为什么事情会发生）、预见能力（公司知道可能会发生什么，决策是基于未来的情景规划）以及适应力（系统能够自主反应和适应）。

在此基础上，施吕特和亨克提出在考虑数字化在供应链风险管理各个阶段作用的过程中，需要综合考虑技术和社会两个子系统的交互作用，即在进行风险识别、风险分析、风险评价、风险处理与风险监控的各个阶段，同时关注技术系统和社会系统在各个阶段所发挥的作用。这一框架无疑丰富和扩展了数字供应链风险识别和管理体系（见图9-8）。

（三）形成综合性数字供应链韧性能力

要有效应对供应链风险，建立综合性的数字供应链韧性能力至关重要，这种能力既能够迅速有效地应对各种可能风险做出调整，又能预见性地采取措施，抵御风险产生的负面影响，使得整个产业供应链运行既柔性又强劲。关于供应链韧性能力，特别是数字化状况下的能力研究，需基于一个动态发展的视角。除了传统理解的韧性能力——柔性、冗余和恢复力之外，供应链韧性建设中数字化也是一种重要的能力，诸如人工智能、大数据分析、数字孪生、工业4.0等都在供应链韧性建设中产生了巨大作用。

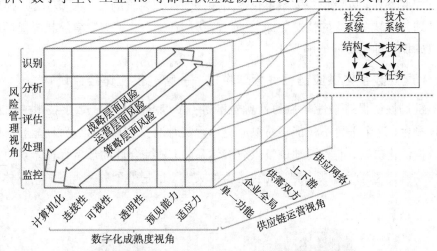

图 9-8　数字化供应链风险管理框架

供应链韧性能力包括两种类型的能力：第一种是前摄性韧性能力，即能够在实际风险发生前抵御任何可能的潜在危害，保障供应链运行稳健，这种能力包含了资源冗余储备能力、柔性多样化能力、供应链运营和关系的稳健能力等；第二种是反应性韧性能力，即面对实际发生的风险，迅速及时调整的能力，这些能力包括反应能力和恢复能力，需要关注的是无论是前摄性韧性能力，还是反应性韧性能力，数字化都是能力建设的关键要素。

（四）建立以事件为基础的风险预警供应链韧性框架体系

良好的风险管理文化能够推动供应链韧性建设。这种文化不仅是在企业以及供应链整体建设中树立风险防范和管理的意识而且需要有正式的机制、流程和体系，以随时随地观测、监控、防范任何潜在的风险，将风险管理意识渗透在日常的供应链运营活动中。这种常态化的风险管理意识和体系主要表现为基于事件的供应链早期预警体系（event-based supply chain early warning system，EWS）。

EWS 可以定义为通过各种来源数字信息识别影响供应链有效运行的关键事件流程，并将可能的潜在风险或建议及时告知主要决策者，将供应链风险可能产生的危害降到最低水平。EWS 的基本流程包括了四个阶段：一是数据收集。在预警系统中，作为主要信息来源的市场数字需要同时考虑内部和外部数据源，数据摄取需要严格设计，根据行业、地理位置和公司的目标市场监控相关事件。此外，还需要对不同类型的事件及其影响进行评级，以确保向数据分析输入重要数据，并过滤掉冗余数据。二是数据评价。数据评价主要是在机器学习算法和人工智能的帮助下评估所有来源的数据并提供事件影响的预测。例如，预警系统的机器学习算法不断监控市场波动，了解特定事件如何导致商品价格波动，以及何时是购买特定商品的合适时机等。三是预警报告。主要是向主要利益相关者发送警报，以预测评估与之相关的风险。该预警能够让相关方有充足的时间采取措施，最大限度减少事件造成的损失。例如，遇到物流故障和质量问题时，可提前通知零售网点和配送中心，安排替代产品发货，确保填补供需缺口，不耽误客户服务。四是制订权变计划。风险预警体系不仅应当能提前预知风险的发生及其影响，还应当推荐替代计划，对影响严重的情况立即启动风险缓解活动，对不太紧急的状况提供研究和建议，以确保事件的负面影响最小。

（五）建立数字化供应链韧性管理中枢——智能供应链控制塔

供应链韧性要保持柔性与强劲就需要建立一个综合性的基于数字技术的端对端供应链管理平台，这个平台不仅能够对供应链运营实时地反映和监控，而且能够根据获得的各类数据优化决策，前瞻性地调整供应链体系。这种综合性的数字管理体系便是智能供应链控制塔，这是产业供应链智能化运营的关键，也是整个数字管理的中枢体系（如图9-9所示）。

图 9-9　以控制塔为核心的数字化供应链生态架构

1. 智能供应链控制塔与供应链韧性

"控制塔"的概念在供应链中随着数字技术的发展越来越得到产业和企业广泛关注。传统的控制塔是直接向贸易伙伴提供作业活动的可见性，而现代供应链智能控制塔是可视性、决策和行动的枢纽，基于可监测的实时分析，管理和控制跨职能部门和跨公司的决策和执行，以优化整个网络。显然，智能供应链控制塔不仅仅能实现运营和作业活动可视性，还能够借助各类数字技术帮助产业和企业实现实时决策，优化供应链运营体系，实现产业和企业的高绩效。因此，智能供应链控制塔是一个中央枢纽，拥有获取和使用数据所需的技术、组织和流程，为符合战略目标以及短期和长期决策提供更优、更广泛的可视性和决策支撑。

智能供应链控制塔包含了整合交易层、分析层和供应链执行层（如图 9-10 所示）。整合交易层的主要作用在于保持供应链可视性，它将供应链内外部系统所产生的信息和数据，以及从物联网所获得的实时数据进行连接与整合，经加工后显示于仪表盘。并根据风险数据生成供应链预警，告知管理者正在发生什么，以实现供应链运营全程可视。显然，要能实现上述功能，需要制定统一的规则和统一的定义，涵盖数据收集、运算以及使用过程中的全链条数据治理体系，实现整个数据链接的完整性和相对准确性。

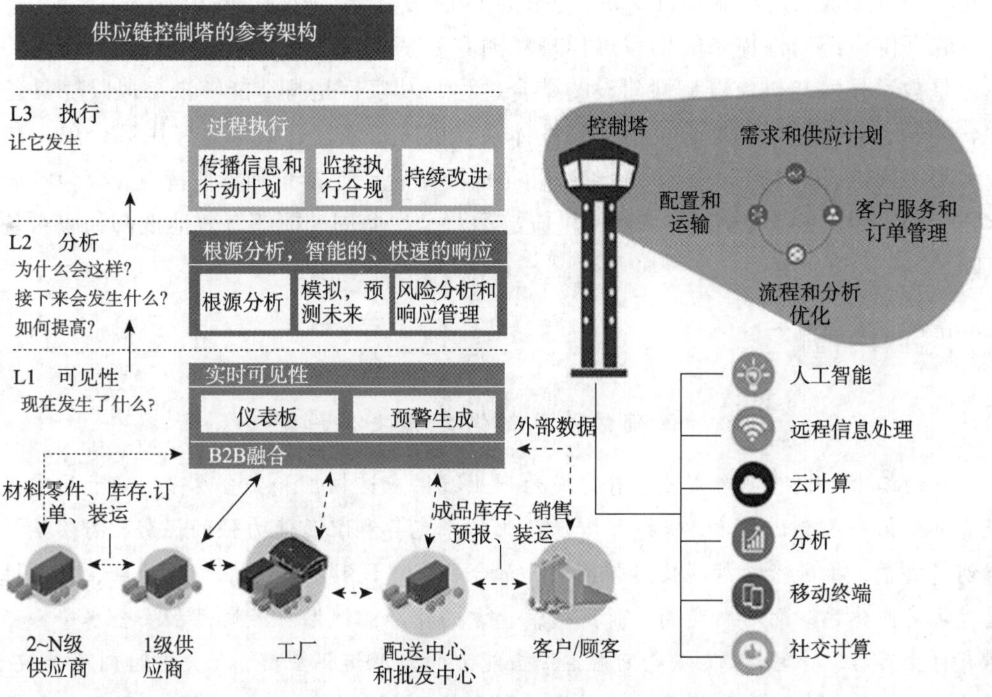

图 9-10 数字化供应链控制塔功能框架

分析层是智能供应链控制塔的核心部分，它将基于整合交易层所获得的综合性、多源数据进行系统分析，确定造成某种风险的主要根源，并且通过数据来模拟供应链特定场景运营，找出应对风险的手段。这一层需要关注怎样定义异常。通过分析，探究发生异常的原因，进行相应的数字化分析，让数据回答背后可能产生的原因，最后提出改善的建议。

执行层是根据智能分析层所提供的分析结果和决策建议，启动和优化相应流程的执行。包括采取具体的战略措施和方法，建立保障供应链有效运行的关键绩效指标等。

2. 智能控制塔一般特点

一般来说，智能供应链控制塔具有如下特点：

第一，提供了供应链端对端的可视性和风险管理。智能供应链控制塔实现的可视性不仅涵盖了供应链运营的各个环节和活动，而且也覆盖了所有参与主体和整个供应链网络，能够实现全局供应链数字化监控和追踪，同时能够管理各个环节的风险。

第二，能够迅速地响应供应链中断风险，做出适当的反应和调整，即为特定事件或中断创建一系列解决方案，以接近实时的方式完成。

第三，能够实现供应链多级流程协调与供应链整合，这是因为信息可以在各种设备中访问，并与供应链各个参与者共享信息。

第四，最大化预测决策和动态供应链执行，智能控制塔通过供应链的统一模型诊断症状的根本原因，预测未来事件发生的概率，进而采取相应的措施。

第五，促进供应链运营的自动化。智能控制塔使用各种技术（如可见性、上下间协调机器学习和情景分析等）实现不同程度的自动化，从而促进供应链运营的智能化、自动化。为了实现上述功能和特点，智能供应链控制塔需要有特定的功能结构。

数字供应链韧性体系的构建过程是伴随着数字化技术发展而重塑供应链韧性的过程，是数字技术与供应链韧性建设的结合过程，其宗旨是打造能够抵御风险、具备强劲、柔性和冗余特征的综合供应链韧性体系。供应链韧性建设不是应用某个单一数字技术来实现供应链柔性、强劲和冗余，而是需要结合产业情景和行业特点，综合考虑数字技术的采用、实施和拓展，从而使供应链运营全生命周期能够有效地抵御和应对各种风险。

确保产业链供应链安全稳定

党的二十大报告明确提出，着力提升产业链供应链韧性和安全水平。二十届中央财经委员会第一次会议指出，保持并增强产业体系完备和配套能力强的优势，高效集聚全球创新要素，推进产业智能化、绿色化、融合化，建设具有完整性、先进性、安全性的现代化产业体系。面对新变局、新挑战，着力提升产业链供应链韧性和安全水平，形成具有自主可控、稳定畅通、安全可靠、抗击能力的产业链供应链，在关键时刻不掉链子，事关经济发展大局。要把握新一轮科技革命和产业变革新机遇、增强忧患意识、坚持底线思维、认清客观形势、找准痛点堵点，切实保障我国产业链供应链安全稳定。

安全稳定是大国经济发展的基础。现代的产业链供应链具有网络化特点，产业链主要指的是行业间形成的经济链条；供应链则是对企业的生产经营活动进行的网络延伸。产业链供应链韧性强、韧度高，才能应对各种意外冲击和极端风险情形，保持产业体系基本正常运转。在关系国民经济、民生福祉、国家安全等重要领域和关键行业，必须具备基本的物资生产、装备制造、零部件供应和能源原材料供给的能力；必须占据关键核心环节，对产业链供应链具有话语权、议事权和主导权，具有塑造力、控制力和反制力；必须有效承受来自国内外偶然因素、突发事件和不利影响带来的冲击，不轻易堵链、阻链、掉链甚至断链。

当前，全球产业体系和产业链供应链呈现多元化布局、区域化合作、绿色化转型、数字化加速的态势，这是经济发展规律和历史大趋势。在"两个大局"加速演进并深度互动的时代背景下，必须进一步强化底线思维，统筹发展和安全，把维护产业安全作为重中之重，建设安全有韧性的现代化产业体系，防范化解重大风险和极端冲击，在产业现代化发展过程中增强产业韧性。

从战略层面看，要立足本土市场需求，多链融合推动关键核心技术攻关。围绕制造业重点产业链，找准关键核心技术和零部件薄弱环节，集中优质资源合力攻关，推动短板产业补链、优势产业延链、传统产业升链、新兴产业建链，增强产业发展的接续性和竞争力，力争重要产品和供应渠道都至少有一个替代来源，形成必要的产业备份系统。同时，还要加强与"一带一路"沿线国家的合作，更加深入地融入全球产业链、供应链、价值链，更加主动地扩大对外交流合作，同各国一道，共同构筑安全稳定、畅通高效、开放包容、互利共赢的全球产业链供应链体系。

从实施层面看，重点要构建和完善产业安全与韧性管理体系，构筑"数字+绿色"双底座，塑造产业链供应链核心竞争优势。为进一步提升产业基础能力，要加快建立权责清晰、多部门紧密协作的产业安全管理体系，完善产业安全战略决策和部门协调机制，；充分利用行业协会和数据库等社会资源，推进安全信息网络和供应链风险监测平台建设，建立全产业链市场信息互通机制；聚焦数字化、绿色化提升产业链现代化水平，加快建立数字化供应链监测平台，提升管理效率，更好地保障我国产业安全。

资料来源：经济日报，2023-08-03

思考： 保持供应链韧性对我国产业安全有哪些重要作用？

同步实训　企业供应链风险应对分析

实训背景

自 2019 年以来，美国在未提供任何证据的情况下，将超过 600 家中国企业、机构列入"实体清单"，意图全方位切断中国科技企业获取发展所需的技术、设备、资金、人力等渠道。美方泛化国家安全的概念，滥用国家力量无理打压中国企业，这种歧视性、不公平的做法，严重损害了中美正常的经贸往来和合作，破坏了市场规则和国际经贸秩序，严重扰乱了全球的产供链稳定。美国产业政策的泛风险化转向影响全球产业链供应链稳定。其有关供应链安全和韧性审查，人为地放大了美国的安全风险，其目标是建立自我封闭的循环，表面上看有利于自身的产业链供应链安全，实际上会对全球产业链供应链稳定造成巨大冲击，不利于全球合作共同应对产业链供应链风险带来的挑战，最终也会对美国的产业链供应链造成冲击。近两年来，美国出现的产业链供应链中断问题，相当程度上与其实施美国优先、产业政策的泛风险化有关。

实训目的

理解风险管理的重要性，树立安全和风险防范意识；引导学生积极面对，提升风险应对能力；培养学生正确的风险价值观和爱国情怀。

实训组织

（1）上网搜索被美国列入"实体清单"的企业和典型风险应对案例。
（2）任选其中一个，分析问题，挖掘原因，提出风险防范措施。
（3）展示成果和交流，投票评价。

实训评价

教师对各组做出综合评价，参见表 9-1。

表 9-1　企业供应链风险应对分析评分表

考评人		被考评人	
考评地点		考评时间	
考评内容	企业供应链风险应对分析		
考评标准	具体内容	分值	实际得分
	所选案例具有典型性	20	
	案例数据具体详尽	25	
	应对策略具有可操作性	35	
	体现安全和风险防范意识	20	
	合计	100	

同 步 测 试

1. 数字化供应链风险管理的含义是什么?
2. 数字化供应链风险管理的方法一般有哪些?
3. 数字化供应链风险管理的流程主要有哪些方面?
4. 试述数字化供应链韧性管理的含义。
5. 试述数字化供应链韧性构建的流程。

自学自测　　扫描此码

参 考 文 献

[1]　马士华，林勇. 供应链管理 [M]. 6 版. 北京：机械工业出版社，2020.

[2]　王桂花. 供应链管理实务[M]. 北京：高等教育出版社，2022.

[3]　刘常宝，刘平胜，林子杰，等. 数字化供应链管理[M]. 北京：清华大学出版社，2023

[4]　马潇宇，张玉利，叶琼伟. 数字化供应链理论与实践[M]. 北京：清华大学出版社，2023

[5]　霍艳芳，齐二石. 智慧物流与智慧供应链[M]. 北京：清华大学出版社，2020.

[6]　李晓，刘正刚. 数字化运营管理[M]. 北京：清华大学出版社，2021.

[7]　陈晓曦. 数智物流：5G 供应链重构的关键技术及案例[M]. 北京：中国经济出版社，2020.

[8]　李志君. 供应链管理实务[M]. 北京：人民邮电出版社有限公司，2023.

[9]　唐隆基，潘永刚. 数字化供应链：转型升级路线与价值再造实践[M]. 北京：人民邮电出版社，2021.

[10]　宋华. 数字化供应链[M]. 北京：中国人民大学出版社，2022.

[11]　程慧，张艺溶. 数智供应链：打造产业数字化新引擎[M]. 北京：人民邮电出版社，2023.

[12]　文丹枫，周鹏辉. 智慧供应链：智能化时代的供应链管理与变革[M]. 北京：电子工业出版社，2019.

[13]　GB/T 23050-2022 信息化和工业化融合管理体系供应链数字化管理指南

[14]　DB52/T 1652-2022 数字化供应链业务管理指南

[15]　AII/026-2022 数智化供应链参考架构

[16]　中国数字化采购行业研究报告[C]//上海艾瑞市场咨询有限公司. 艾瑞咨询系列研究报告（2022年第 6 期），2022: 36.

[17]　中国政企采购数字化转型白皮书[C]//上海艾瑞市场咨询有限公司. 艾瑞咨询系列研究报告（2022 年第 5 期），2022: 49.

[18]　宋华. 建立数字化的供应链韧性管理体系：一个整合性的管理框架[J]. 供应链管理，2022, 3(10): 9-20.

[19]　陈剑，黄朔，刘运辉. 从赋能到使能：数字化环境下的企业运营管理[J]. 管理世界，2020, 36(2): 117-128, 222.

[20]　龚强，班铭媛，张一林. 区块链、企业数字化与供应链金融创新[J]. 管理世界，2021, 37(2): 22-34, 3.

[21]　ZOUARI D, RUEL S, VIALE L. Does digitalizing the supply chain contribute to its resilience? [J]. International Journal of Physical Distribution & Logistics Management,2021,51(2):149 -180.

[22]　张树山，谷城. 供应链数字化与供应链韧性[J/OL]. 财经研究：1-15[2023-12-3].

[23]　邱煜，伍勇强，唐曼萍. 数字化转型与企业供应链依赖[J]. 中国软科学，2023(10): 215-224.

[24]　李媛智，郭枝权. 制造企业供应链数字化能力评价体系研究[J]. 工业技术创新，2023, 10(5): 60-67.

[25]　潘晓华. 供应链数字化管理研究综述[J]. 中国物流与采购，2023(18): 53-54.

[26]　汪传雷,胡春辉,章瑜,等. 供应链控制塔赋能企业数字化转型[J]. 情报理论与实践，2019, 42(9): 28-34.

[27]　唐隆基，潘永刚，张婷. 工业互联网赋能供应链数字化转型研究[J]. 供应链管理，2020, 1(7): 53-77.

[28]　王静. 数字化供应链转型升级模式及全链路优化机制研究[J]. 经济学家，2022(9): 59-68.

教师服务

感谢您选用清华大学出版社的教材！为了更好地服务教学，我们为授课教师提供本书的教学辅助资源，以及本学科重点教材信息。请您扫码获取。

≫ 教辅获取

本书教辅资源，授课教师扫码获取

≫ 样书赠送

管理科学与工程类重点教材，教师扫码获取样书

 清华大学出版社

E-mail: tupfuwu@163.com
电话：010-83470332 / 83470142
地址：北京市海淀区双清路学研大厦 B 座 509

网址：https://www.tup.com.cn/
传真：8610-83470107
邮编：100084